AF199568

Die Hügelgrab-Jenseitsgöttin Hel

die Riesin Hel-Hyndla-Hyrrokkin

Band 26 der Reihe   „Die Götter der Germanen"

1

Bücher von Harry Eilenstein

Astrologie

- Astrologie (496 S.)
- Photo-Astrologie (428 S.)
- Horoskop und Seele (120 S.)

Magie

- Handbuch für Zauberlehrlinge (408 S.)
- Tarot (104 S.)
- Physik und Magie (184 S.)
- Die Magie-Formel (156 S.)
- Krafttiere – Tiergöttinnen – Tiertänze (112 S.)
- Schwitzhütten (524 S.)

Meditation

- Der Lebenskraftkörper (230 S.)
- Die Chakren (100 S.)
- Das Chakren-System mit den Nebenchakren (296 S.)
- Meditation (140 S.)
- Drachenfeuer (124 S.)
- Reinkarnation (156 S.)

Kabbala

- Kursus der praktischen Kabbala (150 S.)
- Eltern der Erde (450 S.)
- Blüten des Lebensbaumes:
  - Die Struktur des kabbalistischen Lebensbaumes (370 S.)
  - Der kabbalistische Lebensbaum als Forschungshilfsmittel (580 S.)
  - Der kabbalistische Lebensbaum als spirituelle Landkarte (520 S.)

Religion allgemein

- Muttergöttin und Schamanen (168 S.)
- Göbekli Tepe (472 S.)
- Totempfähle (440 S.)
- Christus (60 S.)
- Dakini (80 S.)

- Vajra (76 S.)

Ägypten

- Hathor und Re 1: Götter und Mythen im Alten Ägypten (432 S.)
- Hathor und Re 2: Die altägyptische Religion – Ursprünge, Kult und Magie (396 S.)
- Isis (508 S.)

Indogermanen

- Die Entwicklung der indogermanischen Religionen (700 S.)
- Wurzeln und Zweige der indogermanischen Religion (224 S.)

Germanen

- Die Götter der Germanen (Band 1 – 80)
- Odin (300 S.)

Kelten

- Cernunnos (690 S.)
- Der Kessel von Gundestrup (220 S.)
- Der Chiemsee-Kessel (76)

Psychologie

- Über die Freude (100 S.)
- Das Geheimnis des inneren Friedens (252 S.)
- Das Beziehungsmandala (52 S.)
- Gefühle und ihre Verwandlungen (404 S.)
- einsgerichtet (140 S.)
- Liebe und Eigenständigkeit (216 S.)
- Von innerer Fülle zu äußerem Gedeihen (52 S.)
- Die Symbolik der Krankheiten (76 S.)

Kunst

- Herz des Tanzes – Tanz des Herzens (160 S.)

Drama

- König Athelstan (104 S.)

Kontakt: www.HarryEilenstein.de / Harry.Eilenstein@web.de

Impressum: Copyright: 2011 by Harry Eilenstein – Alle Rechte, insbesondere auch das der Übersetzung, vorbehalten. Kein Teil des Buches darf ohne schriftliche Genehmigung des Autors und des Verlages (nicht als Fotokopie, Mikrofilm, auf elektronischen Datenträgern oder im Internet) reproduziert, übersetzt, gespeichert oder verbreitet werden.

Herstellung und Verlag: BoD- Books on Demand, Norderstedt **ISBN:** 9783744864435

Die Themen der einzelnen Bände der Reihe „Die Götter der Germanen"

Inhaltsverzeichnis

I Hel in der germanischen Überlieferung

Die Jenseitsgöttin hat in der germanischen Mythologie eine sehr umfangreiche Symbolik – und viele Namen. In diesem Band wird Hel, die wichtigste Jenseitsgöttin beschrieben. Sie ist die Riesin im Hügelgrab.

Die Darstellung der Wasserunterwelt-Jenseitsgöttin Ran findet sich in Band 27 und die unbekannteren Jenseitsgöttinnen in Band 28.

Auch die Wanen-Frau Freya-Menglöd (Band 22) und die Asinnen Frigg und Nanna sind Jenseitsgöttinnen (Band 21).

Die Darstellung des Jenseits selber findet sich in Band 49 und die Vorgänge im Jenseits, d.h. die Wiederzeugung und die Wiedergeburt, in Band 51. Das Wiederstillen, also die Symbolik des Göttermets, wird in Band 69 besprochen.

I 1.   Wortschatz

I 1. a)   Der Name „Hel"

Die indogermanische Wurzel des Namens der germanischen Herrin des Totenreiches ist das Wort „kel". Dies bedeutet „umhüllen, verhüllen, bergen, verbergen, neigen, zugeneigt". Mit diesem Wort sind indogermanisch „klei" für „lehnen" sowie „kels" für „kleiner Raum" und „ket" für „Kammer, Loch, Vorratsgrube" verwandt.

Die Ursprungsbedeutung von „kel" ist somit eine zumindestens teilweise in die Erde eingegrabene Kammer – damit kann sowohl ein Keller und eine Vorratsgrube als auch eine Höhle, eine Schwitzhütte oder eine Grabkammer in einem Hügelgrab gemeint sein.

Aus dieser Wurzel haben sich verschiedene Zweige entwickelt: die Substantive Kammer, Keller, Halle, Hülle, Hülse, Höhle, Helm und Loch sowie die Verben umhüllen, verhüllen, verbergen, bergen, bedecken, schützen, neigen (wegen der schrägen Wand des Loches) und im übertragenden Sinne auch zuneigen (jemanden mögen/ schützen).

Diese Bedeutungs-Zweige zeigen, daß die halbunterirdische Kammer schräge Wände hatte und vor allem als geschützter Ort empfunden worden ist.

Die Verwendung der Ableitungen von dem Wort „kel" zur Bezeichnung des Grabes, des Totenreiches und der Totengöttin zeigen, daß „kel" wohl nicht nur den Vorrats-„Keller", sondern auch die Grabkammer im Hügelgrab bezeichnet haben wird.

Ein „kel" wird für die Indogermanen daher wohl ein halb in die Erde eingegrabener geschützter Ort für die Lebenden, für die Toten und auch für die Vorräte gewesen sein.

Aus dieser Wurzel entwickelte sich der germanische Göttinnenname „Hludana", der aus der Zeit um 200 n.Chr. durch Inschriften am Niederrhein bezeugt ist. Diese Göttin wird ihrem Namen nach eine beschützende Göttin gewesen sein, die auch die Toten in ihrer Höhle beschützte.

Aus der Göttin Hludana haben sich im Altnordischen die Namen der Unterwelts-Riesin Hel, der Erdgöttin Hlodyn (= Jörd), der Seherin-Göttin Huld und der Seherin-Riesin Hleidir entwickelt.

Der Name „Hel" ist Teil einer sehr großen Gruppe von Worten in allen indogermanischen Sprachen. Der folgende Stammbaum zeigt nur einen kleinen Ausschnitt aus ihm.

In dem Stammbaum des Namens „Hel" auf der nächsten Seite werden folgende Abkürzungen benutzt:

aengl.	= Altenglisch	gr.	= Griechisch
ager.	= Altgermanisch	idg.	= Indogermanisch
ahd.	= Althochdeutsch	lat.	= Lateinisch
aksl.	= Altkirchenslawisch	mhd.	= Mittelhochdeutsch
air.	= Altirisch	ndt.	= Neuhochdeutsch
aisl.	= Altisländisch	nengl.	= Neuenglisch
asächs.	= Altsächsisch	nndl.	= Neuniederländisch
av.	= Avestisch (Altpersisch)	schw.	= Schwedisch
ger.	= Germanisch	wger.	= Westgermanisch
got.	= Gotisch		

Die beiden Zweige in diesem Stammbaum, die zu „Hel" führen, sind hellgrau hinterlegt.

von indogermanisch „kel" zu altnordisch „Hel"

Indoger-manisch	Germanisch u.ä.	Althochdeutsch, Altenglisch, Altisländisch u.ä.	Mittelhoch-deutsch u.ä.	Neuhochdeutsch u.ä.
idg.: kel (umhül-len, verhül-len, bergen, verber-gen, schüt-zen, neigen, zuge-neigt)	ager.: hel (Hülle, Halle, Höhle, Totenreich, Totengöttin)	ahd., asächs. und aengl.: helan (bedecken, verbergen, verstecken)		nhd.: hehlen
				nengl.: hall
		ahd.: heel, hellia	mhd.: helle	nhd: hüllen, Höhle, Helm, Halle, Hülse
	ager.: haljo (Höhle, Unterwelt)	aisl. bis heute: hel (Hel)		
		got.: halja (Hülle u.a.)		
		aengl. bis nengl.: hell (Hölle)		
		ahd.: hellea (Hölle)		nhd.: Hölle
	air.: ceilid (verbergen, verhüllen)			
	lat.: celo (verbergen), celere in oc-culere (verbergen verstecken)			
	gr.: kalupto (Bedeckung), kalytein (umhüllen, verbergen)			
	ager.: hol (Loch)			nndl.: hol (Loch)
		aengl.: hole (Loch)		nengl.: hole (Loch)
		aisl.: holr (Loch)		
	germ.: haltha (geneigt, zugeneigt, schief, schräg)	aengl.: hyldu (Gunst, Gnade, Freundlichkeit Treue, Schutz)		
		aengl.: hold (gnädig, günstig, angenehm)		
		aisl.: hylli (Gunst, Zuneigung)		
		schwe.: huld (gnädig, freundlich)		
		ahd.: huldi (Gunst, Freundlichkeit, Treue)	mhd.: hulde	nhd.: Huld, Hulda
		ahd.: hold (günstig, gnädig,)	mhd.: holt	nhd.: hold
		ahd.: halda (Abhang)	mhd.: halde	nhd.: Halde, Helling
idg.: klei (lehnen)	ger.: hleu (Schutz, Geborgenheit)	ager.: Hludana (Göttin)		
		aisl. bis heute: Hel (Totengöttin), Hlodyn (Erdgöttin), Hleidir (eine Seherin)		
idg.: kels (kleiner Raum)	lat.: cella (Lagerraum)			nhd.: Keller
	gr.: kalia (Hütte)			
idg.: ket (Kam-mer, Loch, Vorrats-grube)		aengl. heador (Umzäunung, Gefängnis)		
		aksl.: kotici (Kammer)		
	av.: kata (Kammer), catti (Loch)			
	skr.: catvalla (Loch für das Ritualfeuer)			
	Tocharisch: kotai (Loch)			

I 1. b) Die Namen der Hel

Die drei Namen der Jenseitsgöttin sind „Hel" („Höhle"), „Hyndla" („Hündchen") und „Hyrrokkin" („Rußgeschwärzte").

Der Name „Hel" bezieht sich auf die Grabkammer im Hügelgrab, der Name „Hyndla" bezieht sich vermutlich auf Hels Bruder Fenrir, und der Name „Hyrrokkin" bezieht sich auf die Brandbestattung, durch die Toten und sekundär auch Hel sozusagen rußgeschwärzt waren.

Weitere häufige Namen der Jenseitsgöttin, die jedoch als Göttin von Hel unterschieden wurden, sind Huldar, Gerdr, Laufey und Sigyn (siehe dazu auch den Band 28).

I 1. c) Kenningar

Der größte Teil der Kenningar, in denen Hel eine Rolle spielt, bezieht sich auf Hel-Hyndla-Hyrrokkin als Wolfsreiterin.

Wolf	*Reittier der Riesin*	Riesin = Hel; Wolf = Hels Bruder Fenrir	Einarr	(Skaldskaparmal)
Wölfe	*hungrige, springende Kurz-Rosse der Riesen-Mutter*	Kurz-Rosse = kleine Rosse = Wölfe	anonym	Olafs drapa Tryggvasonar
Wolf	*Roß der Trollfrau*	Urbild: Hel reitet auf Fenrir	anonym	Gydingsvisur
			Björn Krummhand	Magnusdrapa
			Bödvarr der Bär	Sigurdardrapa
			Thorkell Skallson	Valthofsflokkr
Wolf	*freßgieriges Trollfrauen-Roß*		Einarr Skulason	Haraldsdrapa 2
Wolf	*graues Trollfrauen-Roß*		Hallar-Steinn	Rekstefja
Wolf	*dunkles Trollfrauen-Roß*		Thorkell Skallson	Valthofsflokkr
Wolf	*Roß des gierigen Trolls*		anonym	Haralds Saga Sigurdarsonar
Wolf	*Trollfrauen-Glaumr*	Glaumr = Pferd	Einarr Skulason	Elfarvisur
Wolf	*Hunger-ver-meidender Soti der Trollfrau*	Soti = Pferd; Trollfrau = Hel; Hunger-vermeidend = gierig; gieriges Roß der Hel = Fenrir = Wolf	anonym	Olafs drapa Tryggvasonar

Wolf	*schwarzes Roß des Abend-Reiters*	Abend-Reiter(in) = entweder Zauberin/Riesin oder die untergehende Sonne (Tyr, Dag)	Hallfredr Ärger-Skalde Ottarson	Olafsdrapa
Wölfe	*Rosse der Abend-Reiter der Sonne*		Thorvaldr Hjaltson	Lausavisur
Wolf	*Zuchthengst der Gjalp*	Gjalp = Riesin = Hel; Hels „Hengst" ist der Fenris-Wolf	Thordr	(Skaldska-parmal)
Wolf	*schwarzes Roß der Jarnsaxa*	Jarnsaxa = Skadi = Hel; ihr Roß = Fenrir	Einarr	(Skaldska-parmal)
Wolf	*Roß der Gunnr*	Gunn = Walküre = Hel; Hels Roß ist der Fenris-Wolf	anonym	Runenstein von Rök
Wolf	*altes, ungezähmtes Roß der Vardrun*	Vardrun = Riesin, Jenseitsgöttin	Arnorr Jarl-Skalde Thordarson	Haraldsdrapa
Wolf	*allnächtlich umherstreifendes Roß der Frau des Yggr der Fluß-Glieder*	Yggr = Odin; Fluß-Glieder = Felsen; Odin der Felsen = Riesenkönig (Tyr im Hügelgrab-Jenseits); Frau des Riesenkönigs = Riesin (Hel); Roß der Riesin = Fenrir	Arnorr Jarl-Skalde Thordarson	Magnusdrapa
Wolf	*Roß der Imd*	Imd = eine der neun Mütter des Heimdall = Riesin	Gisli Illugason	Erfikvädi über Magnus Barfuß
Wolf	*Sif-Soti*	Sif = (Jenseits-) Göttin; Soti = Pferd	Halldor Nicht-Christ	Eiriksflokkr
Wolf	*schreckliches, mißgestaltetes Roß der Leikn*	Leikn = Riesin	Hallfredr Ärger-Skalde Ottarson	Olafsdrapa
Wolf	*Roß der Gridr*		Thorbjörn der hilfsbereite Skalde	Erlingsdrapa

Es gibt auch einige Umschreibungen der Hel selber:

Hel	*ferne Finsternis*		anonym	Beowulf
Hel	*Lokis Mädchen*		Thjodolfr von Hvini	Ynglingatal
Hel	*Schwester des Wolfes*		Thjodolfr von Hvini	Ynglingatal
Hel	*Verschlingerin des Himmels-Rades*	Himmels-Rad = Sonne	Bragi Boddason der Alte	(Skaldskaparmal)

Hel	Toten-Tor	Eingang zur Hel	Eyvindr Skalden-verderber Finnson	Lausavisur
Hel	Herdstein-Synjar	Synjar: Plural von Syn (Göttin)	Eilifir Godrunason	Thorsdrapa

Schließlich gibt es noch einige vereinzelte andere Verwendungen des Namens „Hel" in den Kenningarn:

Hödur	Genosse der Hel			Snorri Sturluson	Skaldskapar-mal
Wogen	Wolf-Roß der sehr mächti-gen Maid der Berge	Berg = Hügelgrab; deren Maid = Hel; die Bedeutung „Wogen" ergibt sich daraus, daß die Kenning die Seenot eines Schiffes beschreibt (ungenaue Kenning)		Ulfr Uggason	(Skaldskapar-mal)
Männer (böse)	Hel-Männer	Hel = Unterwelt-Riesin; in dieser Drapa wohl schon in der Bedeutung „Hölle"		anonym	Heilagra manna drapa
Riese	Hel-Rune	(Grendel)		anonym	Beowulf-Epos
Riese	Hel-Geist	(Grendel)		anonym	Beowulf-Epos

I 1. d) Zusammenfassung

Der Name „Hel" bedeutet „Höhle" und bezieht sich auf die Grabkammer im Hügelgrab. „Hel" bezeichnet sowohl die Unterwelt selber als auch die Jenseitsgöttin in der Unterwelt, also die „Göttin im Hügelgrab".

Der Name „Hyndla" bedeutet „Hündchen" und bezieht sich vermutlich auf Fenrir, den Bruder der Hel, auf dem Hel des öfteren reitet.

Der Name „Hyrrokkin" bedeutet „Rußgeschwärzte" und bezieht sich auf die Brandbestattung.

I 2.   Hel die Riesin

Die Troll-Frauen und die Riesen sind fast alle Varianten der Jenseitsgöttin und somit auch der Hel.

I 2. a)   Anonyme Troll-Liste

Hyrrokkin wurde zu den Riesinnen gezählt:

Gjölp, Hyrrokkin,
Hengikepta,
Gneip und Gnepja,
Geysa, Hala,
Hörn und Hruga,
Hardgreip, Forad,
Hrydja, Hvedra
und Hölgabrudr.

I 2. b)   Lied des Thorbjörn Disen-Skalde

Auch hier erscheint Hyrrokkin in einer Liste von vier Riesen (Keila, Kjallandi, Lutr, Leidi) und vier Riesinnen (Buseyra, Hengjankjapta, Hyrrokkin, Svivör), die von Thor getötet worden sind:

So sang Thorbjörn Disen-Skalde:

„Du hast den Kopf des Keila zertrümmert,
und Kjallandi vollständig zerschmettert,
ehe Du Lutr und Leidi vernichtet hast,
ehe Du das Blut der Buseyra vergossen hast,
ehe Du Hengjankjapta zurückhieltst;
Hyrrokkin starb zuvor,
jedoch noch früher wurde Svivör
in derselben Weise ihr Leben entrissen.“

I 2. c)   Ynglingatal

- 16. König: Adil   (31./32. Strophe) -

Ich habe gehört, / daß der Zauber-Frau
bestimmt war, / das Leben
des Adil zu zerstören, / und daß der Taten-durstige König,
der Sohn des Freyr, / von dem Sattel

seines Rosses fallen mußte, / und daß die Hirn-Flut
des Sohnes des Königs / sich mit dem Staub
vermischen sollte / und daß dem berühmte Feind
des Ali / in Uppsala der Tod bestimmt war.

- Zauber-Frau = Hel
- Sohn des Freyr = König
- Hirn-Flut = Gehirn-Masse
- Sohn des Königs = König (eine Minimal-Kenning)
- Feind des Ali = Adil

(Der König und Pferdenarr Adill starb in Uppsala bei einem Sturz von seinem Pferd, bei dem sein Kopf auf einen Felsen aufschlug.)

I 2. d)   Die Goldhörner von Gallehus

Auf dem 4. Bildstreifen des kleineren der beiden Goldhörner von Gallehus, die um 400 n.Chr. in Dänemark angefertigt worden sind, ist vermutlich eine dreiköpfige Hel zu sehen.

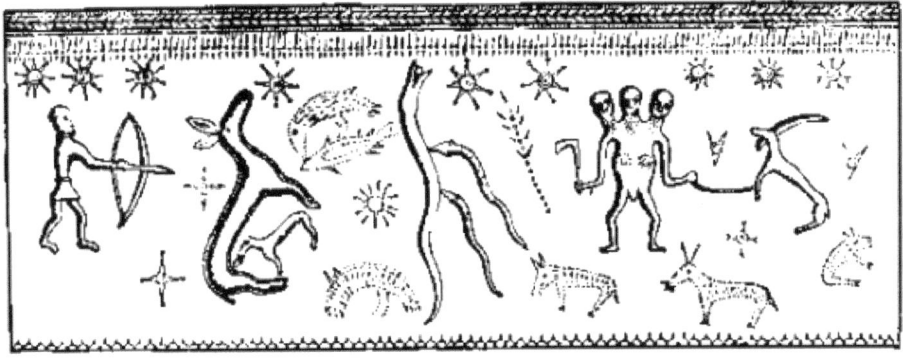

Diese Szene spielt im Himmels-Wasser-Jenseits, wie die vielen Sterne und die Wasserstreifen oben und unten zeigen.

In dieser Sternenwelt sind ein Bogenschütze, ein dreiköpfiger Mensch, der eine Axt und eine Ziege an einem Seil hält, sowie eine Hirschkuh, die ihr Junges säugt, und eine Schlange mit zwei Jungen sowie zwei Fische in jeweils ähnlicher Geste zu sehen. Schließlich finden sich noch drei Wildschweine und ein Zeichen, daß einer Kornähre ähnelt.

Da die dreiköpfige Gestalt Brüste zu haben scheint, ist sie vermutlich eine Variante der drei Matronen, wozu auch die stillende Hirschkuh in dieser Szene passen würde. Sie wäre dann auch eine Entsprechung zu den drei germanischen Nornen, den drei griechischen Moiren, den drei römischen Parzen, zu der dreigestaltigen römischen Ceres, zu der dreifachen Göttin der Kelten, zu der griechischen dreiköpfigen Jenseitsgöttin Hekate und zu der indischen, dreiköpfigen Muttergöttin Durga. Diese Dreigestalt reicht bis zu den ursprünglichen Indogermanen um ca. 2.400 v.Chr. und früher zurück.

Der Charakter der drei Gestalten der Muttergöttin wird in den Mythen der Indogermanen mit verschieden Bildern beschrieben, wobei das der Spinnerinnen das älteste zu sein scheint. Man sollte allerdings davon ausgehen können, daß am Anfang die Wiedergeburtssymbolik stand, auch wenn diese nicht explizit als Bild im Zusammenhang mit der dreifachen Göttin erwähnt wird.

Möglicherweise ist die dreiköpfige Frau mit der dreiköpfigen Riesin Gryla identisch.

Die Vielköpfigkeit findet sich vor allem in Indien, aber auch bei den Germanen, Griechen, Römern, Kelten und Slawen. Durch diese Darstellung wurde auf verschiedene Aspekte des Wesens der betreffenden Gottheit hingewiesen. Eine ganz ähnliche Vorstellung ist die christliche Dreieinigkeit.

Da Schlangen und Fische keine Säugetiere sind, ist das „Stillen" bei ihnen ein wenig merkwürdig – vielleicht ist dies ein Bild, das aus der Kombination von Stillen, Wasserunterwelt (Fisch) und allgemein Unterwelt (Schlange) entstanden ist.

Die Axt in der Hand der dreiköpfigen Göttin und die Ziege, die sie an einer Leine hält, lassen vermuten, daß die Ziege geopfert werden soll.

Vermutlich ist die dreiköpfige Frau sowohl die drei Nornen als auch allgemein die Jenseitsgöttin, also auch die Hel.

I 2. e)   Zusammenfassung

Hel bzw. Hyrrokkin wurde als „Zauberfrau" bezeichnet.

Sie wurde um 400 n.Chr. als dreiköpfig dargestellt und vermutlich mit den drei Nornen assoziiert. Da die „3" von den Indogermanen als Adjektiv mit der Bedeutung „zum Sonnenzyklus gehörig" benutzt worden ist, ist Hel hier wohl auch als Wiederzeugungs-Geliebte und Wiedergeburts-Mutter des ehemaligen Sonnengott-Göttervaters Tyr anzusehen.

Als Jenseitsriesin wurde Hel-Hyrrokkin von Thor getötet – wobei sie zu der Zeit der Entstehung dieser Mythe (nach 500 n.Chr.) vermutlich nicht mehr als Jenseitsgöttin erkannt worden ist.

I 3.   Die Familie der Hel

I 3. a)   Gylfis Vision

Loki hatte noch andere Kinder. Angurboda hieß ein Riesenweib in Jötunheim; mit der zeugte Loki drei Kinder: das erste war der Fenris-Wolf, das andere Jörmungand, die Midgardschlange, das dritte war Hel.

Als aber die Götter erfuhren, daß diese drei Geschwister in Jötunheim erzogen wurden, und durch Weissagung erkannten, daß ihnen von diesen Geschwistern Verrat und großes Unheil bevorstehe, indem sie Böses von Mutter-, aber noch schlimmeres von Vaterswegen von ihnen erwarten zu müssen glaubten, schickte Allvater die Götter, daß sie diese Kinder nahmen und zu ihm brachten.

Als sie aber zu ihm kamen, warf er die Schlange in die tiefe See, welche alle Länder umgibt, wo die Schlange zu solcher Größe heranwuchs, daß sie mitten im Meer um alle Länder liegt und sich in den Schwanz beißt.

Die Hel aber warf er hinab nach Niflheim und gab ihr Gewalt über neun Welten, daß sie denen Wohnungen anwiese, die zu ihr gesendet würden: solchen nämlich, die vor Alter oder an Krankheiten starben. Sie hat da eine große Wohnstätte; das Gehege umher ist außerordentlich hoch und mit mächtigen Gittern verwahrt. Ihr Saal heißt „Regennasser“, „Hunger“ ihre Schüssel, „Gier“ ihr Messer, „Träg“ ihr Knecht, „Langsam“ ihre Magd, „Gefahrenstelle“ heißt ihre Schwelle, ihr Bett „Kümmernis“ und ihr Vorhang „drohendes Unheil“.

Sie ist halb schwarz, halb menschenfarbig, also kenntlich genug durch grimmiges, furchtbares Aussehen.

Die Totengöttin ist wie der Schamanengott Odin mit seinem einen lebenden und seinem einen blinden („toten“) Auge ein halb lebendes und halb totes Wesen: Sie ist halb schwarz wie eine Leiche und halb von der Farbe eines lebenden Menschen.

Die Namen der Dinge und Personen in ihrer Halle zeigen, daß man sich die Halle der Hel schrecklich vorstellte und daher fürchtete.

Die Abstammung der Hel von Loki ist vermutlich ein neueres Motiv, da die Jenseitsgöttin in den frühen Mythen zu den ursprünglichsten Gottheiten überhaupt zählt. Die Zusammenstellung von Hel, Fenrir und Jörmungandr als Geschwister läßt vermuten, daß sie einfach deshalb Lokis Kinder geworden sind, weil Loki als der allgemeine Verursacher des Chaos und des Leides angesehen worden ist.

Der Name „Angurboda“ der Mutter der Hel bedeutet „Angstbotin“ – ein passender Name für Hel selber. Vermutlich ist dies ursprünglich ein Beiname der Hel gewesen.

I 3. b) Die Saga über Sturlaug den Mühen-Beladenen

In dieser Saga rauben Sturlaug und seine Männer ein magisches Horn aus einem Thor-Tempel, der von einer Priesterin bewacht wird, die allerdings schon leicht verzerrt dargestellt wird, um der Saga eine größere Dramatik zu geben.

Sturlaug blickt in den Tempel und sieht nun den sehr großen Thor dort auf dem Ehrenplatz sitzen. Vor ihm steht ein schöner Tisch, der mit Silber überzogen war. Auf ihm sieht er das Auerochsen-Horn vor Thor stehen. Es war schön und voller Gift. Dort war auch ein Tafl-Spiel und Tafl-Spielfiguren – eine jede von ihnen war aus Gold gefertigt.

Tafl-Spiele wurden ursprünglich zu Orakel-Zwecken benutzt (siehe „Tafl" in Band 57). Das Tafl-Spiel stellte den endlosen, zyklischen Kampf zwischen dem Sommergott Tyr und dem Wintergott Loki dar.

Dort befanden sich Pfosten, an denen Kleider und goldene Ringe hingen.

Diese Kleider waren vermutlich Kleider für die Statuen. Die Ringe waren wahrscheinlich Eid-Ringe.

Dort drinnen in dem Tempel waren sechzig Frauen und eine von ihnen fiel unter ihnen allen besonders auf. Sie war groß wie eine Riesin, so blau wie der Tod und so fett wie eine Stute, schwarz-äugig und böse blickend.

Diese Frau ist offenbar nach dem Bild der Unterweltsgöttin Hel geschildert worden.

Doch sie war trotzdem gut gekleidet. Sie diente an dem Tisch (vor den Göttern).
Sie sangen das folgende Lied:

„Hier kommt Sturlaug, / der Mühen-beladene,
er sucht das Horn, / und einen Hort aus Ringen.
Hier in dem Horn, / auf dem Heiligen Fest,
sind Schätze und Gold. / Wir sind ihm übel gesonnen!"

Da antwortete die Priesterin und sprach: „Er wird diesen Ort niemals lebend verlassen, wenn es nach meinem Willen geschieht oder wenn meine Glaube und meine Gebete erfüllt werden!"
Dann sang sie:

„Im Grab wird unser Gast / Ruhe finden,
und viele Wunden / werden seine Ruhe stören.
Dann wird an ihm, Sturlaug / dem Mühen-Beladenen,
an seinem Fleisch genagt werden / mit den Messern des Gaumens!"

Messer des Gaumens = Zähne

Danach machte sich Sturlaug bereit hineinzugehen und verbot seinen Eid-Brüdern,
ihm zu folgen.
In dem Tempel standen drei Felsen, die so hoch wie die Rippen eines Mannes reich-
ten und zwischen denen tiefe Gruben voller Gift waren, sodaß Sturlaug über sie
springen mußte, um zu dem Platz zu gelangen, an dem sich das Auerochsen-Horn
befand.
Da entschloß sich Sturlaug und sprang kühn und geschickt über die drei Steine
hinein, ergriff schnell und ohne behindert zu werden das Horn und rannte zurück.

Die drei Steine in der Unterwelt finden sich auch in der Loki-Mythe, in der er in der
Hel auf drei Felsen gefesselt worden ist. Der Tempel, in den Sturlaug geht, um das
Horn zu rauben, scheint eher die Grabkammer eines Hügelgrabes zu sein, das von Hel
bewacht wird, die hier als Hohepriesterin erscheint.

Die Priesterin stand angeschwollen vor Wut und hielt ein zweischneidiges Kurz-
schwert. Er konnte an den Schneiden des Kurzschwertes etwas sehen, daß wie bren-
nendes Feuer aussah. Sie schrie ihn auf eine schreckliche Weise an und fletschte ihre
Zähne in seine Richtung, obwohl sie sich zurückhielt, ihn tatsächlich anzugreifen.
Als Sturlaug zu den Steinen kam, sah er Hrolf Neb über die Steine springen. Hrolf
rannte dorthin, wo Thor und Odin waren, schnappte sich das Tafl-Spiel, steckte sie in
seine Tasche und rannte durch die Tempelhalle zum Ausgang.
Da sah er die Priesterin ihm hinterherrennen, ihre Zähne fletschen und knurren. Er
sprang über die Steine, um hinauszukommen, aber die Priesterin bekam seine Tunika
zu fassen, riß ihn in die Höhe und schleuderte ihn nieder gegen die Steine, sodaß sein
Rückgrat sofort zerbrach. So starb Hrolf Neb in großer Kühnheit.

Diese Szene ist vermutlich ein umgedeutetes Menschenopfer.

Danach rannte die Priesterin hinaus und schrie mit solch schrecklichem Eifer und
Toben und Drohungen, daß die Echos von jeder Klippe und jedem Hügel ringsum
antworteten.
Sie erblickte Sturlaug und jagte ihm hinterher und griff ihn an. Er verteidigte sich
gut und mutig und mit großem Geschick.

In dem Augenblick sah Sturlaug jemanden aus dem Wald kommen, dann eine weitere und eine dritte Gestalt und im nächsten Augenblick kamen sie aus allen Richtungen.

Sturlaug zog sich zurück, aber sie griff ihn umso härter an, als sie sah, daß die anderen herbeirannten.

Er sprang sie mit Horn Nebs Geschenk (einer Hellebarde) *an und stieß sie ganz durch sie hindurch, sodaß ihre Spitze zwischen ihren Schultern wieder herauskam. Sie zuckte so heftig zurück, daß er die Hellebarde aus seinem Griff verlor und so blieb sie dort, aber sie starb augenblicklich.*

Sturlaug rannte zu dem Schiff und zerschnitt das Haltetau.

I 3. c)   Skaldskaparmal

In diesem Lied wird bestätigt, daß Loki der Vater der Hel ist.

„Wie soll man Loki umschreiben?“
„So: Nenne ihn Sohn des Farbauti und der Laufey, ..., Vater des Ungeheuers von Van (das ist der Fenris-Wolf) und des riesigen Ungeheuers (das ist die Midgardschlange) und der Hel, ...“

I 3. d)   Sonatorrek

In diesem Klagelied des Skalden Egil Skallagrimsson, das er um ca. 960 n.Chr. verfaßt hat, wird Hel als die Schwester des Feindes des Odin, d.h. des Fenris-Wolfes bezeichnet.

Nun ist mein Pfad schwer: / die Riesen-Schwester
von Odins Feind, / steht auf der Landzunge:
mit Entschlossenheit / und ohne Bedauern
will ich froh / mein Los erwarten.

Odins Feind ist Fenrir (Fenrir tötet Odin beim Ragnarök); dessen Schwester ist Hel.
Die Landzunge, auf der Hel steht, ist der Ort, an dem Egil das Hügelgrab für seinen verunglückten Sohn errichtet hat.

I 3. e) Ynglingatal

- 9. König: Agni (16./17. Strophe) -

Ich halte es / für eine erstaunliche Sache,
daß Agnis Leute / Skjalfs Taten
ganz normal fanden, / als Logis Schwester
den Fürsten / an ihrem goldenen Halsband emporhob:

ihn, der dazu bestimmt war, / das eiskalte Roß
des Mannes der Signy / in Taur zu zähmen.

   - goldenes Halsband = Galgenstrick
   - Logis Schwester = Logi ist der Feuer-Riese/Gott; es ist keine Schwester des Logi
bekannt, aber hier scheint Hel gemeint zu sein (Logi ist ein Tyr-Riese; daher ist seine
Schwester-Frau-Tochter die Jenseitsgöttin)
   - Mann der Signy = Hagbard; sein Roß = Galgen
   - zähmen: wenn das Roß ruhig geht, ist es gezähmt = wenn der Erhängte tot ist,
hängt der Galgen ruhig
   (Agni ist durch eine List von Skjalf erhängt worden.)

I 3. f) Ynglingatal

- 24. König: Halfdan der Sanftmütige (47./48. Strophe) -

Und der König / wurde zu Thridjas Thing gerufen,
Hvedrungs Maid rief / ihn in ihr Heim,
Halfdan, der lange / in Holtum lebte,
mußte dem / Schicksalsspruch der Nornen folgen.

Das Hügelgrab / steht in Borre:
dort legten sie / den Sieg-Besitzer nieder.

   -Thridja = Dritter = Odin; dessen Thing = Versammlung der Toten in Walhalla
   - Hvedrung = Loki; dessen Tochter = Hel; zu Hel rufen = sterben
   - Sieg-Besitzer = Krieger = König
   (Halfdan starb an Altersschwäche.)

I 3. g)   Ynglingatal

- 7. König: Dygve   (12./13. Strophe) -

Es kann nicht / geleugnet werden,
daß Glitnis Verwandte / nun die Leiche des Dyggvi
zum Huren hat, / denn die Schwester des Wolfes
und des Narfi / wählten den königlichen Mann aus,

ja, Lokis Tochter hat nun / den mächtigen Herrscher
von Yngvis Volk / und spielt mit ihm.

- huren = wörtlich spielen, was jedoch eine deutliche Assoziation zu Sex hat
- spielen = Sex haben
- Glitni = ein Tyr-Roiese; seine Verwandte = Hel
- Schwester des Wolfes und des Narfi = Hel
- Lokis Tochter = Hel
- Narfi = eigentlich Lokis Sohn; hier scheint er Fenrir oder Jörmungandr zu bezeichnen
- Yngvis Volk = Schweden
(Hel ist die Wiederzeugungs-Geliebte der Toten im Jenseits.)

In diesem Lied ist das Motiv der Vereinigung der Toten mit der Göttin im Jenseits noch deutlich zu sehen. Diese „Jenseits-Hochzeit" war die der Wiedergeburt vorausgehende Wiederzeugung.

Hier wird Hel offenbar noch nicht als gefürchtete Riesin, sondern noch als ein Aspekt der Göttin Freya angesehen, in deren Mythen und in deren Beschreibung sich das Motiv der Wiederzeugung sich mit der Zeit zu dem Motiv der Liebesgöttin gewandelt hat.

I 3. h)   Zusammenfassung

Hel ist halb schwarz und halb Leben-farbig – sie steht anscheinend auf der Schwelle zwischen Diesseits und Jenseits.

Sie ist die Tochter der Angurboda und des Loki. Dies ist vermutlich eine relativ neue Auffassung, die aus der Zeit stammt, als die Gottheiten nicht mehr primär Teile einer Mythe waren, sondern in Analogie zu den Menschen in Stammbäumen angeordnet worden sind. Diese Neuordnung wird um 500 n.Chr., als die alten Tyr-Mythen aufgelöst und ihre Bestandteile umgedeutet und in die neugeschaffenen, Odin-zentrierten Mythen eingefügt worden sind, einen starken Schub erhalten haben.

In demselben, vermutlich relativ neuen Stammbaum haben Angrboda und Loki noch zwei weitere Kinder: den Fenris-Wolf und die Midgardschlange Jörmungandr. Offenbar ist Loki zu der Zeit der Formung dieses Stammbaumes als Vater allen Übels angesehen worden. Diese Umdeutung zeigt sich auch darin, daß die Mitglieder dieser „Familie" ziemlich verschiedene Ursprünge gehabt haben:

- Angrboda ist wie ihre Tochter Hel sehr wahrscheinlich die Jenseitsgöttin. Möglicherweise stammt ihr Erscheinen in zwei Generationen aus der Vorstellung, daß sich die Jenseitsgöttin zusammen mit dem ehemaligen Sonnengott-Göttervater Tyr wiederzeugt und wiedergebärt und dadurch zu ihrer eigenen Tochter wird (siehe auch „Inzest" in Band 51).

- Fenrir ist der Name des Tyr als Gott der Ulfhedinn (Wolfskrieger). Als Sonnengott-Göttervater ist Tyr in den alten Mythen von der Jenseitsgöttin wiedergeboren worden (siehe den Band 3 über Tyr).

- Hel („Höhle") ist ursprünglich ein Beiname der Jenseitsgöttin gewesen – vermutlich ein Beiname der Freya.

- Jörmungandr ist ursprünglich der Gegenspieler des Thor gewesen: Die Riesenschlange raubt im Frühjahr den Regen und der Donnergott holt den Regen im Herbst von der Riesenschlange zurück (siehe den Band 17 über Thor).

- Loki ist in den Mythen vor 500 n.Chr. der Wintergott gewesen und Tyr der Sommergott. Durch den endlosen Kampf zwischen den beiden sind die Jahreszeiten entstanden. Im Frühjahr hat Tyr den Loki getötet und drei Monate später im Herbst hat Loki den Tyr getötet. Anschließend hat sich der tote Gott im Jenseits zusammen mit der Göttin Freya wiedergezeugt und ist dann an der nächsten Jahreszeiten-Wende zusammen mit der Göttin wiedergeboren worden. Dadurch sind Loki und die Göttin zu Geschwistern geworden und ebenso Tyr und die Göttin. Somit sind der Sommergott-Göttervater, der Wintergott-Jenseitsgott und die Muttergöttin-Jenseitsgöttin Geschwister. Diese Konstellation stammt noch von den Indogermanen selber, da sie sich z.B. auch bei den Griechen als die Geschwister Zeus, Hades und Demeter findet.

Ein Rest dieser alten Mythe ist die Auffassung des Tyr-Logi, dessen Name „Lohe, Feuer" bedeutet und ein Hinweis auf das Sonnenfeuer ist, als Bruder der Hel.

23

I 4.   Die Höhle der Hel

Hel ist nach der Grabkammer („Höhle") im Hügelgrab benannt worden – sie also die „Göttin im Hügelgrab".

I 4. a)   Hel: ein Ort und eine Riesin

In den Texten läßt sich oft nicht sicher unterscheiden, ob „Hel" ein Personenname oder ein Ortsname ist, d.h. ob „Hel" einfach „Höhle", also „Grabkammer in einem Hügelgrab" und somit auch allgemein „Unterwelt unter der Erde" bedeutet, oder ob „Hel" der Name der Jenseitsgöttin ist.

Der Ursprung des Namens der Riesin des Totenreiches wird jedoch sicherlich das germanische Wort „hellir" für „Höhle" gewesen sein. Ab wann man mit „Hel" auch die Totengöttin, also Freya/Frigg bezeichnete, ist unsicher, aber zumindest ab 1000 n.Chr. ist „Hel" mit Sicherheit auch als Göttin/Riesin aufgefaßt worden. Vermutlich ist „Hel" zunächst als Beiname für die Jenseitsgöttinnen Frigg und Freya gewesen, die oft zu in einer Höhle in einem Berg, d.h. in der Grabkammer eines Hügelgrabes wohnende Riesinnen wie z.B. Gunnlöd umgedeutet worden sind.

Vermutlich ist der Beiname „Hel" im Sinne von „Höhlenbewohnerin", d.h, „die in der Grabkammer" so häufig gewesen, daß sich dieser Beiname verselbständigen konnte. Dies spricht wiederum dafür, daß die Reise zu der Göttin im Hügelgrab, mit der sich der Tote vereinte und dann anschließend von ihr wiedergeboren wurde, ein Motiv gewesen sein muß, das die Jenseitsvorstellungen schon lange Zeit vor 1000 n.Chr. geprägt hat.

Die Mythe, in der Hel als die Tochter des Loki beschrieben wird, ist auf jeden Fall jünger als die Auffassung der Hel als einer Riesin bzw. Göttin. Da die Auffassung der Hel als Loki-Tochter vermutlich aus der Zeit vor der Neustrukturierung der nordgermanischen Mythologie um 500 n.Chr. nach der Absetzung des nordgermanischen Sonnengott-Göttervaters Tyr durch Thor und Odin stammen wird, ist der Name „Hel" vermutlich vor 500 n.Chr. entstanden.

I 4. b)   Odins Rabenzauber

In diesem Lied wird die Gesamtheit der Welt als „Himmel, Hel und Erde" umschrieben. „Hel" ist hier die Unterwelt.

Der Weise frug die Wächterin des Tranks,
Es frug der Nachkomme der Asen und seine Weggefährten,
Ob sie den Ursprung, die Dauer und das Ende
des Himmels, der Hel und der Erde wisse.

I 4. c) Hervor-Saga

In dieser Saga und auch in einigen anderen Sagas wird ein „todloser Acker" erwähnt. Er ist manchmal das Jenseits und manchmal auch ein Land im Diesseits, in dem die Menschen unsterblich sind oder zumindestens sehr viel länger leben als üblich. Vermutlich wird mit diesem Begriff ursprünglich die Welt der Toten, also das Reich der Hel gemeint gewesen sein – allerdings eine Jenseits-Version, zu der man nach dem Tod gerne ging.

Einer der Könige in Jötunheim hieß Godmund. Sein Heim wurde Grund genannt und sein Land Glasisvellir („Glanz-Gefilde"). Er war ein treuer Verehrer der alten Götter. Er war ein weiser und machtvoller Mann und so alt – wie auch alle seine Leute – daß sie alle vielfach die normale Zeitspanne lebten.
Deshalb glauben die Heiden, daß der „todlose Acker" in seinem Reich zu finden sein muß: der Ort, der jeden heilt, der dorthin kommt, und der von jedem das hohe Alter abfallen läßt, sodaß dort niemand sterben kann. Es wird gesagt, daß das Volk Godmund nach seinem Tod Opfer brachte und ihn wie einen Gott verehrte.

„Jötunheim" ist das „Riesenreich", d.h. das Jenseits. Der dort herrschende König Godmund dort ist Tyr als Totengott („Alberich" = „Alfenkönig"). Das „Glanz-Gefilde" ist das lichte Himmels-Jenseits, in dem die Lichtalfen wohnen.

I 4. d) Grimnir-Lied

In „Gylfis Vision" wird Hel von Odin „hinab nach Niflheim" geworfen. Entsprechend wird im Grimnir-Lied gesagt, daß Hel „unter" einer der Wurzeln der Weltesche wohnt:

Drei Wurzeln strecken sich nach dreien Seiten
Unter der Esche Yggdrasil:
Hel wohnt unter einer, unter der andern Hrimthursen,
Aber unter der dritten Menschen.

I 4. e) Wafthrudnir-Lied

Manchmal wird statt von einer Unterwelt von neun Unterwelten gesprochen. Diese Formulierung stellt jedoch keinen Hinweis auf eine Differenzierung der Welt der Toten in neun klar unterscheidbare Bereiche dar, da die „9" von den Indogermanen als eine Art Adjektiv mit der Bedeutung „zum Jenseits gehörend" benutzt worden ist (siehe auch „9" in Band 47).

Von der Joten und aller Asen Geheimnissen
Kann ich Sicheres sagen,
Denn alle durchwandert hab ich die Welten,
Neun Reiche bereist ich bis Nifelheim nieder;
Da fahren die Helden zu Hel.

I 4. f) Gylfis Vision

Die „neun Unterwelten" werden auch in Gylfis Vision erwähnt. Hier wird zudem zwischen dem „guten Jenseits" im Gimle (im südlichen Himmel) und dem „bösen Jenseits" in der Hel unterschieden.

Da hub Gangleri an zu sprechen: „Wer ist der höchste und älteste aller Götter?"
Har sagte: „Allvater heißt er in unserer Sprache und im alten Asgard hatte er zwölf Namen. Der erste ist Allvater, der andere Herran oder Herian, der dritte Nikar oder Hnikar, der vierte ist Nikuz oder Hnikud, der fünfte Fiölnir, der sechste Oski, der siebente Omi, der achte Biflidi oder Biflindi, der neunte Swidur, der zehnte Swidrir, der elfte Widrir, der zwölfte Jalg."
Da frug Gangleri: „Wo ist dieser Gott, und was vermag er? Oder was hat er Großes getan?"
Har sagte: „Er lebt durch alle Zeitalter und beherrscht sein ganzes Reich und waltet aller Dinge, großer und kleiner."
Da sprach Jafnhar: „Er schuf Himmel und Erde und die Luft und alles, was darin ist."
Da sprach Thridi: „Das ist das wichtigste, daß er den Menschen schuf und gab ihm den Geist, der leben soll und nie vergehen, wenn auch der Leib in der Erde fault oder zu Asche verbrannt wird. Auch sollen alle Menschen leben, die wohlgesittet sind, und mit ihm sein an dem Orte, der Gimle heißt oder Wingolf. Aber böse Menschen fahren zu Hel und danach gen Niflheim; das ist unten in der neunten Welt."

I 4. g) Grimnir-Lied

In diesem Lied werden der Jenseitsfluß und das Gitter am Tor zur Halle der Hel beschrieben:

Thundr ertönt, wo Thiodwitnirs
Fisch in der Flut spielt;
Des Stromes Ungestüm dünkt zu stark
Durch Walglaumir zu waten.

Walgrind heißt das Gitter, das auf dem Grunde steht
Heilig vor heilgen Türen.
Alt ist das Gitter; doch ahnen wenige
Wie sein Schloß sich schließt.

„Thundr" bedeutet möglicherweise „Donner". Dieser Name wäre dann eine Alternative zu dem Namen „Gjallar", d.h. „Tosender" des Jenseitsflusses.

Der Name „Walgrind" bedeutet „Toten-Gitter", d.h. „Gitter-Tor am Totenreich".

I 4. h) Grimnir-Lied

Manchmal wurden der Jenseitsfluß auch als eine Vielzahl von Flüssen aufgefaßt. In der folgenden Strophe ist es nicht ganz klar, ob alle sechzehn Flüsse oder nur die beiden letzten in die Hel fließen und daher wohl Jenseitsflüsse sind.

Wina heißt einer, ein anderer Wegswinn,
Ein dritter Diotnuma.
Nyt und Nöt, Nönn und Hrönn,
Slid und Hrid, Sylgr und Ylgr,
Wid und Wan, Wönd und Strönd,
Giöll und Leiptr: diese laufen den Menschen näher
Und von hier zur Hel hinab.

I 4. i) Hervor-Saga

Das Motiv des Feuers als Jenseitstor wird in der Hervor-Saga sehr ausführlich und dramatisch geschildert. Die folgenden Zeilen sind nur ein sehr kurzer Auszug aus dieser Schilderung des Tores zur Hel (siehe „Hervor" in Band 31).

Da öffnete sich der Grabhügel und es war, als ob der gesamte Hügel Feuer und Flamme wäre.
Und Angantyr sprach:

„Das Tor zur Hel steht weit aufgesperrt
und die Gräber öffnen sich,
alles ist Feuer
auf der Höhe der Insel;
es ist schrecklich hier draußen
ringsum anzusehen;
gehe fort, Mädchen,
wenn Du kannst, zu Deinen Schiffen. "

I 4. j) Zusammenfassung

Hel ist sowohl die Unterwelt als Ort als auch die Göttin an diesem Ort: Hel ist die Göttin im Hügelgrab.

Himmel, Hel und Erde sind die drei Teile der Welt. Hel ist auch eine der drei Welten unter den drei Wurzeln des Weltenbaumes – diese recht ungenaue Zuordnung (statt Erde in der Mitte, Himmel oben, Unterwelt unten) wird recht neu sein und evtl. auch aus der Zeit der Mythen-Neuordnung um 500 n.Chr. stammen.

In den neueren Mythen oder zumindestens in den Texten, die von Nordgermanen aufgeschrieben worden sind, die schon der christlichen Religion angehört haben (wie z.B. Snorri Sturluson) ist die Zahl „9", die bei den „neun Unterwelten" auftritt, nicht mehr als Adjektiv mit der Bedeutung „zum Jenseits gehörend" verstanden worden. Stattdessen sind sie die „neun Unterwelten" ganz wörtlich als neun verschiedene Orte aufgefaßt worden – vielleicht auch von den sieben Himmeln aus dem Mittelmeerbereich inspiriert, die den sieben Planeten entsprechen.

Man gelangt zur Hel, indem man den Jenseitsfluß „Gjallar" („Tosender"), der anscheinend auch „Thundr" („Donnernder"?) genannt wurde, überquerte und dann durch das Gitter „Walgrind" („Toten-Gitter") in die Halle der Hel schritt. Dieses

Toten-Gitter wird auch ein Name für die Steinplatte gewesen sein, mit der man nach der Bestattung das Tor eines Hügelgrabes verschlossen hat, bevor man den Gang zu diesem Tor mit Erde und Steinen zugeschüttet hat.

In und auf den Hügelgräbern brannte Feuer. Daher konnten die Totengeister in diesen Hügelgräbern, die oft die Gestalt von Schlangen oder Drachen angenommen haben, Feuer speien. Der Ursprung dieser Feuer-Motive ist die Brandbestattung. Durch dieses Motiv hat Hel auch ihren Beinamen „Hyrrokkin" (Rußgeschwärzte") erhalten.

Die Vorstellung des „Glasisvellir"-Jenseits, also des „Glanzgefildes" stammt aus den Jenseitsvorstellungen, die mit der goldenen Himmelshalle des Tyr verbunden waren – dort lebten die Lichtalfen.

I 5.   Der Hund der Hel

Der Hund der Hel (Garm) bzw. der Wolf der Hel (Fenrir) erscheint als ihr Reittier und als der Wächter am Tor der Halle der Hel.

I 5. a)   Die Vision der Seherin

Der Hund „Garm" als Wächter der Unterwelt erscheint auch in diesem Lied. „Gnipahellir" bedeutet „überhängende Höhle". Damit ist der Eingang zu Hels Hallen gemeint. Das „Überhängen" bezieht sich vermutlich auf die Deckplatte der Grabkammer.
„Garm" bedeutet schlicht „Hund".

Gräßlich heult Garm vor der Gnipahöhle.

I 5. b)   Gylfis Vision

In „Gylfis Vision" wird der Tod des Gottes Tyr durch den Hund Garm, der den Eingang zum Reich der Hel bewacht, beschrieben:

Inzwischen ist auch Garm, der Hund, losgeworden, der vor der Gnipahöhle gefesselt lag: Das gibt das größte Unheil, da er mit Tyr kämpft und einer den anderen zu Fall bringt.

Der gefesselte Hund Garm vor dem Eingang zur Unterwelt ist sicherlich identisch mit dem gefesselten Fenrir an demselben Ort.

I 5. c)   Gylfis Vision

Hel bzw. ihr gleichende Riesinnen werden oft mit den Wölfen in Verbindung gebracht. Auch der Wolf, der die Sonne tötet, stammt von einer Riesin ab. Aufgrund der engen Verbindung zwischen dem Göttervater und der Sonne kann man davon ausgehen, daß der Hund Gram, der den alten Göttervater Tyr tötet, der Fenris-Wolf, der den neuen Göttervater Odin tötet, sowie der Wolf, der die Sonne tötet, Varianten ein- und desselben Themas sind.

Besonders prägnant ist Tyrs Tod durch den Hund Garm („Hund") am Eingang zur Halle der Hel, da dieses Bild in doppelter Hinsicht Tyrs Eintritt in die Unterwelt darstellt.

Da frug Gangleri: „Die Sonne fährt schnell, fast als wenn ihr bange wäre. Sie könnte ihren Gang nicht mehr beschleunigen, wenn sie für ihr Leben fürchtete."

Da antwortete Har: „Das ist nicht zu verwundern, daß sie so schnell fährt, denn ihr Verfolger ist nah, und sie kann sich nicht anders fristen, als daß sie ihre Fahrt beschleunigt."

Da frug Gangleri: „Wer ist es, der sie so in Angst versetzt?"

Har antwortete: „Das sind zwei Wölfe; der eine, der sie verfolgt, heißt Sköll ('Schatten')*: Sie fürchtet, daß er sie greifen möchte; der andere heißt Hati* ('Haß')*, Hrodwitnirs* ('Listenreicher'?) *Sohn, der läuft vor ihr her und will den Mond packen, was auch geschehen wird."*

Da frug Gangleri: „Von welcher Herkunft sind diese Wölfe?"

Har antwortete: „Ein Riesenweib wohnt östlich von Midgard in dem Wald, der Jarnwid ('Eisenwald') *heißt. In diesem Walde wohnen die Zauberweiber, die man Jarnwidur* ('Eisenwald-Frauen') *nennt. Jenes alte Riesenweib gebiert viele Riesenkinder, alle in Wolfsgestalt und von ihr stammen die Wölfe.*

Es wird gesagt, der Mächtigste dieses Geschlechts werde der werden, welcher Managarm ('Mondhund') *heißt. Dieser wird mit dem Fleisch aller Menschen, die da sterben, gesättigt; er verschlingt den Mond und überspritzt den Himmel und die Luft mit seinem Blut; davon verfinstert sich der Sonne Schein und die Winde brausen und sausen hin und her. So heißt es in der Wöluspa:*

Östlich sitzt die Alte im Eisenwald
Und füttert dort Fenrirs Geschlecht.
Von ihnen allen wird eins das schlimmste:
Des Mondes Mörder übermenschlicher Gestalt.

Ihn mästet das Mark gefällter Männer,
Der Seligen Saal besudelt das Blut.
Der Sonne Schein dunkelt in kommenden Sommern;
Alle Wetter wüten; wißt ihr, was das bedeutet?"

Diese Zauberweiber, die die „Alten im Eisenwald" genannt werden, werden vermutlich eine durch die Assoziation mit den drei Nornen vervielfältigte Hel sein.

Das Eisen ist in vielen alten Religionen ein Symbol für das Jenseits gewesen, da man Eisen zuerst nur aus Meteoriten kannte und man diese Meteoriten für heruntergefallene Teile des Himmels gehalten hat, den man sich daher als eine Eisenschale

31

vorgestellt hat. So ist z.B. auch in den Pyramidentexten der Thron des Pharaos im Jenseits aus Eisen. „Eisen" ist daher wie die „9" eine mythologisches Adjektiv mit der Bedeutung „zum Jenseits gehörend". Der „Eisenwald" ist folglich das Jenseits und die Eisenwald-Frau die Hel.

I 5. d) Zusammenfassung

Der Riesen-Wolf Fenrir ist ursprünglich der ehemalige Göttervater Tyr als Gott der Wolfskrieger („Ulfhedinn") gewesen. Er wurde um 500 n.Chr. bei der Absetzung des Tyr als Göttervater in mehrfacher Weise umgedeutet:

- Er wurde zu einem Kind des Loki und der Hel-Angurboda und dadurch zu einem Bruder der Hel und des Jörmungandr. Hel und die Riesinnen allgemein benutzen seitdem Fenrir bzw. einen nicht näher benannten Wolf als Reittier.
- Der Wolf/Hund als Begleiter des Jägers ist in vielen Kulturen auch zu dem Begleiter des Schamanen geworden – beide gehen in das unbekannte Land. Aus dem Wolf/Hund als Schamanen-Begleiter hat sich oft ein Wolf/Hund als Jenseitswächter entwickelt, also ein Wolf/Hund am Jenseitstor statt auf dem Jenseitsweg – bei den Germanen ist dies Garm am Tor zur Hel. Am bekanntesten ist sicherlich der dreiköpfige Cerberus am Tor zur Unterwelt bei den Griechen.
- Beim Ragnarök tötet der Hel-Hund Garm den Tyr. Dies entspricht sehr wahrscheinlich dem Abbeißen der rechten Hand des Tyr durch Fenrir. Fenrir/Garm ist der ehemalige Göttervater Tyr als Wolfskrieger. Das Ragnarök ist ursprünglich der Kampf zwischen Loki und Tyr um die Herrschaft gewesen, bei der Loki dem Tyr im Herbst die rechte Hand abgeschlagen hat. Diese alten Vorstellungen sind dazu benutzt worden, um zwei Bildern des Tyr dadurch, daß man sie zu Feinden umgedeutet hat, ihre Kraft zu nehmen – wie der Lateiner sagt: „teile und herrsche" …
Das im Vergleich zu Garm deutlich prägnantere Bild des Fenrir ist von dem neuen Göttervater Odin für sich beansprucht worden: Er wird beim Ragnarök durch Fenrir getötet.
Das Fressen der Sonne durch einen Wolf ist eine weitere Version dieses Motivs, da die Sonne der ehemalige Sonnengott-Göttervater Tyr ist.
Ein zweiter Wolf frißt den Mond.
- Fenrir wurde zwar als Bruder der Hel angesehen, aber da man die Wölfe

allgemein als Kinder der Hel-Jarnvidur („Eisenwaldfrau") angesehen hat, ist deutlich, daß die Wölfe zwar mit der Unterwelt assoziiert worden sind, aber ihr Verwandtschaftsverhältnis mit Hel eine sekundäre Zuordnung ist.

I 6.   Das Roß der Hel

I 6. a)   Dänische Redewendungen

Helhest ist das dreibeinige Pferd der Hel. Sein Name bedeutet schlicht „Pferd der Hel" (englisch: „hel-horse"). Seine drei Beine sind eine Assoziation zu den drei Nornen und möglicherweise auch zu dem dreibeinigen Triskelis (Sonne mit drei Beinen) der Kelten und Griechen sowie zu dem ihm entsprechenden germanischen Hrungnir-Herz (Sonne als Dreieck – siehe „Hrungnir-Herz" in Band 67).

Dieses Pferd ist vermutlich mit dem Pferd, das auf den Runensteinen dargestellt ist und die Toten ins Jenseits trägt, sowie mit den Reitpferden der Walküren identisch.

Man wird auch von einer Assoziation zwischen Helhest und Fenrir ausgehen können, da beide die Reittiere der Hel gewesen sind.

Wie Hel selber wurde Helhest in den Legenden und Bräuchen von Dänemark und dem angrenzenden Schleswig als Bringer von Krankheit und Tod aufgefaßt.

Bis ins 19. Jahrhundert hinein sagte man in Dänemark über einen Menschen, der laut polternd in einen Raum kam:
„Er kommt herein wie ein Hel-Pferd."

Ebenfalls aus Dänemark stammt die folgende Redewendung:
„Helhest läuft auf seinen drei Beinen über den Friedhof und holt die Toten."

In Schleswig sagte man, wenn eine Epidemie ausgebrochen war:
„Hel reitet auf einem dreibeinigen Pferd umher und zerstört die Menschen."

Wenn es einem Menschen gelungen war, aus einer beinahe tödlichen Situation lebend herauszukommen, sagte man in Dänemark über ihn:
„Er hat dem Tod eine Handvoll Eicheln gegeben."

Diese Eicheln könnten eine Bestechung des Hel-Pferdes gewesen sein, das den Betreffenden eigentlich in die Unterwelt holen sollte, aber dann doch lieber die Eicheln gefressen hat.

In Dänemark wird folgende Geschichte erzählt:
Eines Abends blickte ein Mann aus dem Fenster seines Hauses auf die Kathedrale von Aarhus und rief plötzlich aus: „Welch ein Pferd ist denn das!?"
Ein Mann, der neben ihm saß, sagte: „Vielleicht ist es das Hel-Pferd."
„Dann will ich es sehen!" rief der Mann aus und während er aus dem Fenster blickte, wurde er leichenblaß, aber wollte nachher nicht erzählen, was er gesehen

hatte.
Kurze Zeit später wurde er krank und starb.

Bei der Kathedrale von Roskilde spuckten die Leute früher auf einen Stein, von dem gesagt wurde, daß unter ihm ein Helhest begraben liege.

Es wird berichtet, daß
„in früherer Zeit auf jedem Friedhof, noch bevor der erste Mensch dort beerdigt wurde, ein Pferd bestattet wurde. Dieses Pferd erschien dann später von Zeit zu Zeit und wurde 'Hel-Pferd' genannt.“
Dieses Pferd ist von seiner Funktion her offensichtlich mit dem Pferd auf den Runensteinen identisch. Es wird ursprünglich der „Träger zu Hel" gewesen sein, bevor es zum „Pferd der Hel" wurde.

I 6. b) Der Runenstein von Alskog

Runenstein von Alskog

Vereinzelt wird auch berichtet, daß Hel auch einen Wagen besessen hat, in dem sie Reisen unternahm, d.h. in dem sie die Toten geholt hat.

Ein solcher „Toten-Wagen" ist möglicherweise auch auf dem Runenstein von Alskog abgebildet. Auf ihm ist rechts das Pferd, links der Wagen, oben der Tote in einer Grube (Grabkammer des Hügelgrabes?) und unten rechts ein Hrungnir-Herz zu sehen (Symbol der Sonne und der Seele).

I 6. c) Zusammenfassung

Das dreibeinige Hel-Pferd ist nur aus Dänemark und Schleswig bekannt, also von dem dänischen, südlichen Teil der Nordgermanen. Helhest hat drei Beine, ist das Reittier der Hel, zieht den Wagen der Hel und holt die Toten ins Jenseits.

I 7. Der Hahn der Hel

I 7. a) Die Vision der Seherin

Der Hahn auf dem Weltenbaum und auch der Hahn in der Unterwelt wird der Stellvertreter für alle Seelenvögel sein. Der Hahn „Goldkamm" („Gullinkambi") ist jedoch sehr wahrscheinlich auch ein Symbol der goldenen Sonne, d.h. er ist an die Stelle des Adler-Seelenvogels des ehemaligen Sonnengott-Göttervaters Tyr getreten.

Das Motiv des Seelenvogels des Sonnengott-Göttervaters auf dem Weltenbaum ist auch von den Kelten bekannt (der Adler des Lleu Llaw Gyffes).

Den Göttern gellend sang Gullinkambi,
Weckte die Helden beim Heervater,
Unter der Erde singt ein andrer,
Der schwarzrote Hahn in den Sälen Hels.

I 7. b) Sonnenlied

Deutlicher als in dieser Strophe kann man es kaum noch ausgedrückt finden, daß die Vögel die Gestalt der Seele nach dem Tod sind. Die „Qualorte" sind die Hel – in teilweise christlicher Umdeutung.

Nun ist zu sagen, was ich zuerst ersah,
Als ich zu den Qualorten kam:
Versengte Vögel, die Seelen waren,
Flogen wie Fliegen umher.

I 7. c) Zusammenfassung

In der Halle der Hel sitzt ein schwarzroter Hahn – vermutlich als Stellvertreter für alle Seelenvögel. Der Seelenvogel des Tyr ist zu dem Hahn Gullinkambi („Goldkamm") in Asgard geworden.

Siehe zu diesem Thema auch Band 40 über die Vogel-Symbolik und das Kapitel „Seelenvogel" in Band 50.

I 8.   Der Drache in der Hel

I 8. a)   Die Vision der Seherin

Die Landungsstelle des Schiffes „Naglfar" im Jenseits ist der „Nastrand", der „Leichenstrand" – das jenseitige Ufer des Flusses zwischen dem Reich der Lebenden und dem Reich der Toten. Das Schiff ist auch die Barke des Jenseitsfährmannes Odin, der die Toten an das jenseitige Ufer des Gjallar-Flusses bringt.

Einen Saal seh ich, der Sonne fern
In Nastrands, die Türen sind nordwärts gekehrt.
Gifttropfen fallen durch die Fenster nieder;
Mit Schlangenrücken ist der Saal gedeckt.

Die Schlangen sind ursprünglich die Totengeister selber gewesen, bevor sie zu einem Teil des Schreckens des Totenreiches umgedeutet worden sind.

Im starrenden Strome stehn da und waten
Meuchelmörder und Meineidige
(Und die andrer Liebsten ins Ohr geraunt).
Da saugt Nidhögg die entseelten Leiber,
Der Menschenwürger: wißt ihr, was das bedeutet?

Der Drache Nidhöggr ist vermutlich Tyr als Drache („höggr" = Natter = Schlange = Drache) in der Unterwelt („nid" = Niederes, Unteres, Unterwelt).

I 8. b)   Die Vision der Seherin

Nun kommt der dunkle Drache geflogen,
Die Natter kommt hernieder vom Mondhügel.
Das Feld überfliegend trägt er auf den Flügeln
Nidhöggurs-Leichen – und nieder senkt er sich.

In diesen Versen ist der fliegende Drache Nidhöggr an die Stelle des Schiffes Naglfar getreten und trägt die Totengeister von ihren Hügelgräbern, die hier „Mondhügel" genannt werden, auf seinen Flügeln hinab zur Hel.

I 8. c) Zusammenfassung

Die Geister der Toten haben in der Hel auch die Gestalt von Schlangen. Der große Drache Niddhöggr („Natter in der Unterwelt") ist vermutlich die Seele des Tyr.

Diese Schlangen werden wahrscheinlich auch mit Hels Bruder Jörmungandr („Midgardschlange") assoziiert worden sein.

Siehe zu diesem Thema auch den Band 41 über die Schlangen und Drachen.

I 9.   Jenseitsreisen zu Hel

Die Jenseitsreisen zur Hel machen eine großen Teil der Berichte über die Göttin Hel aus.

Siehe zu diesem Thema auch das Kapitel „Utiseta" in Band 50.

I 9. a)   Gylfis Vision

Da frug Gangleri: „Haben sich noch andere Abenteuer mit den Asen ereignet? Eine gewaltige Heldentat hat Thor auf dieser Fahrt verrichtet."

Har antwortete: „Es mag noch von Abenteuern berichtet werden, die den Asen bedeutender scheinen. Und das ist der Anfang dieser Sage, daß Baldur, der gute, schwere Träume träumte, die seinem Leben Gefahr deuten.

Und als er den Asen seine Träume sagte, pflogen sie Rat zusammen und beschlossen, dem Baldur Sicherheit vor allen Gefahren auszuwirken.

Da nahm Frigg Eide von Feuer und Wasser, Eisen und allen Erzen, Steinen und Erden, von Bäumen, Krankheiten und Giften, dazu von allen vierfüßigen Tieren, Vögeln und Würmern, daß sie Baldurs schonen wollten.

Als das geschehen und allen bekannt war, da kurzweilten die Asen mit Baldur, daß er sich mitten in den Kreis stellte und einige nach ihm schossen, andere nach ihm hieben und noch andere mit Steinen warfen. Und was sie auch taten, es schadete ihm nicht; das dünkte sie alle ein großer Vorteil.

Aber als Loki Laufey-Sohn, das sah, da gefiel es ihm übel, daß den Baldur nichts verletzen sollte. Da ging er zu Frigg nach Fensal in Gestalt eines alten Weibes. Da frug Frigg die Frau, ob sie wüßte, was die Asen in ihrer Versammlung vornähmen.

Die Frau antwortete: 'Sie schossen alle nach Baldur; ihm aber schadete nichts.'

Da sprach Frigg: 'Weder Waffen noch Bäume mögen Baldur schaden: ich habe von allen Eide genommen.'

Da fragte das Weib: 'Haben alle Dinge Eide geschworen, Baldurs zu schonen?'

Frigg antwortete: 'Östlich von Walhall wächst eine Staude, Mistel genannt, die schien mir zu jung, sie in Eid zu nehmen.'

Vermutlich hat Loki an dieser Stelle die Gestalt seiner Tochter Hel angenommen – allerdings noch nicht die Schreckensgestalt der Hel, sondern die einer normalen alten Frau.

Die Mistel ist eigentlich ein Symbol der Hoffnung auf einen nächsten Frühling, da sie immergrün ist. Wie sehr viele Dinge, die mit dem Tod zu tun haben, wurde sie im

Laufe der Zeit zu einer Ursache für den Tod umgedeutet – auch wenn sie ursprünglich die Hoffnung auf die Wiedergeburt im Jenseits gewesen ist.

Darauf ging die Frau fort; Loki nahm den Mistelzweig, riß ihn aus und ging zur Versammlung. Hödur stand zuäußerst im Kreise der Männer, denn er war blind.

Da sprach Loki zu ihm: 'Warum schießt Du nicht nach Baldur?'

Er antwortete: 'Weil ich nicht sehe, wo Baldur steht; zum anderen hab ich auch keine Waffe.'

Da sprach Loki: 'Tu doch wie andere Männer und biete Baldur Ehre wie alle tun. Ich will Dich dahin weisen wo er steht: so schieße nach ihm mit diesem Reis.'

Hödur nahm den Mistelzweig und schoß nach Baldur nach Lokis Anweisung. Der Schuß flog und durchbohrte ihn, daß er tot zur Erde fiel, und das war das größte Unglück, das Menschen und Götter betraf.

Als Baldur gefallen war, standen die Asen alle wie sprachlos und gedachten nicht einmal, ihn aufzuheben. Einer sah den anderen an; ihr aller Gedanke war wider den gerichtet, der diese Tat vollbracht hatte; aber sie durften es nicht rächen: es war an einer heiligen Freistätte.

Als aber die Asen die Sprache wieder erlangten, da war das erste, daß sie so heftig zu weinen anfingen, daß keiner mit Worten dem anderen seinen Gram sagen mochte. Und Odin nahm sich den Schaden um so mehr zu Herzen, da niemand so gut wußte wie er, zu wie großem Verlust und Verfall den Asen Baldurs Ende gereichte.

Als nun die Asen sich erholt hatten, da sprach Frigg und frug, wer unter den Asen ihre Gunst und Huld gewinnen und den Helweg reiten wolle, um zu versuchen ob er da Baldur fände, und der Hel Lösegeld zu bieten, daß sie Baldur heimfahren ließe gen Asgard.

Hel wird hier wie eine gegnerische Partei angesehen, mit der man verhandeln kann.

Der Helweg ist der Weg ins Jenseits, aber mit „Helweg" könnte auch eine Bezeichnung des Weges vom Dorf zu dem Platz gemeint sein, an dem die Hügelgräber standen und an dem auch die weniger vornehmen Toten bestattet wurden. Dieser Name findet sich noch heute häufig als Straßenname insbesondere in Dörfern.

Und er hieß Hermod der Schnelle, Odins Sohn, der diese Fahrt übernahm. Da ward Sleipnir, Odins Hengst, genommen und vorgeführt, Hermod bestieg ihn und stob davon.

Da nahmen die Asen Baldurs Leiche und brachten sie zur See. Hringhorni hieß Baldurs Schiff, es war aller Schiffe größtes. Das wollten die Götter vom Strande stoßen und Baldurs Leiche darauf verbrennen; aber das Schiff ging nicht von der Stelle.

Da wurde gen Jötunheim nach dem Riesenweib gesendet, die Hyrrokkin hieß, und als sie kam, ritt sie einen Wolf, der mit einer Schlange gezäumt war.

Als sie vom Rosse gesprungen war, rief Odin vier Berserker herbei, es zu halten; aber sie vermochten es nicht anders als indem sie es niederwarfen.

Da trat Hyrrokkin an das Vorderteil des Schiffes und stieß es im ersten Anfassen vor, daß Feuer aus den Walzen fuhr und alle Lande zitterten.

„Hyrrokkin" bedeutet „die Rußgeschwärzte". Dies ist ein Beiname der Hel, wie der Wolf, auf dem sie reitet und die Schlange, mit der sie den Wolf gezäumt hat, zeigen: Sie sind ihre Geschwister der Fenris-Wolf und die Midgardschlange.

Es scheint sehr passend, daß Hel die Toten aus dem Diesseits abholt und zu sich ins Jenseits mitnimmt.

Da ward Thor zornig und griff nach dem Hammer und würde ihr das Haupt zerschmettert haben, wenn ihr nicht alle Götter Frieden erbeten hätten.

Da wurde Baldurs Leiche hinaus auf das Schiff getragen und als sein Weib Nanna, Neps Tochter, das sah, da zersprang sie vor Jammer und starb. Da wurde sie auf den Scheiterhaufen gebracht und Feuer darunter gezündet, und Thor trat hinzu und weihte den Scheiterhaufen mit Miölnir, und vor seinen Füßen lief der Zwerg, der Lit hieß, und Thor stieß mit dem Fuß nach ihm und warf ihn ins Feuer, daß er verbrannte.

Das Töten und Mitbestatten der Ehefrau war bei (indo-)germanischen Fürsten weit verbreitet. Dieser Brauch hat sich am längsten in Indien als „Sati" erhalten: Bis noch vor kurzem kam es vor, daß sich die Ehefrau des Toten selber tötete und mitverbrannt wurde.

Aus diesem Brauch ergibt sich auch der Name der Hyrrokkin, da die mitverbrannte Frau natürlich „rußgeschwärzt" war. Dieser Brauch war ein Teil der Vorstellungen über die Vorgänge auf der Jenseitsreise: Die Frau verkörperte die Jenseitsgöttin, mit der sich der Tote im Jenseits wiederzeugte, um dann von ihr wiedergeboren zu werden.

In der Szene mit Baldur und Nanna ist dieser Brauch nur geringfügig umgedeutet worden (siehe dazu auch den Reisebericht des Ibn Fadlan in Abschnitt „ I 10. g").

Und diesem Leichenbrand wohnten vielerlei Gäste bei: zuerst ist Odin zu nennen, und mit ihm fuhren Frigg und die Walküren und Odins Raben, und Freyr fuhr im Wagen und hatte den Eber vorgespannt, der Gullinbursti hieß oder Slidrugtanni. Heimdall ritt den Hengst Gulltopp und Freyja fuhr mit ihren Katzen. Auch kam eine große Menge Hrimthursen und Bergriesen.

Odin legte auf den Scheiterhaufen den Ring, der Draupnir hieß, der seitdem die Eigenschaft gewann, daß jede neunte Nacht acht gleich schöne Goldringe von ihm tropften.

41

Dieser Ring ist bei den drei westlichsten Völkern der Indogermanen das Symbol der erfolgreichen Jenseitsreise zu dem Sonnengott-Göttervater gewesen. Dieser goldene Halsreif wurde bei den Germanen und Kelten und wahrscheinlich auch bei den frühen Römern denen verliehen, die ein Jenseitsreise-Ritual bestanden hatten, also den Priester-Schamanen bei ihrer Einweihung, den Königen bei ihrer Krönung und den Kriegern.

Baldurs Hengst wurde mit allem Geschirr zum Scheiterhaufen geführt.

Von Hermod aber ist zu sagen, daß er neun Nächte tiefe dunkle Täler ritt, so daß er nichts sah, bis er zum Giöllflusse kam und über die Giöllbrücke ritt, die mit glänzendem Gold belegt ist.

Modgud heißt die Jungfrau, welche die Brücke bewacht: die fragte ihn nach Namen und Geschlecht und sagte, gestern seien fünf Haufen toter Männer über die Brücke geritten, 'und nicht donnert sie jetzt minder unter Dir allein, und nicht hast Du die Farbe toter Männer: warum reitest Du den Helweg?'

Er antwortete: 'Ich soll zu Hel reiten, Baldur zu suchen. Hast Du vielleicht Baldur auf dem Helweg gesehen?'

Da sagte sie, Baldur sei über die Giöllbrücke geritten, 'aber nördlich geht der Weg hinab zu Hel.'

Es sind neun dunkle Tage und Nächte, die Hermodr bis hin zur Hel ritt, weil die „9" bei den Germanen ein Symbol für das Jenseits gewesen ist. So tropfen z.B. auch von Odins Ring Draupnir jede neunte Nacht acht identische Ringe ab.

„Modgud" setzt sich zusammen aus „modr" für „Mut, Gesinnung, Aufgeregtheit" und aus „gudr" für „gut, Gott". Ihr Name bedeutet somit „Göttin des Mutes". Dies klingt nach einem Walkürennamen. Sie ist die Wächterin an der Brücke, die über den den Jenseitsfluß Gjöll („Tosender") führt.

Das Jenseits liegt im Norden in Niflheim.

Da ritt Hermod dahin, bis er an das Helgitter kam: da sprang er vom Pferd und gürtete es fester, stieg wieder auf und gab ihm die Sporen: da setzte der Hengst so mächtig über das Gitter, daß er es nirgends berührte.

Das Gitter ist das Eingangstor zur Halle der Hel.

Da ritt Hermod auf die Halle zu, stieg vom Pferd und trat in die Halle. Da sah er seinen Bruder Baldur auf dem Ehrenplatze sitzen.

Hermod blieb dort die Nacht über. Aber am Morgen verlangte Hermod von Hel, daß Baldur mit ihm heim reiten solle, und sagte, welche Trauer um ihn bei den Asen sei. Aber Hel sagte, das solle sich nun erproben, ob Baldur so allgemein geliebt werde als man sage. 'Und wenn alle Dinge in der Welt, lebendige sowohl als tote, ihn beweinen, so soll er zurück zu den Asen fahren; aber bei Hel bleiben, wenn eins widerspricht und nicht weinen will.'

Es ist beachtenswert, daß Hel mit sich verhandeln läßt, auch wenn ihre Bedingungen kaum erfüllbar scheinen. Vermutlich ist dies jedoch kein altes Motiv, sondern dient dazu, die Schuld des Loki im Folgenden noch deutlicher herauszustellen.

Da stand Hermod auf und Baldur geleitete ihn aus der Halle und nahm den Ring Draupnir und sandte ihn Odin zum Andenken, und Nanna sandte der Frigg einen Überwurf und noch andere Gaben, und der Fulla einen Goldring.

Der Ring Draupnir ist wahrscheinlich mit dem goldenen Haarreif der Fulla identisch – als Symbol für die bestandene Jenseitsreise senden sie diese Ringe nun zurück. Genaugenommen sollten sie Hermodr gehören, da er die Reise ins Jenseits unternommen hat. Dieser Odinssohn ist das Urbild der Schamanen-Priester des Odin, die sich selber als handelnde Figur in die Mythen mitaufgenommen haben.

Der Überwurf der Frigg erinnert an ihr Falkengewand und an den Unsichtbarkeits-Umhang des Zwerges Andwari. Meist wird dieses „Cape" jedoch als „Kappe" übersetzt, sodaß nachträglich die Vorstellung einer „Tarnkappe" entstanden ist. So wie das Falkengewand das Erlebnis des Fliegens veranschaulicht, das man hat, wenn man mit seiner Seele seinen Körper verläßt („Astralreise"), so verkörpert der Unsichtbarkeits-Umhang die Unsichtbarkeit der Seele, wenn sie den Körper verlassen hat (sie ist dann nur noch hellsichtig wahrnehmbar).

Das Falkengewand und der Unsichtbarkeits-Umhang der Göttin Frigg sind somit letztlich dasselbe „magische Kleidungsstück". Aufgrund seiner Symbolik ist wie der Ring Draupnir mit dem Jenseitsweg verbunden.

Der Unsichtbarkeits-Umhang gehört bei den Kelten, die den Germanen nah verwandt sind, dem Gott der Wasserunterwelt Mannan mac Lir, der dem Tyr-Riesen Hler auf der Jenseitsinsel entspricht.

Da ritt Hermod seines Weges zurück und kam nach Asgard und sagte alle Dinge, die er da gehört und gesehen hatte. Danach sandten die Asen Boten in alle Welt und geboten Baldur aus Hels Gewalt zu weinen. Alle taten das, Menschen und Tiere, Erde, Steine, Bäume und alle Erze; wie Du schon gesehen haben wirst, daß diese Dinge weinen, wenn sie aus dem Frost in die Wärme kommen.

Als die Gesandten heimfuhren und ihr Gewerbe wohl vollbracht hatten, fanden sie in einer Höhle ein Riesenweib sitzen, das Thöck genannt wurde. Die baten sie auch, den Baldur aus Hels Gewalt zu weinen.

Der Name der Riesin „Thöck" leitet sich entweder von dem Wort für „Dank" oder dem Wort für „Dunkel" ab – wobei die zweite Möglichkeit deutlich wahrscheinlicher ist. Eine „dunkle Riesin in einer Höhle" ist recht sicher Hel selber.

Sie antwortete:

'Thöck muß weinen mit trocknen Augen
Über Baldurs Ende.
Nicht im Leben noch im Tod hatt ich Nutzen von ihm:
Behalte Hel was sie hat.'

Man meint, daß dies Loki, Laufeyjas Sohn, gewesen sei, der den Asen so viel Leid zugefügt hatte."

Es gibt noch einen Hinweis darauf, daß Thöck in Wirklichkeit Loki ist: Im ersten und im dritten Vers steht ein Gegensatz (weinen – trockene Augen; Leben – Tod). Diese Versform, die „Refhvörf", d.h. „Fuchskehre" genannt wird, paßt am besten zu Loki, dem Gott der Widersprüche und der Lügen.

I 9. b)   Beowulf-Epos

In diesem um ca. 750 n.Chr. verfaßten Epos findet sich die anschaulichste Beschreibung der Hel, die als die Mutter des Tyr-Riesen Grendel („der aus dem Abgrund") erscheint.

Hier sind alle Edlen / einander getreu,
Freundlich gesinnt / und dem Fürsten ergeben,
Die Degen willig / und dienstbereit,
Die fröhlichen Trinker: / erfüll' meine Bitte!'
Zur Hochsitz schritt sie. / Beim herrlichen Mahle
Floß in Fülle der Wein. / Das furchtbare Schicksal
Ahnte noch niemand, / das nächstens bekannt ward
Der Edlinge manchem / nach Anbruch der Nacht,
Als zum Herrenhause / Hrodgar gegangen,
Der Ruhe zu pflegen.

Auch schon im Beowulf-Epos findet sich das Motiv des Vorhersehens des kommenden Ereignisse.

/ Der Ritter viele
Blieben im Saal, / wie es Brauch gewesen:
Die Bänke entfernten sie, / breiteten Polster
Und Teppiche aus. / Dem Tode geweiht
War einer der Zecher, / der abends sich legte.
Ans Kopfende stellten / die Kampfschilde sie
Aus buntem Holz; / auf der Bank darüber
Stand weithin sichtbar / des Wehrmanns Helm
Hochauf ragend, / der Harnisch gleichfalls
Und der blitzende Speer. / Ihr Brauch war das,
Daß sie stets gerüstet / zum Streite waren,
Daheim und im Felde, / die Helden alle,
Bei Tag und bei Nacht, / falls der treffliche Fürst
Der Degen bedürfte: / das Dienstvolk war brav.
Der Schlaf umfing sie, / doch schwer mußt' einer
Die Abendruh' büßen, / wie's oft sich ereignet,
Als im glänzenden Saal / Grendel noch hauste
Und Unheil schuf, / bis das Ende kam,
Des Sünders Tod.

Beowulf hatte bereits den Tyr-Riesen Grendel getötet, sodaß die Ritter in der Burg nun wieder ohne Furcht vor ihm schlafen konnten.

/ Sichtbar ward es
Und weitbekannt, / daß ein Wesen noch lebte,
Den blutigen Fall / des Bösen zu rächen,
Den grau'nvollen Ausgang: / Grendels Mutter,
Das scheußliche Weib: / sie wurmte die Schmach
Die die Wasserwüste / bewohnen mußte,
Die kalte Flut, / seit Kain verübte
Die arge Tat / an dem einzigen Bruder,
Dem Vatersippen. / Friedlos mußt' er,
Als Mörder gezeichnet, / die Menschen flieh'n,
In der Einöde weilen.

Sowohl der Riese Grendel als auch seine Mutter lebten auf dem Grund eines Sumpfes, d.h. in der Wasserunterwelt. Aus dieser Wasserunterwelt im Moor wurde später Friggs Halle Fensalir („Sumpf-Saal").

Der in regelmäßigen Abständen aus dem Wasser heraufkommende Riese ist ursprünglich der Sonnengott-Göttervater Tyr gewesen sein, der im Jenseits oft die

Gestalt eines Riesen hatte – sein Auftauchen aus dem Wasser ist ursprünglich der Sonnenaufgang gewesen.

Die „Mutter" dieses Riesen ist die Göttin im Jenseits, die ihn in der Nacht bzw. im Winter wiedergebar. Sie ist somit sowohl mit Freya als auch mit Hel identisch – wobei Grendels Mutter der gefürchteten Gestalt der Hel entspricht.

Aus Hel, Hyrrokkin, Grendels Großmutter und ähnlichen Gestalten wurde später im Christentum des Teufels Großmutter.

/ Von Kain sind entstammt
Die Unholde alle, / und einer davon
War der heillose Wicht, / der in Heorot fand
Den Helden wach / und harrend des Streites.
Dort wagte den Angriff / der Wüterich,
Doch der Recke bewährte / die rüstige Kraft,
Die große Gabe, / die Gott ihm verlieh'n,
Und hoffend vertraut' er / des Herren Gnade,
Seinem sicheren Schutz: / drum besiegt' er den Gegner,
Überwand den Teufel; / der wandelte elend
Des Trostes beraubt / den Todespfad,
Der Menschheit Feind.

Diese Kampfbericht bezieht sich darauf, daß Beowulf den Riesen Grendel besiegte. „Kain" stammt aus der christlichen Umdeutung der ursprünglichen Mythe.

/ Nun faßte die Mutter,
Finster und grimmig / den furchtbaren Plan,
Des Sohnes Tod / selber zu rächen.
Sie kam noch Heort, / wo die Helden der Dänen
Der Nachtruhe pflagen. / Erneuten Angriffs
Gewärtig ward man, / als wütend eindrang
Grendels Mutter. / Der Graus jedoch war
Kleiner um so viel, / als Kraft der Frauen,
Des Weibes Kampfmut / bewaffneter Männer
Stärke nachsteht, / die streitsgeübt
Mit gehämmertem Stahl / des Helmes Eber,
Mit scharfem Schwerte, / zerschmettern können.
Drum ward in der Halle / manch hartes Eisen
Aus der Scheide gerissen, / der Schild erhoben
Mit eiliger Hand; / im ersten Schrecken
Dachte an Helm / und Harnisch keiner.

In Eile war sie, / nach außen strebend,
Sobald sie entdeckt war, / zu bergen ihr Leben,
Doch packte sie einen / der Edlinge noch,
Zum Sumpfe flüchtend / mit sicherem Griffe;
Dem Hrodgar war der / von den Helden der liebste
Zwischen beiden Seen / aus dem Bund der Gefolgschaft,
Der ruhmreiche Mann, / den das ruchlose Weib
Auf dem Bette mordete. / Beowulf war fern,
Da anderwärts / man dem edlen Gauten
Nach der reichen Beschenkung / die Ruhestatt anwies.

Bis noch in die Neuzeit hinein waren Gemeinschafts-Schlafräume die Regel. Einen gesonderten Schlafraum gab es selbst für Könige nur selten – wie z.B. die Berichte in der Nibelungensage zeigen.

In Heort wuchs der Lärm: / da haschte sie noch
Die bekannte Klaue.

Die „Klaue" ist Grendels rechter Arm, den Beowulf ihm bei der ersten Begegnung mit ihm abschlug. Diesen Arm nimmt Grendels Mutter aus der Burg mit. Er entspricht dem von Fenrir abgebissenen Arm des Tyr, der dem Gott ursprünglich von Loki abgeschlagen worden ist.

                    / Kummer von neuem
Gab's im Gehöfte: / der Handel war schlimm,
Daß auf beiden Seiten / man büßen sollte
Mit dem Leben von Freunden. / Der Landesfürst,
Der graue Recke, / ward gramerfüllt,
Als des Hofmannes / Hingang er,
Des teuersten Degens / Tod erfuhr.
Nun ward Beowulf schnell / in die Burg berufen,
Der siegreiche Held. / Von den Seinen begleitet
Ging der edle Kämpfer / bei Anbruch des Tages
Dorthin, wo der Greis / grübelnd weilte,
Ob vom Unheil endlich / der allgewaltige
Lenker der Welt / ihn erlösen würde.

Die beiden letzten Zeilen sind schon unter christlichem Einfluß verfaßt worden.

Den Flur entlang / schritt der furchtlose Krieger

Mit der treuen Schar / – das Getäfel erbebte –,
Mit würdigem Anstand / den Weisen zu grüßen,
Den Fürsten der Dänen; / er fragte, ob sanft
Er die Nacht geruht, / da die Not geschwunden.
Der Hüter der Scyldinge, / Hrodgar, sagte:
'Nicht frage nach Wohlsein, / denn frischer Kummer
Betraf die Dänen: / tot ist Äschere,
Der ältere Bruder / des Yrmenlaf,
Mein vertrauter Freund, / mein treuer Rat,
Der stets in der Schlacht / an der Schulter mir stand,
Wenn's um Leben ging, / die Lanzen sich kreuzten,
Die Helme barsten; / solch Held sollte sein
Der Edlinge jeder, / wie's Äschere war!
Nun zerriß in Heort ihn / ein höllischer Unhold
In Weibes Gestalt; / ich weiß nicht, wohin
Des Fraßes froh / sie die Flucht gewendet,
Des Raubes sich rühmend. / Sie rächte blutig,
Daß du gestern Nacht / Grendel getötet
In heißem Kampfe / mit hartem Faustgriff,
Weil er gar zu lang' / meiner Leute Schar
Mordend gemindert.

Beowulf hatte Grendel getötet, weil dieser immer wieder Ritter des Königs Hrodgar ermordet hatte.

/ Der Missetäter,
Der sein Leben verwirkte, / erlag im Streite;
Nun würgte das Weib, / den Verwandten zu rächen,
Die auch ferner noch / mit Fehde uns droht,
Wie mancher wohl / von den Männern fürchtet,
Der dem Schatzspender gleich / schmerzlich beweint
Das herbe Herzleid.

Der „Schatzspender" ist der Fürst – er gibt seinen Krieger, den Sängern an seinem Hof und anderen von seinem Gold als Lohn.

/ Die Hand nun fehlt uns,
Die willig aller / Wünsche erfüllte.
Meine landbauenden / Leute hört' ich,
Die Häusler draußen, / häufig berichten,

Sie hätten gewaltiger / Wesen zweie,
Die Marken umschleichend, / im Moore hausend
Öfter geseh'n: / das eine davon,
Wie sie klar und deutlich / erkennen konnten,
Einem Weibe ähnlich; / der and're Wicht
Durchmaß die Öde / in Mannesgestalt,
Wenn auch weit überragend / den Wuchs der Menschen.
Mit dem Namen Grendel / benannten ihn längst
Der Feldmark Bauern; / den Vater kennt niemand
Ob er früher gezeugt / einen finstern Unhold.

Die Bauern benannten den Riesen aufgrund seines Aufsteigens aus dem Sumpf als „Grendel", also als „Gründling" im Sinne von „der, der von dem Grund des Sumpfes heraufkommmt".

Die beiden bewohnen / verborgene Winkel,
Wo die Wölfe hausen, / windige Klippen,
Das gräuliche Moor, / wo des Gießbachs Strom
Unter finster umnebelten / Felsen verschwindet,
In der Erde Schlund. / Nur einige Meilen
Entfernt von hier / ist der furchtbare Sumpf:
Darüber hangen / bereifte Haine,
Die wurzelgefestet / das Wasser beschatten.
Dort sieht man allnächtlich / ein seltsames Wunder,
In der Flut ein Feuer; / erforscht hat nie
Ein Menschenkind / dieses Moores Tiefe.

Solche Feuer waren für die Germanen ein Symbol dafür, daß die Geister des Jenseits anwesend waren. In der Hervor-Saga werden diese nächtlichen Feuerflammen auf den Hügelgräbern ausführlich geschildert. Das „Feuer in der Flut" ist somit mit der Waberlohe identisch und geht letztlich auf die Feuer der Brandbestattung zurück. Allerdings hat es auch die Assoziation zu der „(feurigen) Sonne (Tyr) in der Wasserunterwelt" gegeben

Selbst der hornbewehrte / Heidebewohner,
Der Hirsch, der gehetzt / vor den Hunden sich flüchtet
Ins belaubte Gehölz, / gibt sein Leben eher
Dahin am Gestad', / eh' sein Haupt er berge
Im See, denn dort / ist's selten geheuer.
In Wirbeln steigt / zu den Wolken oft

Das Wasser empor, / wenn der Wind herantreibt
Die leid'gen Gewitter, / die Luft sich verdunkelt
Und der Himmel weint.

Dies ist eine recht schaurige Beschreibung des Einganges in die Unterwelt, die ganz zu den Schilderungen der Hel in der Edda paßt.

/ Helfen wieder
Kannst Du allein! / Die verdammte Stätte
Erfuhrst Du jetzt, / wo Du finden kannst
Den sündigen Unhold: / versuche das Wagnis!
Ich vergelte den Kampf Dir / mit köstlichem Gut,
Mit altem Erbschatz, / wie's eben geschehen,
Mit leuchtendem Gold, / wenn Du lebend zurückkommst.'

„Wie's eben geschehen" weist daraufhin, daß Bewulf schon für seinen Sieg über Grendel von dem König belohnt worden ist.

Also sprach Beowulf, / Ecgtheows Sohn:
'Laß fahren den Kummer, / mein kluger Fürst!
Würdiger ist's / für den wackeren Mann,
Den Freund zu rächen, / als viel zu klagen.
Das Ende des Lebens / ist allen gewiß,
Drum leiste jeder, / so lange er kann,
Tapfre Tat, / daß den toten Helden
Der nie verwelkende / Nachruhm kröne.
Auf, auf, mein Gebieter! / laß eilig uns folgen
Der Spur des Weibs; / ich verspreche Dir's:
Nicht im Schlunde des Moors, / noch im Schoß der Erde,
Noch im Waldesdickicht / entwischt sie mir,
Wohin sie auch flüchte. / Ich hoffe, geduldig
Trägst Du den Harm noch / am heutigen Tag.'
Der Greis sprang auf, / er spendete Gott,
Dem mächtigen, Dank / für des Mannes Worte.
Nun wurde dem Hrodgar / ein Hengst gesattelt
Mit lockiger Mähne. / Der Landesfürst
Ritt stattlich voran, / die Streiter zu Fuß
Folgten im Schildschmuck. / Die Schritte waren
Am Walde entlang / weithin sichtbar,
Wo das Weib vorhin / ihren Weg genommen

Übers düst're Moor / und den Degen forttrug,
Den toten Leib / des tüchtigsten Helden,
Der mit Hrodgar einst / für die Heimat sorgte.
Nun führte der Weg / die Fürstensprossen
Über steile Schluchten, / schmale Steige,
Über unheimliche / enge Pfade,
Wo in öden Klippen / manch Untier hauste.
Es ritt voraus / mit geringem Gefolge
Der König selbst, / zu erkunden die Gegend,
Bis endlich des Bergwalds / Bäume sein Auge
Erschaut', überm grauen / Felsen hangend,
Freudloses Gehölz. / Die Flut darunter
War rot von Blut. / Den Recken der Dänen,
Den Scyldingenkriegern / ward schmerzlich bewegt
Im Busen das Herz, / von bitterem Kummer,
Den Helden allen, / die Äscheres Haupt
Auf dem steinigen Abhang / am Strande erblickten.
Das Wasser wallte / – die Wehrmänner sahen's –
Von heißem Blut / doch die Hörner bliesen
Einen munteren Marsch. / Die Mannen alle
Setzten sich nieder. / Viel seltsam Gewürm
Sah man schwimmen im See, / Schlangen und Drachen;
(Die nicht selten hinaus / in die Segelstraße
Am Morgen schon wagen / die müh'volle Fahrt),
Nebst anderem Raubzeug. / Eiligst flohen sie,
Ergrimmt und zornig, / als gellenden Lauts
Das Schlachthorn ertönte. / Da schnellte vom Bogen
Der Held der Gauten / das harte Geschoß,
Das der Untiere einem / für immer vergällte
Das Spiel in den Wogen; / man spürte am Schwimmen,
Wie es träger ward, / als der Tod sich nahte.
Man tat es endlich / mit Eberspießen,
Die spitzige Haken / am Speerblatt hatten,
Völlig ab / und aufs Vorland zog man
Den mächtigen Taucher; / die Männer bestaunten
Den grausigen Wicht. / Seine glänzende Rüstung
Legt' Beowulf an, / nicht bangt' er ums Leben:
Es sollte der Harnisch, / der handgeflocht'ne,
Die weite Brünne, / ins Wasser hinab,
Das Gehäuse der Knochen / dem Helden zu schützen,

Daß der böse Feind / seine Brust nicht verletze
Und mit furchtbarer Klaue / gefährde sein Leben;
Auch der weiße Helm, / der das Haupt umwölbte,
Sollte mit hinab / zu des Moores Grund,
Ins Wogengewühl: / gewundene Reifen
Umgaben ihn rings, / den in grauer Vorzeit
Ein Waffenschmied schuf, / der mit Wildschweinköpfen
Ihn kunstvoll besetzte, / daß künftig niemals
Geschwungene Schwerter / ihm schaden konnten.
Der schlechteste Schutz / war das Schwert mitnichten,
Das Hrodgars Sprecher / zur Hilfe ihm lieh:
Der herrliche Hieber / war Hrunting genannt,
Unter alten Schätzen / der erste an Güte.
Die eiserne Klinge, / geätzt mit Schlangen,
War in Kampfschweiß gehärtet; / im Kriege versagt' es
Nie, wenn ein Held / mit der Hand es faßte,
Der den Schreckenspfad / zu beschreiten wagte,
Der Ehre Feld.

Der Schwertname „Hrunting" bedeutet „Stoßer".

Das „Ätzen mit Schlangen" könnte entweder bedeuten, daß die Schneide der Klinge mit Schlangengift bestrichen worden war, weil man glaubte, daß dies die Schneide härter und schärfer machte, oder daß in die Klinge Schlangen eingeätzt waren – es gab einige Schwerter, die unter dem Schutz von Schlangen bzw. Drachen standen, d.h. in denen der Geist einer Schlange oder eines Drachen wohnte (siehe „Schwert" in Band 66a).

Das „Härten im Kampfschweiß", d.h. im Blut ist vor allem ein Bild dafür, daß das Schwert schon in vielen Schlachten benutzt worden war – man schreckt glühendes Metall in Wasser ab, damit es härter wird.

Die Beschreibung der Schlachten als „Schreckenspfad" ist eine sehr realistische Beschreibung der nicht immer nur heroischen Gefühle der Kämpfenden.

/ Nicht zum ersten Male
Sollte der Stahl / seine Stärke erproben.
Kaum noch wußte / der kräftige Recke,
Ecglafs Sohn, / was er eh'mals gesprochen,
Vom Weine erregt, / als die Waffe er lieh
Dem würdigern Helden. / Er wagte nicht selbst,
Im Flutgewühl / zu gefährden sein Leben
Durch rächende Tat. / Seinen Ruhm büßt' er ein,

Sein Ansehn als Krieger. / Ein anderer Mann
War er, der so kühn / zum Kampf sich gerüstet.
Also sprach Beowulf, / Ecgtheows Sohn:
'Kampfbereit bin ich, / mein kluger Fürst!
Nun gedenke der Worte, / würdiger Sproß
Des edlen Healfdene, / die einst wir gewechselt,
Daß Du, wenn in Deinem / Dienste ich fiele,
Nach meinem Heimgang, / hortspendender König,
Die Pflichten des Vaters / erfüllen würdest.
Sei Stütze denn / meinen Stammgenossen,
Dem treuen Gefolg', / wenn der Tod mich entrafft,
Und was Du an Schätzen / geschenkt mir, sende,
Hrodgar, mein lieber! / dem Hygelac zu.
Erkennen wird dann / der König der Gauten,
Hredels Sohn, / wenn den Hort er betrachtet,
Daß ich fand einen Fürsten, / der freigebig war,
Einen Recken, der reichlich / Ringe verteilte.
Und das alte Erbstück / laß Unferd besitzen,
Den weitberühmten, / das wuchtige Schwert,
Die harte Klinge; / mit Hrunting erwerb' ich
Ewigen Ruhm / oder ende im Streite.'
So sprach der Held / und hastig enteilt' er,
Der edle Gaute, / auf Antwort nimmer
Wollte er warten; / die Wogen umfingen
Den streitbaren Mann. / Eine Stunde währt' es,
Eh' er tauchend erreichte / den tiefen Grund.

Beowulfs Fähigkeit, über eine Stunde lang zu tauchen, zeigt, daß es sich hier um eine Jenseitsreise und nicht um ein Tauchen in einen normalen See handelt.

Da merkte sofort / die mordbegier'ge,
Das hungrige Weib, / das schon hundert Jahre
Im Moore gehaust, / daß ein Menschenkind
In der Unholde Reich / von obenher eindrang.
Flink packte sie zu / und faßte den Krieger
Mit den schrecklichen Klauen, / doch Schaden tat sie
Dem Recken nicht an, / den die Ringe schützten,
Daß die Brünne sie nicht / zu durchbrechen vermochte,
Das geflochtene Kampfnetz, / mit feindlichen Krallen.
Da schleppte die Wölfin / des Wassers zur Höhle,

Als er Boden gefaßt, / den Brecher der Ringe;
Nicht konnte er da, / so kühn er auch war,
Seine Waffen gebrauchen, / wenn wildes Getier
Im Sumpfe ihn angriff, / manch Seeungeheuer
Mit den Hauern zornig / am Harnisch zerrte,
Den Mut'gen gefährdend.

Die „Ringe" und das „geflochtene Kampfnetz" ist der Kettenpanzer des Beowulf.

„Wölfin des Wassers" wäre auch ein würdiger Name für die Meeresriesin Ran („Räuberin") oder ihre „Schwester", die Riesin Hel.

Ein „Brecher der Ringe" ist ein Fürst, der freigiebig seine goldenen Ringe verteilt und sie dabei des öfteren auch in mehrere Stücke zerbricht, um mehrere Männer belohnen zu können.

*   / Nun merkte der Held,*
Daß er jetzt in weitem / Gewölb' sich befand,
Wo ihn Wasser nicht netzte, / die wogende Flut
Das Dach nicht durchdrang, / das dem Drucke trotzte
Der brandenden Wellen; / mit bleichem Schein
Erhellte ein Feuer / der Höhle Räume.

Nun ist Beowulf in der Halle der Ran bzw. der Hel angekommen. Die Luft in dieser Halle unter dem Wasser ist lediglich eine rationale Erklärung der Gegebenheiten im Jenseits.

Nun sah auch der Werte / die Wölfin des Sumpfes,
Das scheußliche Moorweib; / zu mächtigem Schlage
Schwang er das Schwert / – nicht schwach war die Hand –,
Daß ein grimmes Kampflied, / die gute Klinge,
Daß die Schlachtenflamme / nicht schneiden wollte,
Nicht schaden dem Feind, / ihre Schärfe versagte
In der Not dem Fürsten: / doch früher genug
Der Helme durchschlug sie / im Handgemenge,
Wenn todgeweiht / deren Träger waren:
Ihre Ehre erblich / zum ersten Male.

Beowulf konnte mit seinem Schwert Grendels Mutter nicht verletzen. Die vierte und fünfte Zeile ist eine Aufzählung: Beowulf schlug die Riesin mit dem Schwert, mit einem Kampflied, mit der Klinge.

Doch rasch entschlossen, / des Ruhms gedenkend,
Bewies Hygelacs Neffe / die Heldenkraft:
Auf den Boden warf er / die bunte Klinge,
Die köstlich verzierte, / der zornige Kämpe,
Die stählerne Wehr; / seiner Stärke vertraut' er,
Seiner mächtigen Faust. / So verfahre ein Mann,
Der im Streit erstrebt / unsterbliches Lob,
Und willigen Herzens / wag' er das Leben!
Bei der Schulter ergriff / – nicht scheut' er den Kampf –
Der mutige Gaute / die Mutter Grendels;
Es rang im Zorn / der rüstige Krieger
Die Feindin nieder. / Sie fiel zur Erde,
Doch galt sie ihm schnell / mit gleicher Münze,
Indem sie mit grimmigen / Griffen ihn packte;
Sie warf ihn herum, / die wütende Hexe,
Und es stürzte zu Boden / der Streitschar Lenker.
Sie kniet' auf ihm nieder, / die Klinge zog sie,
Das kurze Messer, / ihr Kind zu rächen,
Den einzigen Erben. / Doch Achsel und Hals
Schirmte die Brünne: / sie schützte sein Leben,
Die allen Waffen / den Eingang wehrte.
Geendet hätte / Ecgtheows Sohn
Im tiefen Moor, / der tapfre Gaute,
Wenn der Harnisch nicht / ihm Hilfe gewährte,
Das gute Streithemd, / und Gott im Himmel,
Der sel'ge Herrscher, / ihm Sieg nicht verlieh;
Gerecht entschied / der Richter der Welt,
Und der Fürst kam leicht / auf die Füße wieder.
Nun gewahrte sein Aug' / unter anderen Waffen
Ein ruhmverheißendes / Riesenschwert,
Ein köstliches Kleinod, / des Kriegers Zierde,
Doch so übergroß, / daß ein anderer Mann
Schwerlich im Streite / geschwungen hätte
Die gute Wehr, / das Werk der Giganten.
Dies Schwert ergriff / der Scyldingenheld:
In zornigem Grimm, / fast verzweifelnd am Leben,
Hob er die Klinge / zu kräftigem Hieb,
Daß die harte den Hals / der Hexe durchschnitt,
Die Wirbel trennte / der Todgeweihten,
Ihr Fleisch zerstückte. / Sie fiel auf den Estrich

Und den Beowulf freute / sein blutiges Werk.
Hell glänzte das Licht / in der Höhle Tiefen,
Wie heiter herab / vom Himmel scheint
Die Leuchte des Weltalls. / Er lugte umher,
Schritt hin an der Wand / und die Waffe hob er
Am Heft empor, / Hygelacs Degen,
Entschlossenen Sinns. / Die Schneide erwies sich
Nicht unnütz dem Helden, / der eiligst wollte
Dem Grendel vergelten / das gräuliche Unheil,
Das er mehr als einmal / den Mannen des Königs,
Den Herdgenossen / des Hrodgar antat.
Er erschlug im Schlaf / und verschlang sofort
Vom Volke der Dänen / fünfzehn Krieger,
Und die gleiche Anzahl / als grause Beute
Schleppte er fort. / Für die schlimmen Taten
Zahlte ihm jetzt / der zornige Recke
Den gebührenden Lohn. / Auf dem Lager erblickt' er
Die Leiche des grimmen / Grendel liegen,
Der beim Tanz in Heort / den Tod sich holte:
Nun sprang der erkaltete / Körper noch einmal
Hoch empor, / als der Hieb ihn traf,
Die harte Klinge / das Haupt ihm abschlug.
Die in Sorge mit Hrodgar / am Sumpfe harrten,
Daß rings die Flut / rot sich färbte,
Gemischt mit Blut, / da meinten die alten
Graubärt'gen Kämpen / des guten Königs,
Sie hofften nicht länger, / daß lebend der Held
Und ruhmbedeckt / zurück noch kehre
Zum edlen Herrscher; / fast alle glaubten,
Daß des Moores Wölfin / gemordet ihn habe.
Der Abend kam. / Das Ufer verließen
Die hurtigen Scyldinge. / Heimwärts ritt
Des Goldes Spender. / Die Gäste nur blieben
Schwermütig zurück / und schauten ins Wasser:
Kaum hofften sie noch, / so heiß sie es wünschten,
Ihren wackern Herrn / wiederzusehen.
Mit dem Schwert inzwischen / geschah in der Höhle
Ein wunderlich Ding: / es erweichte gänzlich
Durch die Schärfe des Blutes / und schmolz wie Eis,
Wenn der Vater die Fesseln / des Frostes löst,

56

Des Wassers Bande: / es waltet ja
Über Stunde und Zeit / die Bestimmung des Schöpfers.
Manch unschätzbares Kleinod / erschaute dort
Der kühne Gaute, / doch keins nahm er mit,
Nur Grendels Haupt / und den Griff des Schwertes,
Da die Klinge zerschmolzen, / die kunstvoll geätzte;
Zu heiß war das Blut / der Hexe gewesen,
Zu stark das Gift, / das sie sterbend vergoß.
Nun schwamm er zurück, / der erschlagen im Streite
Die tückischen Feinde, / durchtauchend das Wasser:
Gereinigt war / das Reich der Wogen,
Das weite Gebiet, / da der wüste Unhold
Des vergänglichen Lebens / Grenzen erreichte.
Dem Sumpfe entstieg / des Seevolks Schirmer,
Der kühne Schwimmer, / der Kampfbeute froh,
Der mächtigen Last, / die er mit sich führte.
Ihm eilte entgegen, / dem Ewigen dankend,
Die erlesene Schar / mit lautem Jubel,
Weil heil und gesund / sie den Herren sahen.
Zu befreien den Helden / von Helm und Brünne
War man schnell bemüht; / schweigend wieder
Ruhte der See, / der rotgefärbte.
Nun folgten sie heimwärts / den früheren Spuren,
Erfreut im Gemüt, / durchmaßen den Feldweg,
Die bekannte Straße; / die kühnen Männer
Nahmen den Kopf / von den Klippen mit,
Was arge Plage / für alle wurde
Aus der furchtlosen Schar, / da vier
Mit Mühe nur / des Mörders Haupt
Am Speere trugen. / Spät erreichten
Die vierzehn Krieger / vom Volk der Gauten
Die glänzende Halle, / die goldgeschmückte,
Die mut'gen Gefährten. / Zum Metsal ging,
Von den Treuen gefolgt, / der tapfre Fürst.
In die Halle schritt / der Heerschar Lenker,
Der rüstige Recke, / der ruhmgekrönte,
Der mutige Held, / sich bei Hrodgar zu melden,
Und hinter ihm zog man / am Haare hinein
Des Todfeinds Kopf / vor die trinkenden Männer,
Für die Krieger all / und die Königin gar

Ein schrecklicher Anblick: / man schaut' es mit Staunen.
Da sprach Beowulf, / Ecgtheows Sohn:
'Wir bringen Dir freudig, / Gebieter der Dänen,
Healfdenes Sohn, / was wir holten im Moore,
Die herrliche Beute, / die hier Du erblickst.
Mit knapper Not nur / entkam ich dem Tode
Als ich wagte den Streit / an des Wassers Grund,
Und hätte in Gnaden / mich Gott nicht geschirmt,
Wär' vielleicht dieser Kampf / mein letzter gewesen.
Nicht hat mir Hrunting / Hilfe gewährt,
So wirksam sonst / sich die Waffe erwies,
Doch huldvoll fügt' es / der Herrscher der Welt,
Der ein Leiter oft / den Verlassenen ist,
Daß ich schaut' an der Wand / ein gewaltiges Schwert,
Uralt, riesig: / dies Eisen ergriff ich
Und erschlug im Streit – / das Geschick war mir hold -
Des Hauses Hüter. / Die harte Klinge,
Die bunte, zerschmolz, / als das Blut sie netzte,
Der heiße Kampfschweiß. / Das Heft nur konnt' ich
Entführen den Feinden. / Die Frevel rächt' ich,
Der Dänen Mord, / den verdienten Lohn
Erhielt das Gezücht. / Ich verheiße es dir:
Sicher jetzt kannst Du / und sorgenlos
Mit der Helden Schar / in Heorot schlafen,
Und jeglicher Mann, / die jungen und alten.
Nicht fürchte ferner, / Fürst der Scyldinge!
Deiner Edlen Tod / wie Du's ehemals tatest.'
Nun ward der goldene / Griff dem König,
Dem Heldengreis, / in die Hand gegeben,
Die Arbeit der Riesen. / Als Eigentum kam
Nach dem Tode der Teufel / das treffliche Kunstwerk
An den Herrscher der Dänen, / da hingerafft
Durch den rächenden Stahl / der ruchlose Mörder,
Der Gegner Gottes, / der grimme Unhold
Nebst der scheußlichen Mutter. / Den Schatz nun erhielt
Der beste Fürst / zwischen beiden Meeren,
Der in Schonens Gauen / sein Gold verschenkte.
Das Heft beschaute / der Held verwundert,
Das alte Erbstück: / der ersten Fehde
Urbeginn / war dort eingegraben,

Wie die Flut verschlang / das Volk der Giganten
Die frechen Gesellen, / die fremd geworden
Dem Lenker der Welt / und den Lohn empfingen
Vom waltenden Gott / in des Wassers Tiefe.
Auch war auf dem glänzenden / Golde verzeichnet,
Mit Runenstäben / geritzt die Kunde,
Für wen die edle / Waffe zuerst,
Das unschätzbare Schwert, / geschmiedet wurde,
Gedreht der Griff / und mit Drachenbildern
Die Klinge verziert. / Der König sprach nun,
Der Erbe Healfdenes / – die anderen schwiegen –:
'Sagen wohl kann, / wer Gesetz und Recht
Im Volke geschützt, / ein erfahrener Greis:
Geboren ward niemals / ein besserer Held
Als, Beowulf!, Du.'"

I 9. c) Grettir-Saga

Diese Erzählung über den Kampf des Beowulf mit der Jenseits-Riesin, die als Verkörperung des Todes die größte aller Gegnerinnen ist, findet sich in vielen später verfaßten Liedern wieder: in der Grettir-Saga, im Flateyarbok, in den Volksliedern der Faröer und der Schweden sowie in abgewandelter Form auch in der Edda in „Gylfis Vision", in der beschrieben wird, wie Thor mit der alten Elli ringt und gegen sie verliert – ohne zu wissen, daß Elli die Verkörperung des Alters und somit wohl auch der Tod, d.h. Hel selber ist.

Die folgende Geschichte ist ein Auszug aus der Grettir-Saga. Sie gleicht dem Beowulf-Epos – insbesondere das Tauchen in die Wasserunterwelt sowie der Kampf gegen einen Riesen und eine Trollfrau entspricht dem Kampf des Beowulf gegen Grendel und seine Mutter.

Es wird erzählt, daß Guest, als es gegen Mitternacht ging, draußen einen großen Lärm hörte, und daß kurze danach eine große Trollfrau mit einem Bottich in der einen Hand und einem unglaublich großen Hackmesser in der anderen Hand in die Halle kam. Sie blickte umher, als sie hereinkam, und sah, wo Guest lag und rannte auf ihn zu. Er aber sprang auf, um sich zu wehren und es begann ein fürchterlicher Ringkampf und sie kämpften lange miteinander in der Halle.
Sie war die Stärkere, aber er wehrte sich geschickt und alles, was dort stand, wurde zerbrochen, ja sogar die Fußbodendielen der Kammer. Sie zerrte ihn zur Türe

hinaus und in den äußeren Flur und er wehrte sich mit aller Kraft gegen sie. Sie wollte ihn von dem Haus fortzerren, aber es gelang ihr nicht, bis sie den ganzen Rahmen der Außentür zerbrochen hatten. Da nahm sie ihn über die Schulter und lief mit ihm fort hinab zum Fluß, geradewegs zu den tiefen Buchten.

Guest war inzwischen sehr erschöpft, aber er mußte entweder seine Kräfte sammeln oder er würde von ihr in die Bucht geworfen. Die ganze Nacht über kämpften sie in dieser Weise – er konnte sich nicht entsinnen, jemals in einem solchen Schrecken wie dem vor ihrer Kraft gekämpft zu haben. Sie hielt ihn so fest, daß er seine Arme in keiner Weise bewegen konnte außer die Mitte der Hexe festzuhalten.

Als sie aber zu der Bucht des Flusses kamen, wand er sich so in dem Griff der Alten, daß er seine rechte Hand freibekam. Da ergriff er das Kurzschwert, mit dem er gegürtet war und schlug die Trollfrau damit auf die Schulter und schlug ihr den Arm ab. Da war er frei, aber sie stürzte in die Bucht und wurde von der Strömung fortgetragen.

Da war Guest so steif und erschöpft, daß er lange dort auf den Felsen lag. Als zu dämmern begann, ging er heim und legte sich in sein Bett. Er war über und über blau und geschwollen.

Als jedoch die Hausherrin aus der Kirche heimkam, fand sie, daß ihr Haus ein bißchen rauh behandelt worden sei. Daher ging sie zu Guest und frug ihn, was geschehen sei, daß alles zerbrochen und niedergetreten sei. Er erzählte ihr alles, was vorgefallen war: Dies schien ihr wichtig zu sein und sie frug ihn, welch ein Mann er denn in Wahrheit wäre. Da erzählte er ihr die Wahrheit und bat, daß der Priester geholt würde, denn er würde ihn gerne sehen. Und so tat man.

Aber als Stein der Priester zu dem Ort 'Sandhaufen' kam, wußte er sofort, daß Grettir Asmundson unter dem Namen 'Guest' dorthin gekommen war.

Da frug der Priester, was er glaube, was mit den Männern geschehen sei, die verschwunden waren, und Grettir sagte, daß er glaube, daß sie in die Bucht geschleppt worden seien. Der Priester sagte, daß er das nicht glauben würde, wenn er keinerlei Zeichen dafür sehen würde. Da sagte Grettir, daß dies später später deutlicher werden würde. Da ging der Priester heim.

Grettir lag viele Nächte im Bett und die Herrin des Hauses pflegte ihn gut. So ging die Jul-Zeit vorüber.

Nun wird in Grettirs Geschichte gesagt, daß sich die Trollfrau in die Bucht stürzte, als sie verwundet wurde, aber die Männer aus dem Bard-Tal sagen, daß der Tag anbrach, als sie noch miteinander rangen und daß sie starb, als er ihren Arm abschlug, und daß sie noch heute dort in der Gestalt einer Frau auf der Klippe steht.

Anscheinend hat sich die Riesin in Stein verwandelt, als das Sonnenlicht auf sie fiel.

Die Tal-Bewohner verbargen Grettir bei sich. Im Winter nach Jul fuhr Grettir jedoch zum Inseltal-Fluß und als er den Priester traf, sprach er: „Nun, Priester, ich sehe, daß Du meiner Geschichte nur wenig Glauben geschenkt hast. Nun möchte ich, daß Du mit mir zu dem Fluß gehst und schaust, wie wahrscheinlich es ist, daß meine Geschichte wahr ist."

So geschah es. Als sie zu dem Wasserfall kamen, sahen sie eine Höhle unter der Klippe. Die Klippe war ein steiler Felsen, so hoch, daß ein Mann nirgendwo hinaufgelangen konnte, und er reichte 90m tief in das Wasser hinab. Sie hatten ein Seil mitgenommen, aber der Priester sprach: „Es ist eine viel zu große Gefahr, hier hinabzusteigen."

„Nein," sprach Grettir, „– wahrlich, es muß getan werden; und die kühnste Männer sind die passendsten dafür. Nun werde ich wissen, was hinter dem Wasserfall ist, aber Du sollst das Seil bewachen."

Der Priester sagte, er möge denn seinem eigenen Beschluß folgen. Er trieb einen Pflock in die Grasnarbe oben an der Klippe und häufte Steine darüber und setzte sich daneben.

Es wird erzählt, daß Grettir einen Stein an einer Schlaufe des Seils befestigte und es in das Wasser hinuntersinken ließ.

„In welcher Weise willst Du hineingehen?" frug der Priester.

„Ich will nicht angebunden in den Wasserfall gehen," sprach Grettir, „mein Herz spricht dagegen."

Damit machte er sich für seine Reise bereit. Er war nur leicht bekleidet und er war mit dem Kurzschwert gegürtet und trug sonst keine weitere Waffe.

Da sprang er von der Klippe in den Wasserfall. Der Priester sah die Sohlen seiner Füße und danach wußte er nicht mehr, was aus ihm geworden war. Grettir jedoch tauchte unter den Wasserfall und das war harte Arbeit, denn der Strudel in dem Becken darunter war stark und er mußte zum Boden hinabtauchen, bevor er wieder hinter dem Wasserfall herauskommen konnte. Aber dort war ein Felsen, der hervorstand und auf diesen kletterte er.

Hinter dem Wasserfall war eine Höhle und der Fluß stürzte vor ihr von den hohen Felsen nieder. Er ging in die Höhle hinein und sah dort ein großes Feuer in der Mitte von Holzscheiten flammen. Dort sah er einen Riesen sitzen – unglaublich groß und schrecklich anzusehen. Als Grettir jedoch näherkam, sprang der Riese auf und ergriff eine Gleve und schlug nach dem Ankömmling, denn mit solch einer Gleve kann ein Mann sowohl schneiden als auch stechen. Sie hatte einen hölzernen Stiel und diese Art von Waffe nannten die Leute damals „Stielmesser".

Eine Gleve ist eine einfache Form der Hellebarde: Sie besteht aus einem langen Stiel ähnlichen einem Speer, an dem vorne jedoch keine einfache Speerspitze, sondern ein langes Messer befestigt ist. Diese einfache, aber effektive Art von Waffe ist im frühen Mittelalter weit verbreitet gewesen.

Grettir schlug mit seinem Kurzschwert zurück und traf den Stiel, sodaß er zersplitterte. Da wollte der Riese zurückweichen und nach einem Schwert greifen, daß dort in der Höhle hing. Grettir hieb ihm jedoch in die Brust und schlug ihm fast das ganze Brustbein und den Bauch ab, sodaß seine Eingeweide herausfielen und in den Fluß stürzten und von der Strömung fortgetrieben wurden.

Als der Priester bei dem Seil saß, sah er verschiedene blutbedeckte Fleischstücke die Strudel des Flusses hinabwirbeln und dachte, daß Grettir nun sicherlich tot sei. Da rannte er von der Verankerung des Seiles fort nach Hause.

Dort kam er am Abend an und sagte wie einer, der es genau wußte, daß Grettir tot sei und daß es sehr schade um solch einen Mann sei.

Nun muß von Grettir erzählt werden, daß wenig Zeit zwischen seinen Schlägen und dem Tod des Riesen verging. Da ging er in die Höhle hinein und entzündete ein Licht und durchsuchte die Höhle. Die Geschichte berichtet nicht, was er darin fand, aber die Männern glaubten, daß es etwas Großes gewesen sein müsse. Dort blieb er über Nacht und fand die Knochen zweier Männer und packte sie in einen Sack.

Dann brach er auf und verließ die Höhle. Er schwamm zu dem Seil und rüttelte an ihm und dachte, daß der Priester noch dort sei. Als er jedoch erkannte, daß der Priester heimgegangen war, erkannte er, daß er mit der Kraft der eigenen Hände hinaufklettern mußte. So kam er hinauf auf die Klippe.

Dann fuhr er heim zu dem Inseltal-Fluß und brachte den Sack mit den Knochen zu dem Portal der Kirche und dazu einen Runenstab, auf den dieses Lied kunstvoll geschnitten war:

Dort in die düstere Bucht bin ich getaucht,
über die der wirbelnde Strom des bleichen Wassers
von der Kehle der Felsen hinabgeworfen wird,
um dem Schwert-Spieler zu begegnen, den die Menschen fürchten.
Bei der Halle des Riesen preßte der starke Fluß
seine kalten Hände auf die Brust des Sängers,
der Verschlinger des sich wandelnden Strudels
warf dort ein großes Gewicht auf ihn.

Und dieses andere Gedicht stand auch auf dem Stab:

Der schreckliche Bewohner der Höhle
schlug große und viele Schläge gegen mich;
Er mußte sehr hart darum ringen,
aber im schweren Kampf erblaßte er kein bißchen;
Denn von seinem mächtigen Stiel-Baum
schlug ich das Stiel-Messer geschwind;

Und verdunkelte die hellblitzende Kriegsflamme
in der schwarzen Brust, die mir dort begegnete.

   In diesen Versen wird gesagt, daß Grettir diese Knochen aus der Höhle mitgebracht
hatte. Als der Priester jedoch am Morgen zu der Kirche kam, fand er den Stab und
das, was bei ihm lag. Grettir aber war nach Sandhaufen heimgegangen.

I 9. d) Wegtam-Lied

   Aufgrund der Alpträume des Baldur, der seinen nahenden Tod ahnt, reitet Odin zur
Hel und befragt dort eine Seherin nach der Bedeutung von Baldurs Träumen.
   An dieser Stelle scheinen sich zwei Motive miteinander verbunden zu haben: Der
Ritt des Schamanengottes Odin in die Unterwelt zur Hel, um sie nach dem Schicksal
des Baldur zu fragen, und der Ritt des Schamanen zu den Hügelgräbern zu den Toten,
um von ihnen Rat und Hilfe für die Lebenden zu erhalten.
   Die Riesin Hel, die schicksalsbestimmenden Nornen und die Seherinnen wurden in
den Mythen der Germanen oft nicht klar unterschieden, weil sie von ihrer Qualität her
sehr ähnlich sind.

Auf stand Odin der Allerschaffer,
Und schwang den Sattel auf Sleipnirs Rücken –
Nach Nifelheim hernieder ritt er;
Da kam aus Hels Haus ein Hund ihm entgegen,

   Dies ist entweder der Fenris-Wolf oder der „Höllenhund" Garm.

Blutbefleckt vorn an der Brust,
Kiefer und Rachen klaffend zum Biß,
So ging er entgegen mit gähnendem Schlund
Dem Vater der Lieder und bellte laut –
Fort ritt Odin, die Erde dröhnte,
Zu dem hohen Hause der Hel kam er.

   Odin ist der „Vater der Lieder", weil der Göttermet, den er aus Gunnlöds Hügelgrab, d.h. aus der Unterwelt geholt hat, auch den Skalden die Inspiration für ihre
Lieder gab.

Da ritt Odin ans östliche Tor,
Wo er den Hügel der Wala wußte.
Das Wecklied begann er der Weisen zu singen,
(Nach Norden schauend schlug er mit dem Stabe,
Sprach die Beschwörung, um Bescheid zu erheischen)
Bis gezwungen sie aufstand Unheil verkündend.

Das Hügelgrab der Seherin liegt im Osten des Dorfes bzw. von Asgard. Die eigentliche mythologische Richtung des Jenseits ist jedoch wieder der Norden, zu dem gewendet Odin mit seinem Zauberstab die Seherin beschwört, bis sie ihr Grab verläßt und ihm erscheint.

Wala:
„Welcher der Männer, mir unbewußter,
Schafft die Beschwere mir solchen Gangs?
Schnee beschneite mich, Regen beschlug mich,
Tau beträufte mich, tot war ich lange."

Odin:
„Ich heiße Wegtam, bin Waltams Sohn.
Wie ich von der Oberwelt, sprich von der Unterwelt.
Wem sind die Bänke mit Ringen bestreut,
Die glänzenden Betten mit Gold bedeckt?"

Wala:
„Hier steht dem Baldur der Becher eingeschenkt,
Der schimmernde Trank, vom Schild bedeckt.
Die Asen alle sind ohne Hoffnung.
Genötigt sprach ich, nun will ich schweigen."

Der Trank in dem Becher ist vermutlich der Met, der im Bestattungsritual getrunken wurde und den man auch den Toten in einem Krug oder Kessel mitgab. Der „Becher" wird eher ein Kessel gewesen sein, da man sonst kaum einen Schild hätte auf ihn legen können.

Da von den frühen germanischen Steinritzungen in Skandinavien um 1800 v.Chr. bis zu den ersten Runensteinen um 400 n.Chr. die Sonnenscheibe ein sehr wichtiges Motiv gewesen ist und es um 800 n.Chr. den Brauch gab, Schilde mit mythologischen Motiven zu bemalen, sollte der Schild auf dem Metkessel möglicherweise dem Met auf magische Weise die Qualität der auf dem Schild dargestellten Szenen bzw. Gottheiten vermitteln.

Der Ritual-Met stand in der Halle der Hel und wird wohl auch ihr Besitz gewesen sein – so wie er sich ja auch bei Freya-Gunnlöd befand.

I 9. e) Hyndla-Lied

Freya:
„Wache, Maid der Maide, meine Freundin, erwache!
Hyndla, Schwester, Höhlenbewohnerin.
Nacht ist's und Nebel; reiten wir nun
nach Wallhall, zu geweihten Stätten."

Die Riesin Hyndla wird von Freya als Bewohnerin einer Höhle bezeichnet. Diese Umschreibung trifft im großen und ganzen für alle Riesinnen zu.

Zudem nennt sich Freya „Hyndlas Schwester". Beide scheinen demnach zumindestens enge Freundinnen gewesen zu sein. Dies trifft ansonsten auf keine einzige Riesin zu – Hyndla muß folglich eine besondere Riesin gewesen sein.

Einige Verse später in dem Lied fordert Freya die Hyndla auf, sich einen ihrer Wölfe als Reittier auszuwählen:

Freya:
„Nun wähl aus dem Stall Deiner Wölfe einen,
Und laß ihn rennen mit dem Runenhalfter."

Dieses Reittier entspricht dem Wolf der Hyrrokkin, was vermuten läßt, daß es sich auch bei der Wolfreiterin Hyndla um Hel auf dem Fenris-Wolf handelt – obwohl dieses Wolfsreiter-Motiv auch sonst hin und wieder bei Riesinnen vorkommt.

Das „Runenhalfter" läßt darauf schließen, daß Hyndla zauberkundig ist.

Hyndla:
„Dein Eber ist träg Götterwege zu treten;
Ich will mein Roß, das rasche, nicht satteln."

Freya reitet auf ihrem Eber.

In den letzten Strophen des Liedes bittet Freya die Hyndla ihrem Gast, d.h. Freyas Schützling Ottar, ihm einen Trank zu reichen, der seine Erinnerung stärkt, sodaß er seinen Stammbaum, den Hyndla ihm vorher erläutert hat, vollständig behalten kann.

Freyja :
„Reiche das Ael meinem Gast zur Erinnerung,
Daß Bewußtsein ihm währe von deinen Worten
Am dritten Morgen, und Deiner Reden all,
Wenn er und Angantyr die Ahnen zählen."

Die Fähigkeit der Erinnerung ist bei den Germanen eng mit der Inspiration der Skalden verbunden gewesen, da die Skalden ihre Lieder ursprünglich nicht aufschrieben, sondern sie auswendig gelernt haben. Mit dem Auswendiglernen der Lieder scheint ein Ritual verbunden gewesen zu sein, bei dem man auch einen Ritual-Trunk trank. Dieser Trank hat die Symbolik des Tyr-Riesen Mimir mitgeprägt, der den Brunnen unter dem Weltenbaum hütet, aus dem Odin seine Weisheit erhielt. Da „Mimir" die Bedeutung „Erinnerung" hat, ist auch der Trank aus Mimirs Brunnen der Göttermet bzw. Skaldenmet.

Drei andere Hüterinnen dieser „Met-Quelle" sind die drei Nornen, die als diejenigen, die das Schicksal festlegen, ebenfalls eng mit Hel verbunden waren. Als Verkünderinnen und Vollstreckerinnen des Schicksalsspruches wurden sie später zu den Walküren.

Es hat folglich den Anschein, daß Freya und Hel deshalb „Schwestern" seien, weil sie religionsgeschichtlich gesehen letztlich von derselben Jenseitsgöttin abstammen. Diese Göttin legte das Schicksal und den Todestag fest („Norne"), vollstreckte diese Schicksalspruch („Walküre"), und gab dem Toten schließlich durch die Wiederzeugung und die Wiedergeburt die Gestalt eines Seelenvogels („Frigg/Freya/Walküre"), der wie alle Seelen für die Diesseitigen unsichtbar war, was zu dem Motiv der Unsichtbarkeits-Umhanges (der Frigg gehörte) führte.

Hyndla :
„Nun scheide von hier, zu schlafen begehr' ich:
Wenig erlangst Du noch Liebes von mir.
Lauf in Liebesglut Nächte lang,
Wie zwischen Böcken die Ziege rennt.

Du liefst bis zur Wut nach Männern verlangend,
Mancher schon schlüpfte Dir unter die Schürze.
Lauf in Liebesglut Nächte lang,
Wie zwischen Böcken die Ziege rennt."

Hier erscheint noch ein weiteres Motiv aus den Jenseitsvorstellungen, das an dieser Stelle allerdings schon zu einem beleidigenden Spott umgedeutet worden ist: Freya ist die Göttin im Jenseits, mit der sich die Toten vereinen, um anschließend von ihr wiedergeboren zu werden. Daher hat Freya, wie ihr auch Loki in dem Lied „Lokasenna" vorhält, bereits mit allen Asen und auch mit den Zwergen („dwergaz" = „Totengeister") geschlafen.

Sowohl Freya als auch Frigg sind auch Totengöttinnen. Letztlich sind auch diese beiden dieselbe Göttin: Sie haben fast genau denselben Charakter, beide sind sie die Frau/Geliebte des Göttervaters und auch ihr Name ist aus derselben Wurzel entstanden, die sich nur regional verschieden entwickelt hat.

Somit haben Hel, Hyndla, Frigg und Freya ihre Wurzel in den Vorstellungen über das Jenseits, in denen sie die zentralen Rolle der Göttin, die die Toten nach der Wiederzeugung wiedergebiert, haben.

Freya:
„Die Waldbewohnerin umweb ich mit Feuer,
So daß Du schwerlich entrinnst der Stätte.
(Lauf in Liebesglut Nächte lang,
Wie zwischen Böcken die Ziege rennt.)"

Die Bezeichnung der Hyndla als „Waldbewohnerin" würde auf jede Riesin passen – der Wald ist das Jenseits.

Das „Umweben mit Feuer" ist ein Symbol für das Einsperren im Jenseits. Durch solch ein Feuer an der Grenze zum Jenseits mußte auch Skirnir reiten, als er die Gerdr für seinen Herrn Freyr warb. Auch die Walküre Sigdrifa/Brünhilde ist von Odin in solch eine Waberlohe eingesperrt worden. Sowohl die Riesin Gerdr als auch die Walküre Sigdrifa sind noch vollständigere Bilder als Freya und Hel, da sie noch Aspekte von beiden haben: die Vereinigung bei der Wiederzeugung von Freya und die Gestalt einer Riesin bzw. Walküre von Hel.

In dem Hyndla-Lied kann man sozusagen die Aufspaltung des älteren Bildes miterleben, in der die Jenseitsgöttin noch zugleich die Todesgöttin und die Geliebte bei der Wiedervereinigung gewesen ist, in die Liebesgöttin Freya und die Angstgestalt der Hel: Am Anfang des Liedes sind beide „Schwestern" und am Ende des Liedes verfluchen sie sich gegenseitig.

Freya revanchiert sich hier mit demselben Fluch, mit dem Hyndla zuvor die Göttin belegt hat: endlose und unstillbare Geilheit.

Hyndla:
„Feuer seh ich glühen, die Erde flammen:
Sein Leben muß ein jeder lösen.
So reiche das Ael Ottar Deinem Liebling:
Der Met vergeh ihm, der giftgemischte."

Das Feuer, das Hyndla hier beschreibt, sind die Flammen bei der Brandbestattung, die auch der Ursprung der Symbolik des Feuer-Jenseitstores sind. Sie wurden hier als Feuer-Gefängnis der Hyndla umgedeutet.

Der Ritual-Trank wird hier von Hyndla ebenfalls umgedeutet und zwar in einen Todestrank.

Diese Umdeutung von der Hilfe auf dem Jenseitsweg zur Todesursache ist im Laufe der Zeit mit fast allen Motiven aus dem Jenseitsvorstellungen geschehen. Diese Entwicklung trat in den Mythen der Völker vor allem dann auf, wenn die alten Vorstellungen durch eine neue Religion verdrängt wurden und nicht mehr den tatsächlich durchgeführten Ritualen entsprachen. Dieser Effekt war natürlich besonders stark, wenn sich die neue Religion nicht aus der alten heraus entwickelt hatte und wenn sie zudem den Anspruch hatte, die allein richtige Weltanschauung zu sein.

Insofern hat die Christianisierung auch die Angst vor dem Tod gefördert, da sie den Menschen ihre gewohnten Ansichten und ihren gewohnten Halt genommen hat und diese zudem in die Ursache allen Übels umgedeutet hat.

Freyja:
„Wenig verfangen soll Dein Fluch
Obgleich Du, Riesenbraut, ihm Böses sinnst.
Schlürfen soll er segnenden Trank:
Ottar, Dir erfleh ich aller Götter Hilfe."

Hier wird Freya nun ganz zu der „Guten" und „Hyndla/Hel" zu der Bösen. Freya erscheint zudem nicht mehr als die Jenseitsgöttin, sondern als jemand, die selber die Hilfe der Götter anruft.

I 9. f)   Die Saga über Norna-Gest

In dieser Saga wird der Streit zwischen der Walküre Brünhilde und der Riesin Hel auf dem Weg zu der Bestattung der Brünhilde beschrieben:

Da sprach er: „Als Brynhild zu dem Scheiterhaufen für ihren Weg zur Hel getragen wurde, gingen sie an nahe an einigen steilen Felsen vorüber. Dort lebte eine Riesin. Sie war vor ihrer Höhle und trug einen schwarzen, ledernen Kittel.

Sie hielt einen langen Stab aus dem Wald in ihrer Hand und sprach: „Ich schenke Dir diesen Stab für Dein Verbrennen, Brynhild, und wegen Deiner Taten wäre es besser, wenn Du lebend verbrannt werden würdest – weil Du Sigurd Fafnir-Töter, ein solch herrlichen Mann getötet hast. Ich war oftmals seine Gefährtin und deshalb

werde ich Dich mit einem Rache-Lied ansprechen, damit alle Dich als als abscheu-
lich sehen, wie Du bist, wenn sie solche Dinge über dich hören!"

   Danach sangen Brynhilde und die Riesin Zauberlieder gegeneinander.
   Die Riesin sang:

„Du wirst nicht / durch die
steinernen Tore / meines Hofes gehen.
Es wäre besser für Dich gewesen / einen Wandteppich zu weben
als ein behagliches Haus / anzugreifen.

Warum solltest Du / mein Haus besuchen
von Vallandis / wackelndem Haupt?
Du hast den Raub-Wölfen / als sie zum Angriff kamen,
viele Männer / zu fressen gegeben!"

   Da sang Brynhild:

„Tadle mich nicht / Braut aus den Felsen,
auch wenn ich früher / an Plünderungen beteiligt war.
Denn ich muß von uns beiden / als die Höhere erscheinen
wenn edel Männer / uns erkennen."

   Die Riesin sang:

„Du, Brynhild, / bist Budlis Tochter.
Zu einer üblen Stunde / bist Du in die Welt geboren worden.
Die Kinder des Giuki / hast Du vernichtet
und ihr gutes Heim / zerstört."

   Brynhild sang:

„Ich muß Dir / wahre Worte sagen,
hinterlistige Frau, / wenn Du zu wissen wünschst,
wie die Erben des Giuki / mit mir waren:
ohne Liebe / und mit gebrochenen Eiden!

Der mutige König / hat mich von Leid befreit.
Acht Schwestern / lebten unter einer Eiche.
Ich war zwölf Jahre alt / wenn Du es wissen willst,
als ich einen dem jungen König / einen Eid schwor.

Ich habe habe den alten Bruder / einer Riesin, Hjalmgunnar
das Schicksal gefügt, / als nächster zum Tode bestimmt zu sein.
Ich gab den Sieg dem dem Jungen / Bruder der Auda.
Odin war / darüber zornig.

Er umgab mich mit Schilden, / Kante an Kante,
rot und weiß / im Skatland.
Dann gebot er ihm / mich aus dem Schlaf zu reißen,
dem, der in keinem Land / Furcht kannte.

Er gebot den heulenden Hunden / des Feuers
wie Masten in große Höhen / um meine nach Süden blickende Halle aufzulodern.
Dann gebot er ihm alleine / hinüber zu reiten.
Dann wurde mir / das Gold des Fafnir gebracht.

Der Verteiler des Goldes / ritt den guten Grani
dort, wo mein Ziehvater / der Herr seiner Halle war.
Alleine schien er dort, / der dänische Wikinger,
der allen der Beste schien / von hohem Wert.

Wir schliefen / und waren in Frieden in einem Bett
als wäre er als mein Bruder / geboren worden.
Jeder von uns / lag dort,
eine Hand über der anderen – / acht Nächte lang.

Dafür tadelte mich Gudrun / Giuki-Tochter:
daß ich in Sigurds Armen / geschlafen habe.
Da wurde ich gewahr, / daß ich nicht wissen wollte,
daß sie mich betrogen hatten, / indem er ein Weib nahm.

Viel zu lange / werden Männer und Frauen
noch in Elend / bleiben müssen.
Wir werden uns / niemals auseinanderreißen lassen,
Sigurd und ich. / Versinke nun, Riesin!"

Die Riesin stieß einen schrecklichen Schrei aus und sprang von der Klippe hinab.

In diesen Versen finden sich einige Hinweise auf das Wesen der Riesin Hel:
    - Sie wird „Braut aus den Felsen" genannt, was jedoch eine Bezeichnung
      einer jeden Riesin sein könnte („Felsen" = Grabkammer eines Hügelgrabes).

70

- Sie trägt einen schwarzen ledernen Kittel und wohnt in einer Höhle.
- Die Toten gehen durch die steinernen Tore ihres Hofes in ihr Haus – damit wird ihre Höhle gemeint sein.
- Die Bezeichnung der Hel als „hinterlistige Frau" drückt wohl vor allem Brünhildes Wut über ihr Schicksal aus.
- Hel kennt und singt Zauberlieder – und die Walküre Brünhild ebenfalls.
- Der lange Stab, den Hel der Brünhild geben will, scheint eine bissige Geste zu sein: ein zusätzlicher Balken für den Scheiterhaufen, auf dem ihre Leiche verbrannt werden soll, wenn sie gleich gestorben sein wird. Der Stab könnte allerdings auch der Stab einer Seherin („Völva" = „Stabträgerin") sein – die Walküre Brünhilde und vermutlich auch Hel sind Seherinnen.
- Der Sprung der Hel von der Klippe ist wohl nur eine dramatische Geste, die den Sieg der Brünhild veranschaulichen soll.

I 9. g) Brünhilds Hel-Fahrt

In diesem Lied wird dieselbe Szene beschrieben:

Nach Brünhildens Tod wurden zwei Scheiterhaufen gemacht, einer für Sigurd, der brannte zuerst; danach wurde Brünhilde verbrannt, und sie lag auf einem Wagen, der mit Prachtgeweben umzeltet war. Es wird erzählt, daß Brünhild auf dem Wagen den Helweg fuhr und durch eine Höhle kam, wo ein Riesenweib wohnte.

Die Riesin ist Hel und ihre Höhle die Unterwelt. Der Scheiterhaufen entspricht symbolisch der „Gjallarbru", der Brücke über den tosenden Jenseitsfluß.

Das Riesenweib sprach:
„Fortzufahren erfrech Dich nicht
Durch meine steingestützten Häuser.
Besser ziemte Dir, Borten zu wirken
Als den Gatten begehren der andern.

Die „steingestützten Häuser" sind die aus Steinplatten errichteten Grabkammern in den Hügelgräbern.

Kämpferisch Weib, was willst Du suchen,
Allgierig Haupt, in meinem Hause?
Du wuschest, Bewehrte, so Du es wissen willst,
Von den Händen Dir manchesmal Menschenblut."

Brünhild:
„Was wirfst Du mir vor, Weib aus dem Stein,
Hab ich im Kriegsheer gekämpft denn auch,
So bin ich die bessere von uns beiden doch,
Wenn unsern Adel Einsichtige prüfen."

Riesin:
„Du bist Brünhild, Budlis Tochter,
In widrigster Stunde zur Welt geboren:
Durch Dich wurde ohne Erben Giuki,
Du hast sein hohes Haus gestürzt."

Brünhild:
„Vom Wagen kündet die Kluge Dir
Der Witzlosen, wenn Du es wissen willst:
Mich machten Giukis Erben meiner
Liebe verlustigt, der Eide ledig.

Der hochsinnige Fürst ließ die Fluggewande
Uns acht Schwestern unter die Eiche tragen;
Zwölf Winter war ich, wenn Du es wissen willst,
Als ich dem jungen Fürsten den Eid schwur.

Die „Fluggewande" sind die Schwanenhemden von Brünhild und ihren sieben Walküren-Schwestern. Sie verlobte sich mit zwölf Jahren mit Sigurd.

Alle hießen mich in Hlymdalir
Hild unterm Helme, wohin ich kam.

„Hlymdalir" ist das „laute Tal", d.h. das Tal, durch das der Jenseitsfluß „Gjallar" fließt, dessen Name „Tosender" bedeutet. Dort fand Sigurd Brünhild schlafend in der Waberlohe. „Hild" ist hier wohl die Kurzform für „Brünhild".

Da ließ ich den greisen gotischen Fürsten
Hialmgunnar hinab gehn zur Hel,
Gab den Sieg dem blühenden Bruder Adas:
Darüber war mir Odin ergrimmt.

Er umschloß mich mit Schilden in Skatalundr,
Mit roten und weißen; die Ränder schnürten mich.
Meinen Schlaf zu brechen gebot er dem,
Der immer furchtlos gefunden würde.

    „*Skatalundr*" bedeutet „*Männer-Wald*". Möglicherweise ist damit der heilige Hain gemeint, in dem die Einweihungen vorgenommen wurden. Ein solcher Hain lag z.B. neben dem Tempel von Uppsala. Auch Odin hing bei seiner Einweihung am (Welten-)Baum. Dieser „Männer-Wald", in dem die Jenseitsreisen stattfanden, ist symbolisch auch ein Jenseitsweg und somit mit „Hlymdalir" und der „Gjallarbru" identisch.

Um meinen Saal, den südlich gelegnen,
Ließ er hoch des Holzes Verheerer entbrennen:
Darüber reiten sollte der Recke nur,
Der das Gold mir brächte im Bette Fafnirs.

    „Des Holzes Verheerer" ist das Feuer – die Waberlohe.

Der rasche Ringspender ritt auf Grani
Hin, wo mein Hüter das Land beherrschte.
Der beste schien mir der Degen alle
Der dänische Fürst im Heldengefolge.

Wir lagen mit Lust auf einem Lager
Als ob er mein Bruder geboren wäre.
Keiner von beiden könnt um den andern
In acht Nächten die Arme legen.

Doch gab mir Gudrun Schuld, Giukis Tochter,
Ich hätte dem Sigurd geschlafen im Arm.
Was ich nicht wollte gewahrt' ich da:
Daß ich überlistet war bei der Verlobung.

Zum Unheil werden noch allzulange
Männer und Weiber zur Welt geboren.
Aber wir beide bleiben zusammen,
Ich und Sigurd – Versinke, Riesenbrut!"

I 9. h) Skaldskaparmal

In diesem Skalden-Lehrbuch finden sich eine Baldur-Kenning, die den Namen „Hel" benutzt:

„Wie soll man Baldur umschreiben?"
„Indem man ihn Sohn des Odin und der Frigg nennt, ..., Genosse der Hel, ..."

I 9. i) Skaldskaparmal

„Wie soll man Hödur umschreiben?"
„So: Indem man ihn den blinden Gott nennt, Baldurs Mörder, Werfer der Mistel, Sohn des Odin, Genosse der Hel, Feind des Vali."

Es ist beachtenswert, daß sowohl Baldur als auch Hödur „Genosse der Hel" genannt werden. Dies spricht dafür, daß beide zwei Seiten derselben Sache verkörperten: Der Sommergott Baldur ist während des Winters bei Hel und der Wintergott Hödur ist während des Sommers bei Hel.

I 9. j) Gylfis Vision

Der Göttermet, also der Ritualtrank, wird am ausführlichsten in „Gylfis Vision" beschrieben. Auch dort ist er im Besitz einer Riesin in einem Berg, also der Hel in einem Hügelgrab.

Ferner sprach Ägir: „Woher hat die Kunst ihren Ursprung, die ihr Skaldenkunst nennt?"
Bragi antwortete: „Der Anfang davon war, daß die Asen Unfrieden hatten mit dem Volk, das man Wanen nennt.

Über diesen Krieg zwischen den Asen und den Wanen wird in Gylfis Vision nur kurz, in der Heimskringla jedoch ausführlicher berichtet.
Weil der Krieg kein Ende findet und beide Seiten schließlich kampfesmüde geworden sind, schließen sie Frieden miteinander:

Nun aber traten sie zusammen, Frieden zu schließen, und der kam nun so zustande, daß sie von beiden Seiten zu einem Gefäß gingen und ihren Speichel hineinspuckten.

Als sie nun schieden, wollten die Asen dieses Friedenszeichen nicht untergehen lassen. Sie nahmen es und schufen einen Mann daraus, der Kwasir heißt. Der ist so weise, daß ihn niemand um ein Ding fragen mag, worauf er nicht Bescheid zu geben weiß. Er fuhr weit umher durch die Welt, die Menschen Weisheit zu lehren.

Der Speichel ist ein altes Gärungsmittel.

Die Sitte, einen Friedensschluß oder einen ähnlichen Vertrag durch das Trinken eines Getränkes, dessen Fermentierung durch den Speichel aller Beteiligter in Gang gesetzt wurde, ist recht alt. Dies ist sozusagen eine „Blutsbrüderschaft light".

Der Name „Kwas" wurde das erste mal schon im Jahre 989 n.Chr. erwähnt und leitet sich wie z.B. auch das Wort „Käse" (germanisch: „kasjus") von dem indoger-manischen Verb „kuath" für „gären, sauer werden" ab.

Kwasir ist folglich nach dem Getränk Kwas benannt worden. Seine Weisheit liegt sicherlich darin begründet, daß er aus dem Speichel aller Asen und Wanen entstanden ist und dadurch deren Eigenschaften und Fähigkeiten enthält. Er ist somit in gewisser Weise die Essenz der Götter.

Einst aber, da er zu den Zwergen Fialar und Galar kam, die ihn eingeladen hatten, riefen sie ihn zu einer Unterredung beiseite, und töteten ihn. Sein Blut ließen sie in zwei Gefäße und einen Kessel rinnen: der Kessel heißt Odhrörir; aber die Gefäße Son und Bodn. Sie mischten Honig in das Blut, woraus ein so kräftiger Met entstand, daß ein jeder, der davon trinkt, ein Dichter oder ein Weiser wird. Den Asen berichteten die Zwerge, Kwasir sei in der Fülle seiner Weisheit erstickt, denn keiner war klug genug, seine Weisheit all zu erfragen.

Man könnte sagen, daß die beiden Zwerge den Kwasir wieder in ein Getränk zurückverwandelten – vermutlich um selber die Eigenschaften des Kwas bzw. des Kwasir erlangen zu können.

Dies ist insofern recht interessant, als das die Zwerge Totengeister im Jenseits sind und keine lebenden Menschen. Der magische Trank befindet sich somit im Jenseits im Besitz der Geister der Toten – also im Reich der Hel.

„Odhrörir" bedeutet „Ekstasetrank". Dies ist ein deutlicher Hinweis darauf, daß der Met in diesem Gefäß ursprünglich ein Hilfsmittel bei der Jenseitsreise des Schamanen gewesen ist. „Bodn" bedeutet „Faß". Die Übersetzung von „Son" ist unsicher: Dieses Wort könnte sowohl „Blut" als auch „Versöhnung" bedeuten – die erste der beiden Möglichkeiten ist jedoch wahrscheinlicher, weil diese drei Gefäße auch das Blut des Kwasir enthielten.

Da die beiden letzteren Namen eher technische Bezeichnungen sind, wird

„Odhrörir" der älteste dieser drei Namen sein und ursprünglich nicht das Gefäß, sondern den Trank selber bezeichnet haben. Außerdem stammt das Wort „Odrörir" von derselben Wortwurzel ab wie der Name „Odin", der ebenfalls „Ekstase" bedeutet.

Danach luden diese Zwerge den Riesen, der Gilling heißt, mit seinem Weibe zu sich, und baten den Gilling, mit ihnen auf die See zu rudern. Als sie aber eine Strecke vom Lande waren, ruderten die Zwerge nach den Klippen und stürzten das Schiff um. Gilling, der nicht schwimmen konnte, ertrank, worauf die Zwerge das Schiff wieder umkehrten und zurück ruderten.

Diese Szene ist zunächst recht seltsam, da kein Grund für den Mord der Zwerge an Gilling ersichtlich ist. Sie wird verständlicher, wenn man diese Szene als eine Umdeutung des abendlichen Versinkens des ehemaligen Sonnengott-Göttervaters Tyr-Gilling im Meer auffaßt.

Sie sagten seinem Weibe von diesem Vorgang: da gehabte sie sich übel und weinte laut. Fialar fragte sie, ob es ihr Gemüt erleichtern würde, wenn sie nach der See hinaussähe, wo er umgekommen sei. Das wollte sie tun.
Da sprach er mit seinem Bruder Galar, er solle hinaufsteigen über die Schwelle und, wenn sie hinausginge, einen Mühlstein auf ihren Kopf fallen lassen, weil er ihr Gejammer nicht ertragen könne. Und also tat er.

Auch diese Tat, die sich aus der vorigen ergab, erscheint sehr unmotiviert. Der Bezug dieser Szene zu der übrigen Geschichte, die eigentliche Motivation für diese Tat sowie die innere Logik der Ereignisse müssen also woanders als in dem, was hier berichtet wird, liegen.
Sie ergeben sich aus dem Mahlen des Gerstenmehls für das Brauen von Bier, das im Grotti-Lied durch Frigg-Fenja und Freya-Menja durchgeführt wird.

Als der Riese Suttung, Gillings Brudersohn, dies erfuhr, zog er hin, ergriff die Zwerge, führte sie auf die See und setzte sie da auf eine Meeresklippe. Da baten sie Suttung, ihr Leben zu schonen, und boten ihm zur Sühne und Vaterbuße den köstlichen Met, und diese Sühne ward zwischen ihnen geschlossen.

Die trotz des Weisheits-Trankes sehr unweisen Handlungen der Zwerge führen dazu, daß der magische Trank in den Besitz der Riesen gelangt. Es wäre denkbar, daß dies in dieser Mythe der einzige Zweck der Ermordung des Gilling durch die beiden Zwerge gewesen ist. Dies bedeutet wiederum, daß der Trank den Ansichten der Germanen zufolge nur von den beiden Zwergen hergestellt werden konnte, daß er aber im Besitz der Riesen ist. Der Mord an dem Riesen und die Rache durch dessen

Bruder würden dann vor allem den Übergang des Besitzes des Tranks an die Riesen beschreiben.

In den germanischen Mythen ist es stets ein Zwergenpaar, daß die magischen Gegenstände der Götter herstellt: Thors Hammer, Sifs Haare, Freyrs Eber und seine magisches Schiff, Odins Ring und seinen Speer, die magischen Schwerter in den Sagas, die auf Tyrs Schwert zurückgehen, und schließlich auch den Göttermet.

Dieses Zwergenbrüderpaar ist aus den beiden „Alcis" („Elche") genannten Pferdezwillingen vor dem Streitwagen des ursprünglichen Göttervaters Tyr (= Zeus, Jupiter, Deus, Dagda u.a.) entstanden. Diese beiden Söhne des Göttervater, die die Gestalt von zwei Jünglingen und von zwei Schimmeln annehmen konnten, sind am besten aus der griechischen Mythologie als die beiden Dioskuren bekannt. Als bei den Germanen der Reiter Odin an die Stelle des Streitwagenfahrers Tyr trat, wurde aus den beiden Pferdezwillingen Odins achtbeiniges „Doppelpferd" Sleipnir.

Diese beiden Söhne des Göttervaters starben zusammen mit ihm an jedem Abend und in jedem Herbst, wodurch sie zu Totengeistern, also zu Zwergen wurden.

Der Göttervater im Jenseits wurde jedoch zu einem Riesen, denn die Germanen faßten die Ahnen der Asen als Riesen auf. Dies ist ein altes indogermanisches Motiv: so ist z.B. auch Kronos, der Vater des Zeus, ein Titan, d.h. ein Riese. Dieser „Tyr-Riese in der Unterwelt" war eine wichtige Gestalt in den Mythen und erscheint als Hymir, Thiazi, Mimir, Surtur, Hraesvelgr und noch als einige andere Riesen.

Da nun der am Abend gestorbene Göttervater im Jenseits zu einem Riesen wurde und er als die zentrale Gottheit der Besitzer des Göttermets war, wurde der Met zwar von den beiden Zwergen (die toten Pferdezwillinge) hergestellt, aber mußte im Besitz der Riesen (Hymir, Thiazi usw.) sein. Es gab auch die Auffassung des „Tyr in der Unterwelt" als Zwerg (Alberich), aber das Motiv des Tyr-Riesen war deutlich wichtiger als das des Tyr-Zwerges.

Aus dem Überreichen des Mets durch die Zwerge an den Göttervater als Riesen wurde dann schließlich der Met als Sühnegeldzahlung der Zwerge an die Riesen.

Die Bedeutung des Namens „Suttung" des Riesen, der der Bruder des Baugi und der Vater von Gunnlöd ist, bedeutet entweder „vom Trank beschwert" oder „der sich schnell Bewegende". Da Schnelligkeit und ähnliche gute Eigenschaften nur sehr selten bei den Riesen erwähnt werden, erscheint die erste Deutung wahrscheinlicher – sie ist im Zusammenhang mit dem Göttermet auch plausibler.

Die Insel, auf der Suttung die Zwerge aussetzte, wird wohl mit der Schäre (flache Insel) identisch sein, auf der Wieland (Tyr) ausgesetzt worden ist: Sie ist die Jenseits-insel Walaskialf.

Suttung führte den Met mit sich nach Hause und verbarg ihn auf dem sogenannten Hnitberge; seine Tochter Gunnlöd setzte er zur Hüterin.

77

Der Name „Hnitberg" bedeutet „zusammenschlagender Berg", „sich verschließender Berg" oder „verschlossener Berg". Bei diesem Berg wird es sich um ein Hügelgrab handeln, daß nach der Bestattung verschlossen worden ist und in dem man sich sowohl die Totenseelen als auch die Jenseitsgöttin vorstellte.

Der Name „Hnitberg"; den man auch mit „Stoßfels" übersetzen kann, könnte eine Anspielung auf das Gitter Thrymgiallar am Hel-Tor sein, dessen Eingang sich in einer früheren Variante dieses Motives vielleicht wie zwei zusammenstoßende Felsen verschlossen hat. Dieses Bild findet sich in einigen Märchen wie z.B. in „Die Rabe" von den Gebrüdern Grimm. Die bekannteste Zauber-formel, mit der man einen solchen Berg öffnen kann ist sicherlich das arabische „Sesam öffne Dich!". Dieser „Hnitberg" ist mit dem „Hindinhügel" der Walküre Brünhild aus der Nibelungensage und mit dem „Mondhügel" aus der „Vision der Seherin" identisch.

Die Riesin Gunnlöd trägt einen Walkürennamen: „Einladung zum Kampf". Sie ist sowohl als Riesin als auch als Walküre eine Erscheinungsform der ursprünglichen Jenseitsgöttin. In der Sage heißt es, daß sie den Met nur bewacht, aber man wird wohl davon ausgehen können, daß dieses „Bewachen" ursprünglich ein „Besitzen" gewesen ist. Gunnlöd wird daher die Jenseitsgöttin (Hel, Freya-Frigg) in der Unterwelt (Hügelgrab) sein, die die Jenseitsreisenden wiedergebiert.

Davon heißt die Skaldenkunst Kwasirs Blut, oder der Zwerge Trank, auch Odhrörirs-, oder Bodns- und Sons-Naß, und der Zwerge Fährgeld (weil ihnen dieser Met von der Klippe Erlösung und Heimkehr verschaffte), ferner Suttungs Met und Hnitbergs Lauge."

Da sprach Ägir: „Sonderbar dünkt mich der Gebrauch, die Dichtkunst mit diesen Namen zu nennen. Aber wie kamen die Asen an Suttungs Met?"

Bragi antwortete: „Davon wird erzählt, daß Odin auszog und an einen Ort kam, wo neun Knechte Heu mähten. Er fragte sie, ob sie ihre Sensen gewetzt haben wollten. Das bejahten sie. Da zog er einen Wetzstein aus dem Gürtel und wetzte. Die Sicheln schienen ihnen jetzt viel besser zu schneiden: da feilschten sie um den Stein; er aber sprach, wer ihn kaufen wolle, solle geben, was billig sei. Sie sagten alle, das wollten sie; aber jeder bat, den Stein ihm zu verkaufen. Da warf er ihn hoch in die Luft, und da ihn alle fangen wollten, entzweiten sie sich so, daß sie einander mit den Sicheln die Hälse zerschnitten.

Sowohl die Neunzahl der Knechte, als auch deren Tod sowie die Sicheln als Erntesymbole weisen daraufhin, daß Odin sich hier auf einer Jenseitsreise befindet.

Der Wetzstein stammt aus den Mythen des Tyr, der im Jenseits der Schmied Wieland ist, der sein am Abend zerbrochenes Schwert neuschmiedet – wofür er auch eine Wetzstein benötigt. Dieser Wetzstein erscheint auch als Waffe des Tyr-Riesen Hrungnir – was allerdings schon eine Umdeutung dieses Werkzeugs des Tyr ist, durch die der Tyr-Riese Hrungnir lächerlich gemacht werden soll.

Da suchte Odin Nachtherberge bei dem Riesen, der Baugi hieß, dem Bruder Suttungs. Baugi beklagte seine üblen Umstände und sagte, neun seiner Knechte hätten sich umgebracht; nun wisse er nicht, wo er Werkleute hernehmen solle. Da nannte sich Odin bei ihm Bölwerk und erbot sich, die Arbeit der neun Knechte Baugis zu übernehmen; zum Lohn verlangte er einen Trunk von Suttungs Met. Baugi sprach, er habe über den Met nicht zu gebieten, Suttung, sagte er, wolle ihn allein behalten; doch wolle er mit Bölwerk dahinfahren und versuchen, ob sie des Mets bekommen könnten.

„Bölwerk" bedeutet „üble Tat" – ein passender Name für Odin nach seiner Provokation eines neunfachen Mordes. Aber Odin war schließlich der Gott der Schlachten …

Bölwerk verrichtete den Sommer über Neunmänner Arbeit für Baugi; im Winter aber begehrte er seinen Lohn.
Da fuhren sie beide zu Suttung, und Baugi erzählte seinem Bruder, wie er den Bölwerk gedungen habe; aber Suttung verweigerte geradeheraus jeden Tropfen seines Mets.
Da sagte Bölwerk zu Baugi, sie wollten eine List versuchen, ob sie an den Met kommen möchten, und Baugi wollte das geschehen lassen. Da zog Bölwerk einen Bohrer hervor, der Rati hieß, und sprach, Baugi sollte den Berg durchbohren, wenn der Bohrer scharf genug sei. Baugi tat das, sagte aber bald, der Berg sei durchgebohrt. Aber Bölwerk blies ins Bohrloch, da flogen die Splitter heraus, ihm entgegen. Daran erkannte er, daß Baugi mit Trug umgehe, und bat ihn, ganz durchzubohren.
Baugi bohrte weiter und als Bölwerk zum andernmal hineinblies, flogen die Splitter einwärts. Da wandelte sich Bölwerk in einen Wurm und kroch in das Bohrloch. Baugi stach mit dem Bohrer nach ihm, verfehlte ihn aber.

Die Verwandlung in eine Schlange ist ein deutliches Bild für die Jenseitsreise, da die Germanen die Vorstellung hatten, daß die Toten nach ihrer Bestattung die Gestalt von Schlangen annahmen. Aus den Schlangen in ihren Grabkammern mit den Goldschätzen, die darin lagen, wurden schließlich die Drachen auf ihrem Hort.
Odins Schlangenverwandlung bestätigt die Deutung des Hnitberges als Hügelgrab und die Auffassung der Gunnlöd als der Göttin im Jenseits.

Da fuhr Bölwerk dahin, wo Gunnlöd war, und lag bei ihr drei Nächte, und sie erlaubte ihm drei Trünke von dem Met zu trinken. Und im ersten Trunk trank er den Odhrörir ganz aus, im andern leerte er den Bodn, im dritten den Son und hatte nun den Met alle. Da wandelte er sich in Adlersgestalt und flog eilends davon.

Die Adlergestalt des Odin ist ein Symbol für seine Wiedergeburt, die auf seine Vereinigung mit Gunnlöd, d.h. seine Wiederzeugung im Jenseits, folgte. Der Übergang des Toten zur Vogelgestalt tritt zwar genaugenommen mit seinem Tod ein, bei dem die Seele („Astralkörper") den materiellen Leib verläßt, aber in den Mythen vieler Völker wird die Annahme der Vogelgestalt etwas ungenau mit der Wiedergeburt gleichgesetzt.

Das Trinken des Göttermets hat in dieser Mythe die Symbolik der Wiedergeburt übernommen. Das Trinken des rituellen Mets vermittelt somit die Ankunft im Jenseits, den Kontakt mit den Göttern.

Diese Symbolik des Göttermets ist fast genau dieselbe wie die des Weins in der christlichen Eucharistie.

Als aber Suttung den Adler fliegen sah, nahm er sein Adlerhemd und flog ihm nach. Und als die Asen Odin fliegen sahen, da setzten sie ihre Gefäße in den Hof. Und als Odin Asgard erreichte, spie er den Met in die Gefäße.

Als aber Suttung ihm so nahe gekommen war, daß er ihn fast erreicht hätte, ließ er von hinten einen Teil des Metes fahren. Danach verlangt niemanden: habe sich das wer da wolle; wir nennen es der Dichterlinge Teil.

Mit „Dichterlinge" sind hier diejenigen gemeint, die ohne Inspiration dichten, da sie nicht den eigentlichen Göttermet getrunken haben, sondern nur das, was Odin in Adlergestalt in seiner Panik ausgepinkelt hat. Dieses Bild zeugt wieder einmal von dem recht drastischen Humor der Germanen …

Aber Suttungs Met gab Odin den Asen und denen, die da schaffen können. Darum nennen wir die Skaldenkunst Odins Fang oder Fund, oder Odins Trank und Gabe, und der Asen Getränk."

Dieser Bericht über die Entstehung des Göttermets zeigt, daß er im Besitz der Jenseitsgöttin, d.h. auch im Besitz der Hel gewesen ist, und daß der neue Göttervater Odin die Verfügungsgewalt über diesen Met an sich gerissen hat.

I 9. k) Havamal

Der Raub des Göttermets durch Odin wird auch im Havamal berichtet. Dort finden sich noch einige zusätzliche Details.

Den alten Riesen besucht ich, nun bin ich zurück:
Mit Schweigen erwarb ich da wenig.
Manch Wort sprach ich zu meinem Gewinn
In Suttungs Saal.

Vermutlich hat Odin (wie in verschiedenen Sagas) mit Tyr-Suttung einen Rätsel-Wettstreit geführt.

Gunnlöd schenkte mir auf goldnem Sessel
Einen Trunk des teuern Mets.
Übel vergolten hab ich gleichwohl
Ihrem heiligen Herzen,
Ihrer glühenden Gunst.

Ratamund ließ ich den Weg mir räumen
Und den Berg durchbohren;
In der Mitte schritt ich zwischen Riesensteigen
Und hielt mein Haupt der Gefahr hin.

„Ratamund" bedeutet „Nagehand". Damit ist der Bohrer des Riesen Baugi gemeint.

Was ich von ihr gewann, habe ich klug genutzt:
Ich bin an Weisheit gewachsen, seit ich zurückkam
Und Ödrörir nach Asgard brachte,
Den heiligen Trank.

Hier wird der Göttermet ausdrücklich als Quelle der Weisheit bezeichnet. Wenn man die Entstehung des Kwasir bedenkt, besitzt Odin jetzt nach dem Trinken dieses Mets alle Weisheit der Asen und der Wanen.

Zweifel heg' ich, ob ich heim wär gekehrt
Aus der Reich des grimmen Trolls,
Wenn mir Gunnlöd nicht half, die gute Maid,
Die den Arm um mich schlang.

Die Eisriesen eilten des andern Tags
Des Hohen Rat zu hören in des Hohen Halle.
Sie frugen, ob Bölwerk zurück bei den Göttern sei
Oder ob er unten durch Suttung fiel.

„Har" („der Hohe") ist ein Beiname des Odin.

Den Ringeid, sagt man, hat Odin geschworen:
Wer traut noch seiner Treue?
Den Suttung beraubt er mit Ränken des Mets
Und ließ sich Gunnlöd grämen.

I 9. l)   Fiölswin-Lied

In diesem Lied stellt Tyr-Svipdag, der zu Freya-Menglöd gelangen will, dem Wächter ihrer Burg, der sich „Fiölswin" nennt und in Wirklichkeit Odin ist, verschiedene Fragen, die sich z.T. auch auf Hel beziehen:

Windkald (Tyr-Svipdag):
„Sage mir, Fiölswin, was ich Dich fragen will
Und zu wissen wünsche:
Ist keine Waffe, die Windofnir möchte
Zu Hels Behausung senden?"

Fiölswin (Odin):
„Häwatein heißt der Zweig, Lopt hat ihn gebrochen
Vor dem Totentor.
In eisernem Schrein birgt ihn Sinmara
Unter neun schweren Schlössern."

Es ist offensichtlich nicht einfach, an Odins Wölfen vorbeizukommen, die hier die Funktion der Wächter am Jenseitstor innehaben, die sonst von dem Fenris-Wolf oder dem Höllenhund Garm eingenommen wird.

Der Hahn Windofnir läßt sich nur mit dem „Häwatein" („treffender Zweig") töten, den Lopt („der Luftige" = Loki) vor dem Totentor abgebrochen hat. Diesen Zweig bewahrt zudem Sinmara in einer eisernen Kiste mit neun Schlössern auf. Sowohl die „9" als auch das „Eisen" sind ein Jenseits-Symbol. „Kiste" war der Name der Germanen für die Grabkammer im Hügelgrab. Der Zweig liegt also in der Grabkammer eines Hügelgrabes.

Dieser Zweig ist offensichtlich mit dem Mistelzweig („Mistiltein") identisch, den Loki dem Hödur als Pfeil gab, damit dieser mit ihm unwissentlich seinen Bruder Baldur erschoß.

Die Kombination des Mistelzweiges mit Baldur und dem Hahn läßt vermuten, daß der Hahn eigentlich die Fylgia, also der Seelenvogel des Baldur ist – ähnlich dem Adler, der der Seelenvogel des Göttervaters Tyr/Odin ist.

Die Mistel als immergrüne Pflanze wird die Hoffnung auf eine Ende des Winters und die Wiederkehr des Sommers darstellen. Genau dies will Svipdag in dem Fiölswin-Lied wohl auch bewirken.

Sinmara, die den Mistelpfeil bewacht, sollte eigentlich die Unterweltsriesin Hel sein. „Sinmara" bedeutet „Große Stute" – sie ist die Jenseitsgöttin bei der Wiederzeugung, wenn der Tote die Gestalt eines Hengstes annimmt (siehe dazu „Pferd" in Band 42).

Windkald (Tyr-Svipdag):
„Sage mir, Fiölswin, was ich Dich fragen will
Und zu wissen wünsche:
Wie heißt der Saal, der umschlungen ist
Weise mit der Waberlohe?"

Fiölswin (Odin):
„Glut wird er genannt, der kreisend sich dreht
Wie auf des Schwertes Spitze.
Von dem seligen Hause soll man immerdar
Nur von Hörensagen hören."

Das Heim (Saal) der Menglöd ist nicht nur von einer Waberlohe umgeben, sondern heißt auch noch selber „Glut". „Hels Halle" ist offensichtlich eine Feuerunterwelt.

Das Kreisen dieser Halle ist zunächst einmal eine recht unerwartete Eigenschaft des Saales der Menglöd. Das einzige Große, das in den Mythen der Germanen kreist, ist die Himmelkuppel. In der Mitte dieser Himmelkuppel berührt genau am Polarstern der Weltenbaum, der am Nordpol steht, den Himmel. Der Weltenbaum ist demnach das „Schwert", auf dessen Spitze sich Ymirs Schädel, aus dem der Himmel von den Asen erschaffen wurde, dreht.

Dieses Jenseitsbild bezieht sich offenbar auf das Himmelsjenseits, also Odins Saal Walhalla in Asgard. In der Edda stehen die beiden Motiv „Halle der Hel" unter der Erde und „Walhalla" im Himmel nebeneinander. Walhalla ist für die im Kampf gefallenen Krieger reserviert, während alle anderen zur Hel fahren.

I 9. m) Hymir-Lied

Auch der Kessel, in dem Hel dem „Wegtam-Lied" zufolge den Met aufbewahrt, gehörte ursprünglich dem Tyr-Riesen, bevor die Asen ihn von ihm raubten.

Einst nahmen die Walgötter die erwaideten Tiere
Zu schlemmen gesonnen, noch ungesättigt:
Sie schüttelten Stäbe, besahen das Opferblut,
Und fanden, Ägirn fehle der Braukessel.

Die Asen führten ein Opfer durch und erkannten anscheinend anhand der Weise, in der das Blut floß, was zu tun war. Auf die Orakelstäbe werden Runen geritzt gewesen sein.

Saß der Felswohner froh wie ein Kind,
Doch ähnlich eher der dunkeln Abkunft.
Ihm in die Augen sah Odins Sohn:
„Gib alsbald den Göttern Trank.“

Hier fordert Thor von dem bei den Asen lebenden Tyr-Riesen Ägir, daß er ihnen einen Trank braue. Die Asen feierten das Frühlingsfest (ursprünglich: Wiedergeburt des Tyr-Ägir und Rückkehr nach Asgard) bei den Asen und das Herbstfest (ursprünglich: Tod des Tyr-Ägir und Reise in die Wasserunterwelt) bei dem Tyr-Riesen Ägir.

Der Ungestüme schuf Angst dem Riesen;
Doch rasch erdachte er Rache an den Göttern:
Er ersuchte Sifs Gatten: „Schaff mir den Kessel,
So brau ich alsbald das Bier euch darin.“

Den mochten nicht die mächtigen Götter
Irgendwo finden, die Fürsten des Himmels,
Bis Tyr dem Hlorridi getreulich sagte,
Ihm allein, Auskunft und Rat:

„Hlorridi“ bedeutet „lauter Reiter“ und ist ein Beiname des Thor. Es ist beachtenswert, daß es gerade der frühere Göttervater Tyr ist, der weiß, wo die Asen einen Braukessel finden können.

„Im Osten wohnt der Eliwagar
Der weise Hymir an des Himmels Ende.
Einen Kessel hat mein kraftreicher Vater,
Ein räumig Gefäß, eine Raste tief.“

Da eine Raste ca. 9km lang ist, wird es sich hier wohl selbst angesichts der Tatsache, daß Tyrs Vater ein Riese ist, um eine Übertreibung handeln …

84

Hier ist wieder das Prinzip „teile und herrsche" angewandt worden: Ägir, Tyr und Hymir sind drei verschiedene Gestalten des ehemaligen Sonnengott-Göttervater Tyr, die hier gegeneinandergesetzt werden und sich dadurch gegenseitig neutralisieren – Tyr-Ägir verlangt aufgrund der Bedrohung durch Thor nach einem Kessel, worauf hin Tyr dem Thor verrät, daß sie einen solchen Kessel von Tyr-Hymir rauben könnten …

„Meinst Du, den Saftsieder sollten wir haben?"
„Mit List gelingt es ihn zu erlangen."
Sie fuhren schleunig denselben Tag
Von Asgard hin zu des Übeln Haus.

Selbst stallt er die Böcke, die stattlich gehörnten;
Sie eilten zur Halle, die Hymir bewohnte.
Der Sohn fand die Ahne, die er ungern sah;
Sie hätte der Häupter neunmal hundert.

Eine Riesin mit neunhundert Köpfe Riesin ist offensichtlich eine Todes- und Jenseits-Riesin – die „9" bedeutet „zum Jenseits gehörend" und die „100" bedeutet „das Größte", woraus sich für die „900" die Bedeutung „das Größte im Jenseits", d.h. die Jenseitsgöttin, also Hel-Freya ergibt. Die Aussage, daß Tyr die Riesin nur ungern sieht, paßt gut zu der Darstellung der Hel in der Edda.
Diese Riesin scheint hier zu Tyrs Großmutter umgedeutet worden zu sein.

Eine andre kam allgolden hervor,
Weißbrauig, und brachte dus Bier dem Sohn.

Diese „sonnengleiche" Frau ist Tyrs Mutter. Falls das Adjektiv „allgolden" nicht nur eine Beschreibung der Schönheit von Tyrs Mutter ist, könnte dies ein Hinweis darauf sein, daß die Jenseitsgöttin auch an jedem Morgen die Sonne wiedergebar und daher auch selber Ähnlichkeit mit der goldenen Sonne haben könnte. Das „Gold" könnte auch Freyas goldener Halsreif Brisingamen sein, der ein Symbol der Sonne gewesen ist.
Im Harbard-Lied erscheint sie als „Schneeweiß-Goldschöne", aus der dann später in den Märchen „Schneewittchen", „Schneeweißchen" und „Goldmarie" werden.
Die Symbolik des Unterganges und des Aufganges der Sonne hat das Bild des Göttervaters der (Indo-)Germanen sehr stark geprägt: sie sind sein abendlicher bzw. herbstlicher Tod und seine Wiedergeburt am Morgen bzw. im Frühling.

„Verwandte der Riesen, ich will euch beide,
Ihr kühnen Männer, unter Kesseln bergen.
Manches Mal ist mein Geselle
Gästen gram und grimmen Mutes."

Der übel Gesinnte spät abends kam,
Der hartmutge Hymir, heim von der Jagd.
Er ging in den Saal, die Gletscher dröhnten;
Ihm war, als er kam, der Kinnwald gefroren.

Hymirs „Kinnwald" ist sein Bart.
Wie schon anfangs beschrieben, wohnte Hymir im Eliwagar („Eiswogen"), also in den Gletschern des Nordens und Ostens. Dies sind Bilder für das Jenseits Niflheim.

„Heil Dir, Hymir, sei hohen Muts:
Der Sohn ist gekommen in Deinen Saal,
Den wir erwartet von langem Wege.
Ihm folgt hierher der Freund der Menschen,
Unser Widersacher, Weor genannt.

Weor ist wieder ein Beiname des Thor. Er bedeutet „Weihender, Priester".

Du siehst sie sitzen an des Saales Ende,
So bangen sie, daß die Säule sie birgt",
Die Säule zersprang von des Riesen Sehe,
Und entzweigebrochen sah man den Balken.

Hier zerstört der Tyr-Riese Hymir (der alte Tyr in der Unterwelt) selber seine Halle bzw. seinen Tempel. Die Säule wird der Teil des Tempels sein, der „Seelenweg-Säulen" genannt wird und aus zwei Säulen und einem geschwungenen Querbalken über ihm bestanden hat. Dieses Jenseitstor stand innen am Tempeleingang und es bildete auch die beiden hinteren Pfosten des Hochsitzes der Fürsten (siehe auch „Seelenweg-Säulen" in Band 57).

Acht Kessel fielen, und einer nur,
Ein hart gehämmerter, kam heil herab.
Vorgingen die Gäste; der graue Riese
Faßt ins Auge den Feind sich scharf.

Die Neunzahl der Kessel zeigt wieder deutlich, daß sie „Jenseitskessel" sind.

Wenig Gutes sagte der Geist ihm voraus,
Als der Thursenbetrüber in den Vorsaal trat.
Da sah man Stiere drei geschlachtet,
Die alsbald zu braten gebot der Riese.

Man ließ um den Kopf sie kürzen beide
Und setzte sie zum Sieden ans Feuer.
Sifs Gemahl, eh er schlafen ging,
Zwei Ochsen Hymirs verzehrt er allein.

Der Thursenbetrüber ist Thor, da er oft die Thursen (Riesen) erschlägt.

Das Schlachten der Stiere könnte ein einfaches Gastmahl sein, aber es ist auch denkbar, daß es sich um das einstige Opfer-Ritual für Tyr handelt, da auch der Thiazi-Mythos mit dem Schlachten eines Stieres durch die Götter beginnt und der Name des Riesen „Thiazi" eine Variante von „Tyr" ist und Thiazi auch in der Adlergestalt der Seele des Göttervaters Odin/Tyr erscheint.

Danach folgt der hier ausgelassene berühmte Angelausflug von Thor und Hymir, bei dem Thor die Midgardschlange an seinen Haken bekommt.

Aber der Jötun wie immer trotzig,
Mit Thor um die Stärke stritt er aufs neu:
Der Macht ermangle der Mann, wie er rudre,
Könn er dort den Kelch nicht zerbrechen.

Als der dem Hlorridi zu Händen kam,
Zerstückt er den starrenden Stein damit:
Sitzend schleudert er durch Säulen den Kelch;
In Hymirs Hand doch kehrt er heil.

Dies ist eine seltsame Kraftprobe. Vermutlich handelt es sich bei dem Zerbrechen des Kelches in dieser Szene um einen Teil eines Rituales. Diese „Kraftprobe" läßt vermuten, daß das Ritual nur dann wirksam war, wenn das Trinkgefäß zerbrochen worden war.

Diese Szene erinnert daran, daß es in Rußland Brauch ist, nach dem Trinken bei besonderen Gelegenheiten das Glas hinter sich zu werfen, sodaß es zerbrach.

Noch um 1837 n.Chr. wird in einem Buch von Johann Augusti über christliche Hochzeitsgebräuche berichtet, daß der Priester den frischvermählten Eheleuten einen Glas-Becher mit Wein reicht, aus dem beide dreimal trinken und anschließend zerschlagen wird.

Aber die freundliche Freie lehrt ihn
Wohl wichtgen Rat: sie wußt ihn allein:
„Wirf ihn an Hymirs Haupt: härter ist das
Dem kostmüden Jötun als ein Kelch mag sein."

Der Böcke Gebieter bog die Knie
Mit aller Asenkraft angetan:
Heil dem Hünen blieb der Helmsitz;
Doch brach alsbald der Becher entzwei.

Der „Gebieter der Böcke" ist Thor. Der „Helmsitz" ist der Schädel.

Hier ist das Zerbrechen des Kelches an dem Schädel des Tyr-Hymir wie das Zerstören der Säule des Hymir eine Darstellung des Endes des Tyr-Kultes um 500 n.Chr., da für diesen Kult der Kelch gebraucht wurde.

„Die liebste Lust verloren weiß ich,
Da mir der Kelch vor den Knien liegt.
Oft sagt ich ein Wort; nicht wieder sag ich's
Von heut an je; zu heiß ist der Trank!

Noch mögt ihr versuchen ob ihr Macht habt,
Aus der Halle hinaus zu heben die Kufe."
Zwei Mal ihn zu rücken mühte sich Tyr:
Des Kessels Wucht stand unbewegt.

Das „Wort", das Hymir gerne sagte und das seine liebste Lust war, könnte ein Spruch gewesen sein, der zu dem Trinken aus dem Kelch gehörte.

Offenbar wird hier recht gründlich der Tempel des Tyr zerstört: die Säule in der Mitte, die Kessel des Hymir und der Kelch des Hymir. Die Worte, die Hymir nun nicht mehr sagen kann, werden daher die Ritualtexte aus dem Tyr-Kult sein …

Aber Modis Vater erfaßt ihn am Rand,
Stieg vom Estrich in den untern Saal.
Aufs Haupt den Hafen hob sich Sifs Gemahl;
An den Knöcheln klirrten ihm die Kesselringe.

Daß Tyr nicht in der Lage war, den Kessel zu tragen, sondern nur „Modis Vater", also Thor, soll hier wohl vor allem betonen, daß Thor der stärkste aller Asen ist.

Sie fuhren lange eh lüstern ward
Odins Sohn sich umzuschauen:
Da sah er aus Höhlen mit Hymir von Osten
Volk ihm folgen vielgehauptet.

„Vielgehuptet" bedeutet hier wohl nicht, daß die Riesen mehrere Köpfe hatten, sondern einfach, daß es viele Riesen waren.

Da harrt er und hob den Hafen von den Schultern,
Schwang den mordlichen Miölnir entgegen
Und fällte sie all, die Felsungetüme,
Die ihn anliefen in Hymirs Geleit.

... ...

Kraftgerüstet kam er zum Göttermahl
Und hatte den Hafen, den Hymir besessen.
Daraus sollen trinken die seligen Götter
Ael in Ägirs Haus jede Leinernte.

Da die Leinernte im Herbst stattfindet, ist hier die Rede von dem Herbstfest, das sich auf den Tod des Tyr im Herbst bezieht, durch das er zu dem Tyr-Riesen Ägir in der Wasserunterwelt wird.

I 9. n)   Die Saga über Thorstein Haus-Macht

Einst zog Thorsteinn nach Osten und als er nach Balagardssidu kam, gab es keinen Wind, um segeln zu können.

Am Morgen ging er an Land und als die Sonne im Südosten stand, kam Thorsteinn zu einer Lichtung, auf der ein schöner Grabhügel stand. Er sah auf dem Hügelgrab einen Jungen mit kahlgeschorenem Kopf, der sprach: „Meine Mutter, gib mir meinen Krummstab heraus und meine Handschuhe, denn ich will auf einen Hexenritt gehen. In der Unterwelt ist gerade ein großes Fest."

Da wurde ein Krummstab aus dem Hügelgrab herausgeworfen, der wie ein Schüreisen aussah. Der Junge stieg auf seinen Stab, zog seine Handschuhe an und lief los so wie es Kinder tun.

Thorsteinn ging zu dem Hügelgrab und sprach dieselben Worte wie der Junge und wieder wurde ein Stab und Handschuhe herausgeworfen und eine Stimme sprach: „Wer hat diese erhalten?" – „Dein Sohn Bjalfi," antwortete Thorsteinn.

Dann stieg er auf den Stab und ritt dem Jungen hinterher das Hügelgrab hinab. Sie kamen zu einem großen Fluß und stürzten sich hinein und es war, als ob sie durch Rauch waten würden. Bald wurde es vor ihren Augen heller und sie kamen zu einem Ort, an dem der Fluß über eine Klippe stürzte. Dort sah Thorstein einen Platz und eine große Stadt, die dort erbaut worden waren. Sie gingen zu der Stadt hinab, in der Menschen an einer Tafel saßen.

Sie gingen in die Halle und die Halle war voller Menschen und alle tranken aus silbernen Kelchen. Dort sahen sie eine Tafel auf dem Boden stehen. Alles dort war golden und niemand trank etwas anderes als Wein. Da bemerkte Thorsteinn, daß niemand ihn und den Jungen sah. Sein Begleiter ging zwischen den Tafeln umher und sammelte alles ein, was herabgefallen war. Der König und die Königin saßen auf ihren Thronen. Die Menschen waren glücklich in der Halle.

Als nächstes sah Thorsteinn einen Mann in die Halle kommen, der mit dem König sprach und sagte, daß er von Indien zu ihm gesandt worden war, von dem Berg, der Lukanus genannt wird, von dem Fürsten, der dort herrscht. Er sagte zu dem König, daß er einer von dem 'verborgenen Volk' sei.

Er gab dem König einen goldenen Ring. Niemand konnte sich vorstellen, daß der König jemals einen besseren Ring gesehen haben könnte. Der Ring wurde durch die Halle gereicht, damit ihn alle betrachten konnten, und jeder pries ihn. Der Ring konnte in vier Teile auseinandergenommen werden.

Thorsteinn sah noch einen weiteren Schatz, der ihm von großem Wert zu sein schien. Dies war die Tischdecke, die auf der Tafel des Königs lag. Sie hatte einen goldenen Rand, an dem zwölf Edelsteine befestigt waren, die sehr kostbaren waren. Thorsteinn wollte diese Tischdecke unbedingt haben. Er kam auf den Gedanken, das Glück, das er von König Olaf erhalten hatte, zu versuchen und herauszufinden, wie er auch an den Ring gelangen könnte. Da sah Thorsteinn, daß der König vorhatte, sich den Ring an seinen Finger zu stecken. Thorsteinn entriß ihm den Ring und griff mit seiner anderen Hand die Tischdecke und all die Speisen fielen in den Staub. Dann rannte Thorsteinn zu der Tür, aber er ließ seinen Krummstab in der Halle hinter sich zurück.

Da gab es einen großen Tumult und die Männer rannten hinaus und sahen, wo Thorsteinn lief und sie liefen ihm in derselben Richtung hinterher. Da sah Thorsteinn, daß sie ihn wohl einholen würden. Da rief er aus: „Wenn Du so gut bist, König Olaf, dann hilf mir! Ich habe sehr auf Dich vertraut!"

Aber Thorsteinn war so schnell, daß sie ihn nicht einholen konnten, bevor er den Fluß erreichte und dort strauchelte. Sie umstellten ihn, aber Thorsteinn faßte sich schnell wieder und tötete viele von ihnen bevor sein Begleiter kam und ihm seinen Stab brachte und sie beide in den Fluß verschwanden.

Als die Sonne im Westen stand, kamen sie zurück zu demselben Hügelgrab, an dem sie zuvor gewesen waren. Der Junge warf seinen Stab in das Hügelgrab und auch seinen Sack, den er mit den Tischabfällen gefüllt hatte, und Thorsteinn tat dasselbe mit seinem Stab. Der Junge mit dem kahlgeschorenen Kopf ging in das Hügelgrab hinein und Thorsteinn nahm außen vor dem Fenster Platz. Er sah zwei Frauen; die eine webte ein kostbares Tuch und die andere schaukelte ein Baby.

Sie frug: „Was hat Deinen Bruder Bjalfi aufgehalten?" – „Er ist mir heute nicht gefolgt," antwortete er.

„Wer ist denn dann mit dem Krummstab davongerannt?" frug sie.

„Das war Thorsteinn Haus-Macht," sprach der Junge mit dem kahlgeschorenen Kopf, „in Mann aus dem Gefolge von König Olaf. Er hat uns in eine Menge Schwierigkeiten gebracht, da er aus der Unterwelt Dinge geraubt hat, die wir in Norwegen nicht haben. Er wurde fast getötet, als er seinen Stab in ihre Hände gab. Sie hatten ihn fast überwältigt. Ich habe ihm den Stab gebracht – er ist wirklich ein mutiger Mann. Ich weiß nicht, wie viele er getötet hat."

Nach diesen Worten verschloß sich das Hügelgrab wieder.

Diese Jenseitsreise scheint ursprünglich eine Vision gewesen zu sein – zumindest sind solche Formulierungen wie die, daß es allmählich heller vor ihren Augen wurde und daß das Wasser des Flusses wie Rauch war, typische Wahrnehmungen bei Visionen, Traumreisen u.ä. Auch Thorsteinns Beobachtung, daß ihn niemand bemerkte, ist typisch für den Anfang von Traumreisen und natürlich noch mehr für Astralreisen, bei denen man seinen materiellen Körper verlassen hat und von anderen daher nur hellsichtig wahrgenommen werden kann.

Der Fluß wird der Jenseitsfluß sein und das „verborgene Volk" in Indien die Verstorbenen im Jenseits. Das „ferne Land" ist allgemein in Mythen ein beliebtes Symbol für das Jenseits, da beide das Fremde und Unbekannte sind. Der Hexenstab ist der Stab der Seherin und des Zauberers, der als Symbol des Weltenbaumes die Verbindung zwischen Diesseits und Jenseits darstellt – aus ihm wurde später der Hexenbesen.

Da der kostbare Ring als vierteilig beschrieben wird, wird er wohl ein Sonnensymbol sein, da die Zahl „4" schon seit der frühen Jungsteinzeit allgemein aufgrund der vier Himmelsrichtungen, die man früher nur anhand des Sonnenstandes erkennen konnte, die Zahl der Sonne gewesen ist.

Diese „viergeteilten Ringe" finden sich sehr häufig auf den Runensteinen als „Draupnir-Kreuze" und sie sind auch schon um 1.000 v.Chr. in den Hügelgräbern der Germanen und in den frühgermanischen Steinritzungen aus der Zeit ab 1.800 v.Chr. zu finden.

Auch der „viergeteilte Ring" ist als Sonnensymbol eng mit dem Tod (Sonnenuntergang) und der Wiedergeburt (Sonnenaufgang) verbunden. Der Ring Draupnir, den

Odin dem Baldur mit auf seine Reise ins Jenseits gegeben hat, wird daher auch mit dem viergeteilten Ring, den der König der Unterwelt von dem indischen Fürsten gesandt erhielt, identisch sein.

I 9. o)   Die Saga über Thorstein Haus-Macht

Thorsteinn ging zu seinen Männern und segelte nach Norwegen und fand König Olaf im Osten in Vik und brachte ihm die Schätze und berichtete ihm von seiner Reise und die Leute waren sehr beeindruckt. Der König bot Thorsteinn ein königliches Lehen an, aber er sagte, daß er eine Reise in den Osten unternehmen wollte. Er blieb den Winter über bei dem König.

Im Frühjahr bereitete Thorsteinn sein Schiff für die Fahrt. Er hatte ein schnelles Schiff und vierundzwanzig Mann. Als er nach Jamtaland kam, blieb er einen Tag lang im Hafen und ging zur Entspannung an Land.

Er kam zu einer Lichtung. Dort stand ein großer Stein. Ein kleines Stück entfernt sah er einen Zwerg, der fürchterlich häßlich war und laut schrie. Es schien Thorsteinn, daß sein Kiefer bis zu seinem Auge hinauf gedehnt war und daß auf der anderen Seite seine Nase bis zu seinem Kinn hinabreichte.

Das Motiv „großer Stein auf einer Lichtung mit Zwerg" ist die Saga-Version des Totengeistes („dwergaz") in seinem Hügelgrab, deren Grabkammer aus Steinplatten errichtet worden ist.

Die Lichtung, auf der sich Thorsteinn hier befindet, ist somit das Jenseits.

Thorsteinn frug ihn, warum er sich so närrisch benehme.

„Du, guter Mann," sprach er, „wundere dich nicht. Sieht Du nicht den großen Adler, der dort fliegt? Er hat mir meinen Sohn genommen! Ich fürchte, daß dies ein von Odin gesandtes Leid ist, aber ich werde sterben, wenn ich mein Kind verliere!"

Thorsteinn schoß auf den Adler und traf ihn unter dem Flügel und er fiel tot herab. Thorsteinn ergriff den Sohn des Zwerges und brachte ihn zu seinem Vater.

Ein Adler im Zusammenhang mit einem Hügelgrab, einem Zwerg und dessen Sohn wird der Adler-Seelenvogel des ehemaligen Sonnengott-Göttervaters Tyr sein, der mit dem wiedergeborenen Tyr, also mit dem Tyr-Sohn identisch ist. Das Forttragen des Zwergen-Sohnes durch den Adler ist also eine nur geringfügige Umdeutung der ursprünglichen Symbolik, in der der Adler und der Sohn noch identisch miteinander gewesen sind. der wiedergeborene Tyr. Der Zwerg in dieser Saga ist daher recht sicher Tyr als der Zwergenkönig Alberich („Alfen-König").

Der Zwerg war sehr glücklich und sprach: „Ich schulde Dir viele Schätze für das Leben meines Sohnes. Wähle Dir eine Belohnung an Gold und Silber!"

„Kümmere Dich zuerst einmal um Deinen Sohn," sprach Thorsteinn, „ich habe nicht die Gewohnheit, Belohnungen für meine Stärke anzunehmen."

„Ich möchte trotzdem nicht in Deiner Schuld bleiben," sprach der Zwerg, „könntest Du nicht als Geschenk ein Hemd aus der Wolle meiner Schafe annehmen? Du wirst nie mehr ermüden und nie mehr verwundet werden, solange Du es trägst."

Thorsteinn zog das Hemd an und es paßte ihm gut, obwohl er gedacht hatte, daß es selbst für den Zwerg zu klein wäre.

Solche magischen Hemden, die unverwundbar machen, finden sich in den Sagas auch bei Hildibrand, der eines von der Seherin Hleidir erhalten hatte, und bei Ragnar Lodbröck, der sich ein solches Hemd und auch eine solche Hose selber gefertigt hat. Die bekanntes Version ist jedoch Sigurds unverletzbare hürnene Haut, die er durch das Einreiben mit Drachenblut erlangt hat.

Der Zwerg nahm einen silbernen Ring aus seiner Tasche und gab ihn Thorsteinn und bat ihn, ihn gut aufzubewahren, und erzählte ihm, daß er niemals an Schätzen Mangel haben werde, solange er diesen Ring besaß.

Dieser Ring entspricht Odins Draupnir, der ursprünglich ein Symbol der Sonne und somit auch des Tyr gewesen ist.

Dann nahm er einen schwarzen Stein und gab ihn Thorsteinn, „und wenn Du ihn in Deiner Handfläche verbirgst, kann Dich niemand sehen."

Dieser Ring ist derselbe wie der des Zwerges Elberich aus der Sage von König Ortnit. Im Nibelungen-Lied ist es ein Unsichtbarkeits-Umhang („Kappe", eigentlich „Cape"), den Siegfried von dem Zwerg Alberich erhält. Wahrscheinlich besitzt auch Frigg einen solchen Unsichtbarkeits-Umhang. Vermutlich ist die Unverwundbarkeit und die Unsichtbarkeit ursprünglich mit demselben Kleidungsstück verbunden gewesen.

„Ich habe nichts weiteres von Nutzen, das ich Dir geben könnte. Nur noch einen Stein will ich Dir zu Deinem Vergnügen geben." Er nahm einen Stein aus seiner Tasche. Zu ihm gehörte eine Stahlspitze dazu. Der Stein hatte drei Ecken. In der Mitte war er weiß, aber rot auf der gegenüberliegenden Seite und er hatte einen goldenen Ring außen herum.

Der Zwerg sprach: „Wenn Du die Spitze dort gegen den Stein stichst, wo er weiß ist, wird ein so großer Hagelsturm kommen, daß es niemand wagen wird, sich ihm entgegenzustellen. Wenn Du jedoch Schnee tauen willst, solltest Du dorthin stechen, wo er golden ist, und die Sonne wird kommen, sodaß alles fortschmelzen wird. Aber wenn ihn dort stichst, wo er rot ist, dann werden in einem Funkenregen Glutstücke aus einem Feuer kommen, die niemand ertragen kann. Du kannst auch auf was immer Du willst, mit der Spitze oder dem Stein zeigen und es wird in Deine Hand zurückkommen, wenn Du es rufst. Ich kann Dich nicht noch mehr belohnen."

Dieser dreieckige Stein erinnert an das Hrungnir-Herz, das ein weiteres Symbol der Sonne, der Seele und des Tyr gewesen ist.

Diesen letzten Zauber hat auch Thors Hammer, der nach jedem Wurf zu ihm zurückkehrt. Auch die Sonne kehrt jedesmal, wenn sie in das Jenseits fortgegangen ist, wieder zurück.

Thorsteinn dankte ihm für die Geschenke und kehrte zu seinen Männern zurück.

Die Zwerge als Totengeister und die magischen Gegenstände, die die Zwerge herstellen, sind mit dem Jenseits und somit auch mit der Riesin Hel verbunden.

I 9. p) Ynglingatal

- 22. König: Halfdan Weißbein   (43./44. Strophe) -

Ich habe gehört, / daß Halfdan,
der Friedens-Mann, / den der Skalde vermißt,
daß der Volks-König / in Thodni
von Schutz-Nauma / mitgenommen wurde

und daß alle in Skereid / in Skiringsal
über den Knochen / des Brünnen-Lärmers trauern.

- Friedens-Mann = König Halfdan
- Skalde = der Dichter des Königs Halfdan
- Thotni = Teil von Norwegen
- Schutz-Nauma = Hel
- Brünnen-Lärmer = Krieger = König

Kenning-freie Übersetzung: „*Ich habe gehört, daß der friedliche König Halfdan, der König von Thodni, den ich vermisse, von Hel mitgenommen wurde, und daß nun alle Bewohner von Skereid in Skringsal an Halfdans Grab trauern.*"

I 9. q) Gesta danorum

In der „Geschichte der Dänen" des Mönches Saxo des Schriftkundigen findet sich eine Szene, die am Jenseitstor stattfindet.

Die „Ich"-Person in dem folgenden Text ist der Mönch Saxo grammaticus, der manchmal seine Meinung zu den von ihm berichteten Ereignissen kundtut.

Während König Hadding beim Abendessen saß, sah er, wie eine Frau, die Wasserfenchel trug, neben dem Kohlenbecken ihren Kopf erhob und die Schürze ihrer Robe ausstreckte, als ob sie fragen würde: „In welchem Teil der Welt wachsen solche frischen Gewürze im Winter?"

Der König wollte es erfahren. Da hüllte sie ihren Mantel um ihn und zog ihn mit sich unter die Erde und verschwand.

Ich vermute, daß die Götter der Unterwelt wollten, daß er mit seinem lebendigen Leib auf einen Besuch in das Reich ging, in das er gehen muß, wenn er stirbt.

Da drangen sie zunächst durch eine dunkle, neblige Wolke und folgten dann einem Weg, der von seiner langen Benutzung ganz ausgetreten war.

Diese „Wolke" wurde auch schon in der Saga von Thorsteinn Hausmacht beschrieben. Sie wird manchmal auch als Nebel, Dampf u.ä. beschrieben. Diese Wahrnehmung tritt des öfteren zu Beginn einer hellsichtigen Wahrnehmung oder ein Vision auf – insbesondere dann, wenn man dabei eine Kristallkugel, einen Spiegel oder etwas ähnliches benutzt.

Möglicherweise besteht auch ein Zusammenhang zu dem Jenseitsnamen „Niflheim".

Dieses Nebel-Phänomen ist weltweit zu finden. So nannten z.B. die Tolteken und Azteken den Gott des Hellsehens „Tezcatlipoca", d.h. „Rauchender Spiegel".

Dort sahen sie einige Männer, die reiche Roben trugen, und Edle, die in Purpur gekleidet waren – an diesen gingen sie vorüber und erreichten schließlich die sonnigen Gegenden, in denen die Kräuter, die die Frau mitgebracht hatte, wuchsen.

Als sie weitergingen, kamen sie zu einem rauschenden und tosenden Fluß von bleischwarzem Wasser, das mit seiner schnellen Strömung um verschiedene Speere herumwirbelte, und durch eine Brücke passierbar gemacht wurde.

Dies ist der Jenseitsfluß „Gjallar" („Tosender"), über den die Gjallarbrücke führt. Die Frau mit dem frischen Wasserfenchel hat hier die Funktion einer Walküre.

Nachdem sie den Fluß überquert hatten, sahen sie zwei Heere, die einander mit aller Kraft und Macht bekämpften. Und als Hadding die Frau nach diesem

Geschehen befrug, antwortete sie: „Dies sind diejenigen, die, nachdem sie in der Welt durch das Schwert getötet worden sind, ihren Tod durch eine endlose Wiederholung vorführen und die Taten ihres vergangenen Lebens in einem lebendigen Schauspiel zeigen."

Man könnte auch sagen, daß diese Menschen in den Traumata ihres vergangen Lebens gefangen sind und diese heftigen Erlebnisse deshalb ständig neu inszenieren. Dies ist eine Beobachtung, die sich in vielen Visionen über das Jenseits und auch in den Erfahrungen von Menschen findet, die sich um die Geister in Spukhäusern u.ä. kümmern.

Dann kamen sie zu einer Wand, die sehr schwer zu erreichen und zu erklettern war. Die Frau versuchte sie zu überspringen, aber es gelang ihr nicht – sie konnte nicht einmal mit ihrem schlanken, dünnen Körper hinübergelangen.
Da drehte sie einem Hahn, den sie mit sich herabgenommen hatte, den Kopf ab und warf ihn über die den Weg versperrende Mauer hinüber. Auf der anderen Seite kam der Vogel sofort wieder ins Leben zurück und bekundete seine Rückkehr zum Atem durch ein lautes Krähen.
Dann wandte sich Hadding zurück und begann seinen Heimweg.

Diese Mauer ist die Grenze zwischen Diesseits und Jenseits: Das, was im Diesseits gestorben ist, erwacht im Jenseits wieder zum Leben.
Hadding ist eine Saga-Variante des Tyr (siehe auch „Hadding" in Band 39). Die Inspiration zu dieser Jenseitsreisen-Schilderung ist daher vermutlich die nächtliche bzw. winterliche Jenseitsreise des Tyr gewesen.

I 9. r) Sonnenlied

In diesem Lied wird eine visionäre Reise durch die Unterwelt beschrieben. Solche visionären Darstellungen waren um 1200 n.Chr. auch im Christentum weit verbreitet. Inwieweit sie Berichte von tatsächlichen Visionen und „Traumreisen" sind und inwieweit sie lediglich traditionelle Themen und Weltanschauungen sind, die in der Form von Visionen dargestellt werden, läßt sich meist nicht sicher entscheiden.

Gut und Leben raubte lang allen Lebenden
Jener grimme Greis:
Über die Wegscheide, die er bewachte,
Konnte keiner lebend kommen.

Der „grimme Greis" ist Odin als Jenseitsführer, der hier zum Jenseitswächter geworden ist.

Die „Wegscheide" (Weggabelung) wird der Eingang zum jenseits sein, an dem hier offenbar entschieden, wohin der Tote gehen muß – nach Gimli zu den Lichtalfen im Himmel oder zur Hel unter der Erde zu den Schwarzalfen.

Einsam immer saß er und aß,
Lud nie den Mann zum Mahl,
Bis müd und matt und unvermögend
Jetzt ein Gast die Gasse gegangen kam.

Des Tranks bedürftig beteuerte sich der Fremdling
Und heißen Hunger zu haben;
Mit verzagtem Herzen zeigt er Vertrauen
Zu dem übel gearteten.

Trank und Speise spendet er dem Müden
Gern aus ganzem Herzen,
Gedachte Gottes und gab dem Bedürftigen,
Weil er sich verworfen wußte.

Auf stand jener mit üblem Vorsatz;
Nicht bedurfte der Wandrer der Wohltat.
Die Sünde schwoll: im Schlaf ermordet er,
Wie weise er war, den Reuigen.

Den Gott im Himmel um Hilfe flehte der
Als er verwundet erwachte;
Aber der andere nahm seine Sünden auf sich,
Der ihn schuldlos erschlug.

Odin wird hier als ein Mörder beschrieben.
Im dem nächsten Zeilen wechselt der Dichter in die christliche Bilderwelt.

Heilige Engel schwebten vom Himmel hernieder
Und bargen seine Seele:
Ein lauteres Leben lebt sie ewig
Bei Gott dem Allgütigen.

Besitz und Gesundheit sind keinem sicher,
Wie gut es ihm ergehe.
Oft verderbt uns, woran wir am wenigsten dachten;
Niemand setzt sich selbst sein Schicksal.

Nicht versahen sich's Säwaldi und Unnar,
Daß ihr Glück so bald zerbräche;
Doch mußten sie nackt, da nichts ihnen blieb,
Wie Wölfe fliehen zum Walde.

Das ungewisse Schicksal ist auch ein germanisches Motiv, mit dem die Nornen und die Walküren eng verbunden sind.

Wer Säwaldi („Siegherrscher") und Unnar („Wogenheer") sind, ist unklar. Evtl. sind Sigmund und Sinfiötli aus der Völsungen-Sage gemeint, die als Wölfe („Ulfhedinn") im Wildwald lebten.

Zum Fall hat viele die Liebe geführt;
Viel Schmerzen schufen die Frauen:
Mein befleckte manche, die der mächtige Gott
Doch so schön geschaffen.

„Mein" (germanische: „meinar") bedeutet „Falschheit". Dies Wort ist im heutigen Deutsch nur noch in „Meineid" (wissentlich falscher Eid) erhalten geblieben.

Schwertbrüder waren Swafudr und Swarthedin,
Mochten nicht ohn einander sein.
Eines Weibes wegen wurden sie sich feind:
Die stand ihnen zum Sturz bestimmt.

Alles vergaßen sie über dem Glanz der Schönen,
Scherz und schöne Tage,
Sie schlugen alles sich aus dem Sinn
Bis auf der Lieben lichten Leib.

Da wurden ihnen düster die dunkeln Nächte,
Sie schliefen den süßen Schlaf nicht mehr.
Aus diesem Harme erwuchs der Haß
Zwischen Bundesbrüdern.

Allzuoft wird Unenthaltsamkeit
Grimmig vergolten,
Den Holmgang gingen sie um das holde Weib
Und lagen beid im Blute.

Mit den beiden Schwertbrüdern sind evtl. Hedin (Tyr) und Högni (Loki) gemeint, die wegen einer Frau (Freya) einen endlosen Krieg führten, da die am Tag gefallenen Krieger in der Nacht von Freya wieder zum Leben erweckt wurden.
Ein „Holmgang" ist ein Zweikampf.
Der folgenden Verse sind wieder christlich.

Übermutes soll sich keiner vermessen:
Des ward ich wohl gewahr,
Denn abgefallen sind die meisten
Von Gott, die sich ihm ergaben.

Reich und mächtig waren Rädey und Webogi,
Lustig zu leben allein bedacht;
Von Feuer zu Feuer nun sieht man sie fahren,
Die schnöden Geschwüre zu bähen.

Die hier genannten Feuer der Qual sind vermutlich durch eine Umdeutung der Feuer der Brandbestattung entstanden.

Sie hofften nur auf sich und dauchten sich hoch
Über alle Sterblichen;
Aber den Lauf wies ihrem Lose
Anders der Allmächtige.

Sie lebten nach Lust und Laune dahin
Und sparten im Spiele das Gold nicht:
Das büßen nun beide, da sie bettelnd wechseln
Zwischen Frost und Feuer.

Hier erscheint noch einmal das ältere germanische Bild des eisigen Niflheim-Jenseits im Hohen Norden.
Das Bild der beiden Körperseiten, von denen die eine der Kälte und die andere der Hitze ausgesetzt ist, findet sich auch als Fluch der Freya-Hild in der Illugi-Saga: *„Dies Feuer wird Tag und Nacht brennen und Du wirst auf der einen Seite verbrennen, aber auf der anderen Seite frieren und dies Feuer wird Dir niemals Ruhe*

gönnen." (siehe „Grid in Band 28)

Auch der Jungbrunnen im Wolfdietrich-Lied ist halb kalt und halb warm (siehe Abschnitt „18. e)" in diesem Buch).

Dieser Gegensatz von Hitze und Kälte ist ein allgemeines Problem, wenn man im Winter im Freien an einem Feuer übernachtet – und die Hel ist offenbar nicht gemütlicher als der Winter im Diesseits.

Dem Abgünstigen traue nicht allzuviel
Wie süß er redt und raune.
Heuchl ihm Freundschaft: fremden Trug
Lassen wir weislich uns warnen.

So erging es Sörli dem guten,
Als er sich in Wigolfs Gewalt gab:
Er traut ihm treulich; doch jener trog ihn,
Der seinen Bruder erschlagen.

Er gewährt ihnen Frieden als war es von Herzen;
Man verhieß ihm Gold dagegen.
Sie schienen versöhnt beim süßen Met;
Noch kam der Falsch nicht zum Vorschein.

Aber darauf am andern Tag
Als sie Rygiartal erritten,
Mit Schwertern erschlugen sie den Schuldlosen
Und ließen sein Leben schwinden.

Die Hülle trugen sie auf heimlichen Wegen
Und bargen im Brunnen die Stücken.
Sie wollten es hehlen: der Herr aber sah's,
Der heilige, himmelhernieder.

Die Seele lud er, der süße Gott,
In seine Freuden zu fahren;
Doch mag er wohl säumig die Mordgesellen
Ihres langen Leids erledigen.

Der Dichter dieses Liedes benutzt die verschiedensten germanischen Sagas, um die Folgen eines unchristlichen Verhaltens, das in vielen Fällen auch nicht den germanischen Ansichten über ein gutes Leben entspricht, darzustellen.

Die Disen bitte, die Bräute des Himmels,
Dir holdes Herz zu hegen:
Deinen Wünschen werden sie in kommenden Wochen
Alles zu Liebe lenken.

Die „Disen" sind Göttinnen, die in etwa den Nornen und den Walküren entsprechen. Ihre Bezeichnung als „Bräute des Himmels" ist vermutlich eine doppelte Anspielung auf die germanischen Walküren und auf die christlichen Engel, die beide mithilfe ihrer Flügel fliegen können.

Die folgenden Strophen sind Weisheitssprüche wie im Havamal, die z.T. christlich umformuliert worden sind.

Das Werk des Unmuts, das auf Dir lastet,
Büße nicht Böses häufend,
Liebestat versöhne den Schwerverletzten:
Das, sagt man, frommt der Seele.

Um Gnadengaben flehe zu Gott,
Dem mächtigen, der uns Menschen schuf
Übels viel befährt der Mann,
Der seinen Vater versäumt.

„Versäumen" bedeutet hier das Unterlassen von Hilfe.

Mit brünstigem Flehn erbitte Dir
Wes Du Dich bedürftig dünkst.
Wer nichts erbittet dem bietet man nichts:
Wer erkennt des Schweigenden Mangel?

Spät komme ich gefahren, frühe beschieden
Vor des Fürsten Türe.
Da erhoff ich, was mir verheißen ist:
Kost erlangt wer verlangt.

Die Sünden sind schuld, daß wir trauernd scheiden
Aus dieser Welt des Wehs.
Niemand fürchte sich, der nichts verbrach:
Ein reines Herz errettet.

Wolfsgestalt gewinnen alle,
Die wandelbaren Sinnes sind.
Das erfährt wohl jeder, der fahren soll
Über feuriger Flammen Glut.

Diese letzte Strophe ist interessant, da hier die sündigen Toten die Gestalt von Wölfen erhalten – evtl. ist hier das Bild des Fenris-Wolfes umgedeutet worden.

Das Feuer ist hier noch das Bestattungsfeuer, dessen mythologische Variante die Waberlohe ist.

Die folgenden Strophen werden deutlich persönlicher: Der Dichter berichtet von seinen eigenen Erfahrungen im Leben.

Freundlichen Rat und weise geflochtnen
Sagt ich Dir siebenfach:
Vernimm ihn wohl und vergiß ihn nie,
Er ist wohl wert zu wissen.

Erst will ich Dir sagen wie selig ich war
In dieser Welt des Wehs.
Das ist das andre: daß alle Menschen
Wider Willen Leichen werden.

Wollust und Stolz betrügt die Sterblichen,
Daß sie nach Schätzen schielen.
Zu langem Leide wird das lichte Gold;
Manchen betören Taler.

Munter meist erschien ich den Menschen,
Denn wenig wußt ich voraus:
Die zeitliche Welt hat wollustreich
Der Schöpfer geschaffen.

Mit Neigen saß ich und nickte lange;
Doch groß war die Lust zu leben.
Aber des Waltenden Willen entschied,
Zum Tode führen Wege viel.

Die Tage der Krankheit fühlt ich unsanft
Mir um die Hüfte geheftet;
Zerreißen wollt ich sie; aber sie waren stärker:
Leichter geht sich's lose.

Allein wußt ich, wie überall
Mir die Schmerzen schwollen.
Heim luden mich der Hel Töchter
Graunvoll alle Abend.

Die „Töchter der Hel", die den Dichter jeden Abend zu sich luden, sind vermutlich die Walküren, die u.a. auch eine vervielfältigte Erscheinungsform der Jenseitsgöttin sind. Daher ist die Bezeichnung der Walküren als „Töchter der Hölle", also als „Töchter der Hel" durchaus zutreffend.

Mit der nächsten Strophe beginnt die eigentliche Sonnen-Vision.

Die Sonne sah ich, das schöne Tagsgestirn,
Sinken in die Welt des Schreiens,
Und der Hölle Gitter hört ich mir zur Linken
Schaurig erschallen.

Der Sonnenuntergang als Gleichnis für den Tod, d.h. für den Eintritt in die Unterwelt, ist eine der wichtigsten Analogien in so gut wie jeder Mythologie.

Das Gitter an dem Tor zu der Höhle der Hel scheint ein fester Bestandteil der germanischen Jenseitsvorstellungen gewesen zu sein.

Die Sonne sah ich blutrot scheinen,
Wie ich von der Welt mich wandte;
Doch heller schien sie mir und herrlicher
Als ich sie noch je gesehen.

Die blutrote Farbe der Sonne wird zum einen einfach eine Naturbeobachtung sein (die Sonne ist kurz über dem Horizont rot und nicht gelb), aber zum anderen wird das „Blut" auch ein Hinweis auf den Tod sein.

Das „sich von der Welt wenden" ist eine Umschreibung für das Betreten des Totenreiches.

Es ist in Visionen der Sonne ein häufiges Phänomen, daß sie innerlich noch intensiver wahrgenommen wird als äußerlich. Dies Detail spricht dafür, daß der Dichter zumindestens in diesem Teil des Sonnenliedes von echten Vision berichtet.

Die Sonne sah ich, sie war so schön,
Als sah ich Gott den Schöpfer selbst.
Ich neigte der herrlichen heut zum letzten Mal
In dieser Welt des Wehs.

Der Vergleich des obersten Gottes (bei den Germanen also des Göttervaters Odin/Tyr und bei den Christen Gott Vaters) mit der Sonne ist ein weltweit verbreitetes mythologisches Motiv.

Die Sonne sah ich, so war ihr Glanz,
Daß sonst mir nichts bewußt mehr war.
Die Höllenflüsse hallten zur Linken mir
Gemischt mit manches Menschen Blut.

Es ist interessant, daß der Höllenfluß „zur Linken" liegt: In den Mythen der Germanen führt die Reise ins Jenseits entweder nach Osten oder nach Norden. Im Baldur-Mythos reitet Hermod nach dem Überqueren des Jenseitsflusses weiter nach Norden. Wenn er nach Osten hin losgeritten sein sollte, würde er nach dem Überqueren der Gjallarbrücke dem Rat der Modgud zufolge nach Norden, d.h. nach links hin abgebogen sein, wodurch der Gjallar dann zu Hermods Linken läge.

Allerdings hört der Dichter in seiner Vision auch der Hölle Gitter zu seiner Linken erschallen, wofür es keine solche Erklärung wie für den Gjallar zur Linken des Hermodr gibt.

Die Sonne sah ich bebenden Angesichts,
Der Schrecken voll und Schmerzen,
Denn mein Herz, das hart bedrängte,
Zerging in Angst und Ohnmacht.

Die Sonne sah ich noch selten verzagter;
Ich war der Welt schier halb entwandt;
Die Zunge stand mir starr im Munde,
So fühlt ich sie von Frost erfaßt.

Die Sonne sollt ich nicht wiedersehn
Nach jenem trüben Tage;
Der blaue Himmel verbarg sich mir,
In Schmerzen entschwand die Besinnung.

Dies könnte eine Beschreibung seines Todes sein, wobei man davon ausgehen muß, daß er seinen Tod in seiner Vision vorhergesehen hat, denn wenn er wirklich gestorben wäre, hätte er diese Verse nicht mehr verfassen können – es sei denn, der Tote wäre in einer Vision dem Dichter erschienen, wofür es hier keinen Hinweis gibt.

Der Stern der Hoffnung in der Stunde der Neugeburt
Entflog der bangen Brust.
Er schwang sich hoch empor und setzte sich nirgends,
Daß er zur Ruhe kommen konnte.

Der „Stern der Hoffnung" ist die Seele („Astralkörper"), die beim Tod den materiellen Körper verläßt. Die Neugeburt scheint direkt auf den Tod zu folgen – das ausgesprochen unchristliche Motiv der Wiederzeugung ist hier ausgelassen worden. Die „Neugeburt" scheint eher eine Umschreibung für die Ankunft im Jenseits zu sein als die Vorstellung, daß es eine tatsächliche Wiedergeburt durch eine Göttin im Jenseits gibt.

Die folgenden Strophen sind wieder ein Bericht über die Erinnerungen des Dichters an seinen visionär erlebten Tod sowie die Einsichten, die ihm dabei gekommen sind.

Aber am ängstlichsten war mir die eine Nacht,
Wo ich starr lag auf dem Stroh:
Da verstand ich erst ganz das göttliche Wort:
Vom Staube stammen die Sterblichen.

Das wiss' und erwäge der waltende Gott,
Der die Welt und den Himmel wirkte,
Wie einsam wir beim Abschied bleiben,
Zählten wir gleich der Freunde viel.

Seiner Taten Frucht empfängt ein jeder:
Selig wer da wohl gewirkt!
Ich schatzentblößter kam auf ein Bett
Von schierem Sande zu liegen.

Der Haut zu pflegen vergißt man der Pflicht:
Dies dünkt das erste Bedürfnis;
Doch mir verleidete sich die Lauge solchen Bads
Über alle Maßen.

Nun folgten wieder Strophen, die entweder eine Vision oder die damaligen Jenseitsvorstellungen beschreiben.

Auf der Nornen Stuhl saß ich neun Tage,
Ward dann auf den Hengst gehoben.
Schauerlich schien die Sonne der Riesin
Aus Nacht und Nebel nieder.

Die Nornen und ihr Seherinnen-Stuhl befinden sich deshalb im Jenseits, weil sie eng mit Hel verwandt sind. Die Neunzahl der Tage, die der Dichter auf dem Stuhl der Nornen saß, sind wohl lediglich ein Hinweis darauf, daß sich dieser Stuhl im Jenseits befand. Dieser Stuhl wird dem Stuhl Hlidskialf des Odin identisch sein, von dem aus er alle Dinge in der Welt sehen kann. Man kann dieser Seherinnen-Stuhl sicherlich auch als den „Thron der Hel" auffassen.

Der Hengst könnte Sleipnir sein. Auf den Runensteinen reiten die Toten oft auf einem Pferd ins Jenseits. Den Toten wurde oft auch ihr Roß mit ins Grab gegeben – so wie dies auch in der Baldur-Mythe beschrieben wird. Eigentlich ist diese Szene hier nicht am richtigen Platz, da sie im Zusammenhang mit der Reise ins Jenseits steht.

Mit diesem Hengst könnte jedoch auch Helhest, das dreibeinige Pferd der Hel gemeint sein.

Der Ausdruck „Sonne der Riesin" soll wohl „Sonne im Reich der Hel" bedeuten.

Innen und außen wähnt ich alle sieben
Unterwelten zu durchwandern:
Auf und nieder sucht ich ängstlich den Weg,
Der leidlicher zu wandern wäre.

Die Siebenzahl der Unterwelten stammt vermutlich von den sieben Planeten, die eine Vorstellung aus dem Mittelmeerraum gewesen ist.

Nun ist zu sagen, was ich zuerst ersah,
Als ich zu den Qualorten kam:
Versengte Vögel, die Seelen waren,
Flogen wie Fliegen umher.

Hier wird sehr deutlich ausgesprochen, daß die Seelen die Gestalt von Vögeln hatten. Dieses Motiv ist der Ursprung von Frigg/Freyas Falkenhemd, von der Adlergestalt des Göttervaters (Odin; Thiazi = Tyr) und von den Schwanenhemden der Walküren.

Es folgt nun eine „Jenseitsgeographie":

Von Westen drangen die Drachen des Wahns
Und bedeckten die glühenden Gassen.
Sie schlugen die Schwingen als sollte der Himmel
Bersten und die Erde.

Hier sind die Totengeister in Schlangengestalt zu Plagegeistern der Toten umgedeutet worden. Der besondere Bewußtseinszustand der Schamanen, die ins Jenseits reisen und dabei wie Odin auf seiner Reise in das Hügelgrab zu Gunnlöd die Gestalt einer Schlange annehmen, ist hier bereits zu „Drachen des Wahns" umgedeutet worden.

Der Westen ist der Ort des Sonnenunterganges und somit des Einganges in die Unterwelt und des „Todes der Sonne".

Den Sonnenhirsch sah ich von Süden kommen
Von zwein am Zaum geleitet;
Auf dem Felde standen seine Füße,
Die Hörner hob er zum Himmel.

Der Süden wurde mit dem Muspelheim des Göttervaters und mit den Alfen im Himmelsjenseits assoziiert. Die Hirsche waren ein Opfertier bei Bestattungsritualen und auch im Kult des Tyr – und somit auch die Gestalt des Tyr bei seiner Wiederzeugung.

Zumindestens bei den Kelten, die nahe Verwandte und die direkten Nachbarn der Germanen waren, wurden auch die Ritualwagen, auf denen der Met in einem großen Kessel transportiert wurde, oft von zahmen Hirschen gezogen. Es wäre somit denkbar, daß die Hirsche hier die Boten des ehemaligen Sonnengott-Göttervaters Tyr sind – zumal die Sonne, denen der Göttervater verglichen wurde, im Süden am höchsten steht und die größte Kraft hat.

Von Norden ritten der Nüchternheit Söhne;
Ihrer sieben sah ich.
Volle Hörner hoben sie des herrlichen Mets
Aus des guten Gottes Brunnen.

Die „Söhne der Nüchternheit" stehen im Gegensatz zu den „Drachen des Wahns". Sie bringen den Göttermet aus dem „Brunnen des guten Gottes", womit Heimdall oder Mimir gemeint sein könnte, dessen Brunnen auch als Quelle des Göttermets angesehen wurde. Ihre Siebenzahl entspricht wohl wieder den Planeten.

Leider fehlt eine entsprechende Strophe für den Osten. Aus diesen drei Beschreibungen der Qualitäten der Himmelsrichtungen ergibt sich folgendes Mandala des Reiches der Hel, in dem der Osten leider teilweise unbekannt ist.

Die Gestalt im Osten könnte evtl. der Riese „Hräsvelgr" („Leichenverschlinger") sein, der in Adlergestalt am Rand der Erde mit seinen Schwingen den Wind erzeugt. Seine Adlergestalt zeigt, daß er der Göttervater sein muß – auch der Riese Hymir, der Vater des Tyr ist, wohnt am Rand der Erde. Da der Adler-Seelenvogel des Göttervaters mit der Wiedergeburt verbunden ist (wie u.a. Odins Rückkehr in Adlergestalt von Gunnlöd zeigt) und die Wiedergeburt dem Sonnenaufgang gleichgesetzt wurde, liegt es nahe, im Osten den Adler zu vermuten.

Das Mandala des Reiches der Hel				
Richtung	*Osten*	*Süden*	*Westen*	*Norden*
Sonne	Aufgang	Hochstand	Untergang	- - -
Tag	Morgen	Mittag	Abend	Nacht
Leben	Geburt	Leben	Tod	Jenseits
Göttervater	Wiedergeburt	Diesseits	Tod	Jenseits
Odin	Fallen vom Baum	Göttervater	Hängen am Baum	Schamane
Tyr	Rückkehr des Schwertes	Schwertgott Tyr	Schwert zerbricht	Neuschmieden des Schwertes; der Riese Hymir/Thiazi/ Mimir
Sonnenlied: Wesen	(der Adler-Riese Hraesvelgr?)	von zweien am Zaum geleiteter Sonnenhirsch	Drachen des Wahns	sieben Söhne der Nüchternheit
Sonnenlied: Essenz	(Wind?)	Hufe auf der Erde, Hörner im Himmel	Gassen mit Feuer	Hörner voll Met

Die folgende detaillierte Aufzählung der „Qualorte" in der Halle der Hel, die hier schon zur Hölle geworden ist, stammt vermutlich aus den christlichen Jenseitsvorstellungen.

Der Wind schwieg, die Wasser stockten:
Da hört ich kläglichen Klang.
Aus allen Kräften eifrige Weiber
Mahlten den Müll zum Mahl.

Möglicherweise gab es in der letzten Zeile eine Assoziation zu Frigg-Fenja und zu Freya-Menja, die im Hügelgrab auf einer magischen Mühle Mehl, Salz und Gold mahlen.

Triefende Steine sah ich die traurigen Weiber
Übel handhaben;
Blutige Herzen hingen von ihren Brüsten
Zu langem Leide nieder.

Viel Männer sah ich matt von Wunden
Auf den glühenden Gassen.
Ihr Angesicht dauchte mich immerdar
Rot von rauchendem Blut.

Viele sah ich der Erde befohlen
Ohne das letzte Geleit;
Heidnische Sterne umstanden ihr Haupt
Von Todesstäben getroffen.

Manche sah ich da, die der Mißgunst sich
Um anderer Glück ergeben,
Blutge Runen standen auf ihrer Brust
Vermerkt des meinethalben.

Manchen sah ich da, der weglos mußte
In der Öde traurig irren.
Der Lohn wird dem, der dieser Welt
Eitelkeit sich äffen läßt.

Männer sah ich da, die manches Stück
Von andrer Gut sich angeeignet;
In Scharen gingen sie zu Schatzliebs Burg
Und schleppten Bürden von Blei.

Männer sah ich da, die manchen hatten
Entleibt dem Gut zuliebe;
Die Brust durchbohrten den Bösewichtern
Grimme Giftdrachen.

Männer sah ich da, die es missen wollten,
Die heiligen Tage zu halten;
Ihre Hände waren an heiße Steine
Notfest genagelt.

109

Männer sah ich da, die mehr als billig
Der Hochmut höhnte.
Ihr Gewand war wunderbar
Übergossen mit Blut.

Männer sah ich da, die manch Wort hatten
Auf andre Leute gelogen:
Ihren Häuptern hackten die Höllenraben
Eifrig die Augen aus.

Alle Schrecken mag einer nicht wissen,
Die die Höllenkinder quälen.
Süße Sünden werden schwer gebüßt;
Hochmut kommt vor dem Fall.

Nun folgt die Beschreibung der Gegenstücke zu den „Qualorten" der Sünder: das „Paradies". Diese Szenerie ist nun deutlich christlich geprägt und erinnert überhaupt nicht mehr an das Krieger-Walhalla des Odin.

Männer sah ich da, die manchen Schatz
Gott zuliebe gegeben:
Himmlische Kerzen über ihren Häuptern
Brannten lichterloh.

Männer sah ich da, die großmütig
Den Armen geholfen hatten:
Heilige Bücher lasen die Himmlischen
Über ihren Häuptern.

Männer sah ich da, die sich gemartert
Hatten viel mit Fasten.
Ihnen neigten die Engel Gottes:
Das ist süße Seligkeit.

Männer sah ich da, die ihrer Mutter
Das Mahl zum Mund geführt.
In Himmelsstrahlen standen ihnen
Die Betten gebreitet.

Himmlische Mädchen wuschen ihnen
Die Seele rein von Sünden,
Die freiwillig mit keuschem Fasten
Sich manchen Tag gemartert.

Himmlische Wagen sah ich zum Himmel fahren
Empor die göttlichen Gassen.
Männer lenkten sie, die unter Mörderhand
Ledig sanken aller Schuld.

Allmächtiger Vater, gleichmächtiger Sohn,
Heiliger Geist des Himmels,
Dich bitt ich, nimm die Du erschaffen hast
Uns aus dem Elend alle.

   Die christliche Dreieinigkeit hat einige Ähnlichkeit mit Odin als „Har" („Hoch"),
„Jafnhar" („Ebensohoch") und „Thridi" („Dritter").

Beugwör und Listwör sitzen vor des Hirten Tor
Auf dem Orgelstuhl,
Flüssiges Eisen entfließt ihren Nasen;
So weckten sie Haß und Wut.

   Dies ist wohl eine Nachlese zu den „Qualorten".

Frigg, Odins Frau, fährt auf der Erde Schiff
Zu der Wollust Wonne,
Ihre Segel senkt sie spät,
Die an harten Tauen hangen.

   Da Odin als der „grimme Greis" in den ersten Zeilen dieses Liedes als Mörder
geschildert wird und auch die Wollust als eine Ursache des Übels angesehen wird, ist
wohl auch Friggs Beschreibung als „Göttin der Wollust" so aufzufassen, daß sie die
Verführerin der Menschen zu einem unkeuschen Leben ist – eine Umdeutung der
Wiederzeugung der Toten mit Frigg-Freya im Jenseits …

Erbe, Dein Vater allein verhalf Dir
Mit Solkatlis Söhnen
Zu des Hirschen Horn, das aus dem Hügel nahm
Der weise Wigdwalin.

Das sind die Runen, die da ritzten
Niörds Töchter neun,
Radwör die älteste und Kreppwör die jüngste,
Mit ihrer Schwestern sieben.

Welche Gewalttaten wirkten nicht
Swaf und Swaflogi!
Blut weckten sie, Wunden sogen sie
Tödliche, bitterböse.

Dies sind wieder Anspielungen auf verschiedene Sagas.

Dieses Lied, das ich Dich lehrte,
Sollst Du vor dem Volke singen:
Das Sonnenlied wird selten wohl
Den Leuten zu lügen scheinen.

Diese Strophe erinnert an die Strophe aus Odins Runenlied aus dem Havamal über die Man-Rune: „*Ein fünfzehntes weiß ich, daß Volkrast der Zwerg sang vor den Toren des Tages: den Asen zur Stärke, den Alben zur Kraft, dem Odin zur hohen Weisheit.*" Dieses Sonnenlied wurde „vor den Toren des Tages", d.h. kurz vor Sonnenaufgang gesungen.

Die Anrufung der Sonne und somit des Göttervaters am Morgen bei Sonnenaufgang ist eine allgemein indogermanische Tradition, die sich von den Indern über die Perser und die Hethiter bis hin zu den Kelten bei fast allen Indogermanen findet. Diese lange Tradition und diese große Wichtigkeit erklärt auch die hohe Meinung, die der Dichter über dieses Lied hat.

Da dieses Lied aufgrund der Sonnensymbolik auch eine Anrufung des Göttervaters gewesen ist, konnte es ohne große Mühe von den christlichen Kelten, Franz von Assisi und anderen auch zu einem Sonnengesang an Gott Vater umgedeutet worden.

Hier laß uns scheiden; am schönen Tag
Finden wir uns wieder.
Gebe Gott den Begrabnen Ruhe
Und verleihe den Lebenden Frieden.

Tröstliche Lehre ward Dir im Traum gesungen
Und Wahrheit ward Dir enthüllt.
Von allen Lebenden war niemand so gelehrt,
Daß er das Sonnenlied singen hörte.

Hier wird nun deutlich, daß der Dichter die Dinge, die er beschrieben hat, „im Traum", d.h. in einer Vision gesehen hat.

I 9. s) Die Saga über Eirek den Weitfahrenden

Diese Saga ist die ausführlichste Beschreibung einer Jenseitsreise, die von den Germanen bekannt ist. Sie ist zwar keine Mythe mehr und schon gar keine Beschreibung einer Vision, sondern eben eine Heldensage, aber in ihr werden sehr viele Vorstellungen der Germanen über das Jenseits beschrieben.

Thrand ist der Name des ersten Königs, der je über Throndheim herrschte. Er hatte einen Sohn, der wurde Eirek genannt wurde, ein Mann, der schon in seiner Jugend sehr beliebt gewesen ist. Er hatte einen starken Körper, war mutig und in allen Dingen hervorragend und er wuchs zu einer stattlichen Größe auf.
Es wird erzählt, daß Eirek an einem Julabend den Eid ablegte, durch die ganze Welt zu reisen, um den Ort zu finden, den die Heiden „Das todlose Feld" und die Christen „Das Land der Lebenden" oder Paradies nennen. Dieser Schwur wurde in ganz Norwegen berühmt.

Es war bei den Germanen die Sitte, am Julabend Schwüre für das abzulegen, was sie zu tun vorhatten. Die heutigen guten Vorsätze in der Sylvesternacht sind ein Überbleibsel von diesem Brauch.

... ...

Eirek frug den König der Griechen: „Wo ist der Ort, der 'das todlose Feld' genannt wird?"
Er antwortete: „Wir nennen es das Paradies oder das 'Land der Lebenden'."
Eirek frug: „Wo liegt es?"
Der König sprach: „Dieses Land liegt östlich des fernsten Indiens."
Eirek frug: „Kann ich dort hingelangen?"
„Darüber weiß ich nichts," sprach da der König, „Eine Wand aus Feuer steht davor, die bis zum Himmel hinaufreicht."

Diese Waberlohe gehörte offensichtlich fest zu den Vorstellungen der Germanen über den Weg, der ins Jenseits führte.

... ...

113

Und nachdem sie vierundvierzig Meilen durch die Landschaften Indiens gereist wa-
ren, kamen sie schließlich zu dunklen Gegenden, in denen sie am Tag die Sterne des
Himmels so klar sehen konnten als ob es tiefe Nacht wäre. Überall in diesem Land
lagen große Klumpen aus Gold. Sie sahen noch viele weitere Wunder in diesem Land.

Und nachdem sie eine lange Zeit durch dichte Wälder gewandert waren, deren
Bäume unvorstellbar hoch waren, kamen sie schließlich wieder aus dem Wald heraus.
Da wurde es wieder strahlend hell und sie sahen vor sich einen großen Fluß. Über
ihn führte ein steinerne Brücke hinüber. Am anderen Ufer sahen sie ein wunderschö-
nes Land mit hohen Blumen und Honig im Überfluß, und von dort drüben wehte ein
süßer Duft zu ihnen herüber. Diese Landschaft war angenehm zu betrachten. Sie sa-
hen weder Hügel noch Anhöhen noch Berge in diesem Land.

Nach der Waberlohe erscheinen in dieser Saga drei weitere germanische Jenseits-
weg-Bilder: 1. der dichte Wald, der in anderen Texten „Myrkwiduz" („Mirkwood,
Düsterwald") genannt wird, 2. die Dunkelheit und 3. die Brücke, die aus der Edda als
„Gjallrbru", also „Brücke über den Fluß mit dem Namen 'Tosender'" genannt wird.

Eirek erkannte, daß dies das Land sein mußte, von dem der König der Griechen ge-
sprochen hatte. Es wurde ihm langsam deutlich, daß dies der Fluß Phison sein mußte,
der aus dem Paradies herausfloß. Aber als sie sich der Brücke näherten, sahen sie
dort einen schrecklichen Drachen mit weit aufgerissenem Maul liegen, der ein fürch-
terliches Gebrüll ausstieß.

In dieser Geschichte liegt der Drache genau auf der Grenze zwischen dem Diesseits
und dem Jenseits, die er als Schlange miteinander verbindet.

Da ging Eirek auf den Drachen zu, denn er war entschlossen vor, irgendwie über
den Fluß hinüber zu gelangen. Als aber Eirek der Däne dies sah, rief er seinem Na-
mensvetter zu, daß er hierbleiben solle, denn sonst würde der Drache ihn im Nu ver-
schlingen.
Aber Eirek der Norweger sagte, daß er sich nicht vor dem Drachen fürchten wolle
und daß er sich von dem Drache nicht von seiner Suche abhalten lasse. Eirek der
Däne sprach: „Ich bitte Dich, bester Freund, wirf Dein Leben nicht fort; komm statt-
dessen lieber mit uns zurück, denn Du wirst mit Sicherheit sterben, wenn Du weiter-
gehst!"
Eirek antwortete, daß er nicht umkehren werde, und sie beiden wünschten sich ge-
genseitig viel Glück. Eirek der Norweger zog nun sein Schwert und nahm es fest in
seine rechte Hand, während er mit seiner linken Hand einen seiner Begleiter ergriff.
Sie liefen los und sprangen in das Maul des Drachen und es sah für Eirek den Dänen
so aus, als ob der Drache beide verschluckt hätte.

Er ging mit seinen Begleitern fort und nahm den Weg, den sie gekommen waren und nach vielen Jahren kam er zurück in sein Heimatland. Dort berichtete er was das Letzte gewesen war, was er von Eirek dem Norweger gesehen hatte und was ihm geschehen war – so wie er es wahrgenommen hatte. Dieser Mann wurde wegen seiner fernen Fahrten berühmt und er galt als großartiger Mann – und das ist das Ende seiner Geschichte.

Als aber Eirek der Norweger und sein Begleiter in das Maul des Drachen gesprungen waren, schien es ihnen, als ob sie durch Rauch waten würden. Als sie schließlich aus dem Rauch herauskamen, sahen sie ein Land, das satt und glänzend wie Satin aussah, voller süßer Düfte und hoher Blumen; Flüsse von Honig flossen in jeder Richtung durch das Land.

Dieses Land war weit und flach. Dort schien ohne Unterbrechung die Sonne, sodaß es niemals dunkel wurde und nichts warf dort einen Schatten. Die Luft war kühl, aber nur ein leiser Hauch wehte über das Land und sie rochen den süßen Duft noch mehr als zuvor.

In diesem Teil der Saga erscheinen drei weitere germanische Jenseitsweg-Bilder: 1. der Drache, 2. das Feuer (Rauch) und 3. der Met (Honig). Das Rauch und somit auch das Feuer befinden sich in dem Drachen – hier beginnt sich das Motiv des Drachen als Jenseitsweg mit dem Motiv des Feuers als Jenseitstor zu dem feuerspeienden Drachen zu verbinden.

Vermutlich war auch die ewig scheinende Sonne und die fehlenden Schatten ein damals bekanntes Merkmal des Jenseits – vielleicht war es eine Erinnerung daran, daß früher einmal der Sonnengott-Göttervater Tyr auch der Gott des Jenseits gewesen ist.

Es ist auch ein markantes Phänomen auf Traumreisen und in Visionen, daß es dort keine Schatten, sondern nur ein diffuses Licht ohne erkennbare Quelle gibt, das alles erleuchtet. Dieses Merkmal des „todlosen Landes" könnte daher durchaus aus konkreten Visions-Erfahrungen stammen.

Sie gingen eine lange Zeit und frugen sich, ob sie wohl irgendwelche Behausungen oder bewohnte Gegenden sehen würden oder wie weit sich das Land wohl erstrecken würde.

Da sahen sie etwas, das zu ihrer größten Verwunderung so aussah wie eine Säule, die mitten in der Luft schwebte, obwohl sie von nichts gestützt wurde. Als sie näherkamen, sahen sie, daß es ein Turm war, der ganz ohne Stützen im Himmel hing. An der Südseite des Turmes stand eine Leiter. Sie waren tief erstaunt über die große Macht, die dies möglich gemacht hatte. Dies erschien ihnen alles sehr seltsam.

Sie stiegen die Leiter in den Turm hinauf. Sie sahen, daß er mit dem schönste Samt und dem wertvollsten Satin aufs üppigste ausgekleidet war. In dem Turm stand ein Tisch, der aufs Schönste gedeckt war, und auf ihm stand eine silberne Schale. Auf ihm lagen die erlesensten Leckereien und es war mit süßem Brot beladen. Auf ihm stand auch ein Krug, der mit Gold und Edelsteinen verziert war. Daneben stand ein mit Wein gefüllter Kelch. In dem Turm standen auch Betten, gut zugerichtet und mit Decken aus goldenem Stoff und feinen Samt bedeckt.

Die Saga klingt hier ein wenig wie eine Geschichte aus „Tausendundeine Nacht", aber sie enthält doch wieder eins der germanischen Jenseitsreisesymbole. Die Säule ist offensichtlich keine normale Säule, sondern eine „Himmelsleiter". Solch eine Säule ist auch die Irminsul, die eins der zentralen Heiligtümer der Sachen gewesen ist. Sie war eine hölzerne Säule, die symbolisch am Nordpol stand.

Sie ist mit dem Weltenbaum Yggdrasil identisch, an der entlang Odin ins Jenseits reiste als er an diesem Baum hing, wodurch er die Geheimnisse der Runen erkannte.

Die Säule in der Saga, die sich als Turm entpuppt, wurde 600 Jahre später zu dem Turm der weisen Frau in „Rapunzel" und zu dem Turm der alten Spinnerin in „Dornröschen". Die weise Frau ist die Jenseitsgöttin Freya/Hel und die alte Spinnerin ist eine der Nornen, die eine weitere Gestalt der Jenseitsgöttin ist.

1100 Jahre zuvor haben (wie Tacitus berichtet) zumindestens einige der germanischen Seherinnen auch auf Türmen bzw. in Turm-artigen Tempeln gelebt.

Da sprach Eirek: „Schau, hier ist das todlose Feld, für das wir auf so vielen Wegen gewandert sind und für das wir uns so vielen Prüfungen und Gefahren gestellt haben. Sie preisten Gott und sagten: „Groß und gut ist Gott, daß er uns das hat sehen lassen." Und nachdem sie die Speisen genossen hatten, legten sie sich schlafen.

Als Eirek schlief, erschien ihm ein junger Mann, strahlend und schön von Angesicht, der sprach zu ihm: „Groß ist Deine Standfestigkeit, Eirek. Sag mir, wie gefällt Dir dieses Land?"

„Ausgezeichnet – es ist alles, was ich mir nur wünschen könnte. Von allen Ländern, die ich je gesehen habe, gefällt mir dies am besten. Aber wer bist Du? Und es scheint mir einen großen Unterschied zwischen Deinem Wissen und meinem zu geben, denn Du kennst mich und nennst mich bei meinen Namen, aber ich weiß nicht, wer Du bist."

Da lächelte der junge Mann und sprach: „Ich bin Gottes Engel und einer von denen, die die Pforte zum Paradies bewachen. Ich stand in der Nähe, als Du Deinen Eid, das todlose Feld zu suchen, abgelegt hast. Und ich habe Dir eingegeben, nach Miklagard zu segeln. Und durch Gottes Vorhersicht und meinen Willen hast Du dich taufen lassen. Und ich heiße Dich gesegnet, denn Du hast den guten Rat und die Warnungen des Königs der Griechen beherzigt und hast sein Siegel genommen und im Heiligen Jordan gebadet.

Mich selber hat Gott zu Dir gesandt. Ich bin Dein Schutzengel und ich habe Dich auf Land und auf See vor allen Gefahren auf Deiner Reise und vor allen üblen

Dingen beschützt.“

Der Jordan ist in dieser Saga eine Mischung aus Taufe und aus dem Jenseitsfluß, der von den Germanen Gjallar genannt wurde.

Der Engel entspricht als Bote des obersten Gottes, der das Paradies bewacht, den Walküren, die die Boten des Odin sind und diejenigen auswählen, die nach Walhalla dürfen.

Als Schutzengel entspricht der Engel den germanischen Fylgjas, die die Seele eines Menschen ist. Die eigene Seele wird, solange man sie nicht bewußt als die eigene Mitte und Quelle erkannt hat, als etwas im Außen erlebt, von dem man beschützt wird. Die germanische Vorstellung über die Fylgja enthält auch das Krafttier, das die eigenen Instinkte sowie die körperlichen und magischen Fähigkeiten verkörpert.

Der Engel sprach weiter: „Wir sind keine Menschen, sondern eher Geister, die in unserer himmlischen Heimat wohnen. Aber der Ort, den Du hier siehst, ist wie eine Wildnis im Vergleich zum Paradies, das nicht weit von hier liegt. Von dort kommt der Fluß, den Du gesehen hast. Niemand gelangt lebend dorthin. Dort leben nur die Seelen der Rechtschaffenden. Dieser Ort hier, den Du gefunden hast, wird das Land der Lebenden genannt. Bevor Du eintrafst, sandte uns Gott, auf diesen Ort zu achten und Dir das Land der Lebenden zu zeigen und für Dich ein fest auszurichten und Dich für Deine Mühen zu belohnen.“

Da frug Eirek den Engel: „Wo lebst Du?“

Der Engel sprach: „Wir leben im Himmel, wo wir auf das Angesicht Gottes blicken, aber aus Notwendigkeit werden wir auf die Erde gesandt um den Menschen zu helfen wie Du sicher leicht glauben kannst.“

Eirek sprach: „Was hält diesen Turm, der in der Luft zu hängen scheint?“

Der Engel antwortete: „Es ist alleine Gottes macht, die ihn oben hält. Durch Zeichen wie diese solltest Du keine Zweifel daran haben, daß Gott die Welt aus dem Nichts erschaffen hat.“

Eirek sagte: „Daran habe ich keinen Zweifel.“

Dieses Gespräch zwischen Eirek und dem Engel gleicht von seinem Stil her ganz dem Gespräch zwischen Gylfi und den Götter in der Prosa-Edda: Der Mensch fragt und die Götter antworten. Diese Form wird aus der Verschmelzung von Visions-Berichten und Wissens-Merkliedern entstanden sein.

Der Engel frug Eirek: „Was möchtest Du lieber: Hier bleiben oder zurück in Dein eigenes Land gehen?“

Eirek antwortete: „Ich möchte zurückgehen.“

Der Engel sprach: „Warum?“

Eirek sagte: „Weil ich den Menschen berichten möchte, daß ich diese ruhmvollen Zeugnis von Gottes Macht gesehen habe, und weil sie, wenn ich nicht zurückkomme, sicher sein werden, daß ich einen schrecklichen Tod gestorben bin."

Der Engel sprach: „Auch wenn jetzt noch in den nördlichen Ländern die Heidengötter verehrt werden, wird eine Zeit kommen, in der diese Menschen frei von diesen Täuschungen sein werden und Gott sie zu seinem Glauben rufen wird. Nun lasse ich Dich in Dein eigenes Land ziehen und dort Dich dort Deinen Freunden über Gottes Gnade berichten und darüber, was Du gesehen und gehört hast, denn sie werden an Gottes Wort und seine Gebote schneller glauben, wenn sie solche Geschichten wie diese hören. Bete oft. Ich werde in einigen Jahren zu Dir kommen und Deine Seele in die Seligkeit tragen und Deine Knochen an dem Ort, an dem sie das Letzte Gericht erwarten, bewachen. Bleibe noch sechs Tage hier, ruhe Dich aus und nimm dann genug Proviant für Deine Rückreise mit und ziehe dann zurück in den Norden."

Da verschwand der Engel aus seinen Augen. Eirek tat genau, wie der Engel ihm in Bezug auf sein Bleiben und seine Abreise geheißen hatte.

Nachdem sie sich solange, wie der Engel es ihm gesagt hatte, ausgeruht hatten, stiegen sie wieder von dem Turm hinab und gingen den Weg zurück bis sie wieder an den Fluß gelangten. Dort fiel eine große Dunkelheit über sie. Sie kamen wieder aus dem Maul des Drachen heraus und nahmen ihre Wanderung wieder auf und sahen viele Wunder. Ihnen geschah jedoch kein Schaden und sie kamen von viel Weisheit erleuchtet wieder in Miklagard an.

Eirek berichtete dem König von seinen Reisen und der König war sehr verwundet, daß er zurückgekehrt war und er behielt ihn drei Jahre lang bei sich. Danach machte sich Eirek reisefertig und verließ Miklagard und kehrte nach Norwegen zurück und jeder freute sich dort, ihn wieder zu sehen. Dort lebte er zehn Jahre lang. Und im elften Winter kam ein Tag, an dem er früh zum Beten ging. Da nahm ihn der Geist Gottes und seine als sie nach Eirek zu suchen begannen, konnten sie ihn nicht finden.

Eirek hatte seinem Begleiter seinen Traum, den er in dem Turm gehabt hatte, erzählt und dieser Mann erzählte ihn nun weiter und sie glaubten, daß ein Engel Gottes Eirek geholt haben mußte und ihn beschützte.

Das ist das Ende von Eirek dem Fernfahrenden.

Dieses Abgeholtwerden von einem Engel hat große Ähnlichkeit mit dem Abgeholtwerden durch eine Walküre – nur das die Szene mit dem Engel friedlich ist und die mit der Walküre in der Schlacht stattfindet.

I 9. t) Die berühmte Vision des Bölthorn

In diesem Lied, das die morgendliche Anrufung der Sonne ist, wird die Jenseitsreise des Tyr beschrieben. Die Betrachtung von allem, was über dieses Lied bekannt ist, findet sich in dem Kapitel „Die berühmte Vision des Bölthorn" in dem Band 3 über Tyr. Aus diesem Lied ergeben sich jedoch keine neuen Erkenntnisse über die Göttin Hel.

I 9. u) Zusammenfassung

Die Jenseitsreisen enthalten zwar nur wenige neue Details über das Aussehen der Hel selber, aber sie schildern viele Aspekte der Unterwelt.

Hel ist eine Riesin (Jenseitswesen) und hat 900 Köpfe, d.h. sie ist das wichtigste („100") Wesen in der Unterwelt („9"). Sie trägt einen schwarzen Lederkittel.

Hel ist sehr stark und letztlich unbesiegbar wie das Alter, d.h. wie die Riesin „Elli".

Hel ist zauberkundig und kennt die Zauberlieder, denn alle Magie kommt aus dem Jenseits, d.h. aus dem Bereich der Seelen und der Lebenskraft der das Reich der Hel ist. Hel ist als Zauberin auch eine Seherin und trägt daher einen Stab in ihrer Hand.

Auch die Runen auf dem Halfter des Wolf-Reittieres der Hel zeugen von Hels Magie-Kenntnissen. Das Halfter, mit dem Hel ihren Bruder Fenrir lenkt, ist ihr Bruder Jörmungandr, die Midgardschlange.

Die „Runen-beschriebene Schlange" ist ein gut bekanntes Motiv – sie erscheint auf fast allen Runensteine als Umrahmung des Bildes. Sie ist sozusagen der Postbote, der die Inschrift auf ihr ins Jenseits bringt – man kann sich mit einiger Berechtigung vorstellen, daß dort in der Unterwelt Hel diese Briefe in Empfang nimmt und sie dann an die Toten weitergibt.

Als Jenseitsgöttin, bei der sich alle Tote befinden, ist Hel auch die Spezialistin für die Stammbäume der Menschen.

Hel ist wie Frigg-Freya die Göttin als die Wiederzeugungs-Geliebte, die Wiedergeburts-Mutter und die Wiederstillens-Amme (Göttermet) im Hügelgrab. Als Wiederzeugungs-Geliebte wird sie als strahlend schön geschildert: als die Weißbrauig-Goldschöne und als Schneeweiße sowie dann später in den Märchen als Schneewittchen, Schneeweißchen und Goldmarie.

Die ersehnte Wiederzeugungs-Geliebte ist Freya, die „Braut in dem Felsen". Ihre Schwester Hel-Hyndla ist die gefürchtete Herrin des Totenreiches. Beide Göttinnen

119

sind ursprünglich dieselbe Göttin gewesen.

Hel-Freya erscheint auch als die Walküre Modgud, die die Brücke über den Jenseitsfluß bewacht.

Hel ist eine „hinterlistige Frau". Diese Eigenschaft stammt offensichtlich aus der Furcht vor dem Tod. Als die gefürchtete Jenseitsherrin erscheint Hel auch als die Mutter des Tyr-Grendel in der Halle auf dem Grund eines Moores – Friggs „Fensalir" („Sumpf-Saal").

Hel besitzt den Göttermet. Er wird auch als „Met des guten Gottes" bezeichnet, womit Tyr-Heimdall, Tyr-Mimir oder Baldur gemeint sein werden.

Der Met für Baldur befindet sich in der Hel in einem Kessel, der mit einem Schild bedeckt ist, der Tyrs Sonnenschild sein könnte.

In der Gunnlöd-Mythe wird der Met in drei Gefäßen verwahrt: in Odrörir, Son und Bodn.

Der Kessel und der Kelch sind wichtige Ritualgegenstände gewesen, die sich auch in einigen germanischen Tempeln gefunden haben (siehe die beiden Kapitel „Kessel" und „sonstige Gefäße" in Band 57).

Im Ritual hatte der Met auch die Symbolik der Stärkung der Erinnerungsfähigkeit.

Im Jenseits hatte der ehemalige Sonnengott-Göttervater Tyr und auch der neue Göttervater Odin einen Adler als Seelenvogel. Der Seelenvogel des Loki war ein Falke, die Seelenvögel der beiden Alcis-Söhne des Tyr waren zwei Raben und die Seelenvögel der normalen Menschen waren in der Regel Schwäne.

Die Toten können auch als Schlangen oder Drachen erscheinen. Diese Symbolik ist schon sehr alt und ist entstanden, weil die Schlangen auf und in der Erde leben. Der Goldschatz der Drachen sind die Grabbeigaben in dem Hügelgrab.

Eine der wichtigsten Gestalten in der Hel ist der ehemalige Sonnengott-Göttervater Tyr, der dort als Tyrs Vater Hymir, als Riesenkönig, Zwergenkönig und Alfenkönig, als „Schwarzsonne und „Sonnenhirsch" sowie in den neueren Mythen als Baldur erscheint.

Das Gold auf der Gjallarbrücke stammt vermutlich daher, daß die goldene Sonne am Morgen und am Abend die Grenze zwischen Diesseits und Jenseits (Horizont, Gjallarbrücke) überquert.

Die Asen versuchen mit Hel über die Rückgabe des Baldur zu verhandeln, aber sie können die Forderung der Hel, daß dafür alle Wesen um Baldur weinen müssen, nicht erfüllen.

Die Jenseitsreise ist der Zusammenhang, in dem Hel am häufigsten erscheint. Unter anderem reisen Tyr („Hadding"), Odin und Hermod, der Sohn und Schamanen-Priester des Odin, in das Jenseits.

Hel wohnt in einem Hügelgrab. Dieses Hügelgrab wird auch „Höhle", „Felsen", „Steinhaus" und „Waldwohnung" genannt. Man betritt die Grabkammer durch ein Steintor, das nach der Bestattung von einer Steinmauer verschlossen ist, die auch als „Toten-Gitter" bezeichnet wird.

Das Hügelgrab wurde auch „eiserne Kiste mit neun Schlössern" genannt, wobei „Kiste" der Name der Grabkammer ist, das Schloß das Tor der Grabkammer darstellt und die „9" und das „Eisen" Jenseitssymbole sind. Der immergrüne Mistelzweig in dieser Kiste ist die Hoffnung auf einen Sonnenaufgang und auf einen neuen Frühling.

Um zu diesem Hügelgrab zu gelangen, muß man neun Nächte lang durch tiefe Dunkelheit ein Tal hinabreiten und dichte Wälder durchqueren – d.h. in das Innere des Hügelgrabes hinabsteigen.

Anschließend muß man die Brücke über den Jenseitsfluß überqren und durch eine Waberlohe schreiten. Wegen der Waberlohe wird Hels Halle auch „Glut" genannt.

Der Schamanengott Odin erscheint des öfteren am Jenseitstor, am Jenseitsfluß (Harbard-Lied) und als Wächter an der Wegscheide (Jenseitsgrenze).

Ein Teil der Beschreibung der Unterwelt bzw. des Weges dorthin stammt vermutlich aus den Traumreisen bzw. Visionen, da sie die Erlebnisse bei solchen Reisen treffend beschreiben. Dazu gehört vor allem die dunkle, neblige Wolke, durch die man gehen muß, das Waten durch Rauch, dann das allmähliche Deutlicherwerden der Vision, das Fehlen von Schatten, und schließlich noch das ständige Scheinen der Sonne (es ist niemals ganz dunkel).

Aus diesen Motiven könnte sich auch der Name „Niflheim" („Nebelheim") gebildet haben – aber das ist unsicher.

Die „Seelenweg-Säulen" („öndvegis-sula") in an den Tempeleingängen und hinter den Hochsitzen waren die Tore im Diesseits, die zu den Ahnen und Göttern führen. Am Ende dieser Verbindung zwischen den beiden Welten befand sich das Tor zur Halle der Hel im Jenseits.

Die Verbindung zwischen den beiden Welten findet sich in den Mythen auch als Säule, Leiter, Turm und Weltenbaum (siehe auch den Band 53).

Die mehrfach auftretende Schilderung, der zufolge die Toten in der Hel auf der einen Seite von Frost und auf der anderen Seite von Feuer gequält werden, ist wohl auf das unbequeme Übernachten an einem Feuer in der Wildnis zurückzuführen.

Das Jenseits wird manchmal auch als ein Land voller Blumen und mit Flüssen von Honig geschildert. Das wird vermutlich nicht nur von dem christlichen Paradies inspiriert worden sein, da sich Ansätze dazu auch in den Jenseitsnamen „Laufey“, d.h. „Laubinsel“ (siehe „Laufey“ in Band 28) und „Grün-Quellenland“ (siehe „Huldar“ in Band 28“) finden.

Die Hel als das Jenseits, also als die Unterwelt, wird ausführlich in Band 49 betrachtet.

I 10.   Schiffsreise zur Hel

I 10. a)   Ragnarsdrapa

Die folgende Strophe aus der um ca. 840 n.Chr. verfaßten Ragnarsdrapa berichtet über das Ende des Sigurd-Liedes, in denen Hamdir und Sörli König Jörmunrek töteten und anschließend selber getötet wurden.

Dort umringten sie
den Schützer des Boden-Pferdes des Landes,
sie standen wie der Saum der Segel
an den Masten des leidvollen Nagelfar.

Hamdir und Sörli standen um den toten Jörmunrek, dessen Seele nun auf dem Jenseitsschiff „Nagelfar" in die Unterwelt zu Hel fuhr.

Das hier mit „leidvoll" übersetzte germanische Wort bedeutet eigentlich „arm, mittellos" und ist wohl eine Anspielung darauf, daß Jörmunrek ohne seine Schätze ins Jenseits reisen mußte.

Der „Saum des Segels" führt rings um das Segel und bildet somit ein Quadrat oder eine ähnliche geschlossene Form, die dem Stehen von Hamdir und Sörli rings um den toten König entspricht. Der Skalde Bragi hat das Bild des Totenschiffes Nagelfar geschickt mit dem Bild der Mörder des Königs, die ihn umstanden, verknüpft.

I 10. b)   Gylfis Vision

Zu den Jenseitsvorstellungen gehört auch das Schiff „Nagelfar", das aus den Finger- und Fußnägeln der Toten angefertigt wird. Ursprünglich wird dies wohl der Nachen des Jenseitsfährmannes gewesen sein und auch das Bestattungsschiff wie das Langboot „Hringhorni", in dem Baldur verbrannt worden ist.

Da wird der Fenris-Wolf los und das Meer überflutet das Land, weil die Midgardschlange wieder Jotenmut annimmt und das Land sucht. Da wird auch Naglfar flott, das Schiff, das so heißt und aus den Nägeln der Toten gemacht ist, weshalb wohl die Warnung angebracht ist, daß, wenn ein Mensch stirbt, ihm die Nägel nicht unbeschnitten bleiben, womit der Bau des Schiffes Naglfar beschleunigt werden würde, den doch Götter und Menschen verspätet wünschen.

123

I 10. c) Das Lied über Helgi Hiörvard-Sohn

Helgi und Atli lagen mit den Schiffen in Hatafjord. Atli hatte die Wache in der ersten Hälfte der Nacht.

Der Name „Hati" bedeutet Haß – dieser Riese war wohl kein angenehmer Zeitgenosse.

Der Name „Hatafjord" bedeutet „Haß-Fjord". Seine Lage ist unbekannt, aber es ist recht wahrscheinlich, daß dieser Fjord der Hafen des Landes des Riesen Hati gewesen ist. Dieses Land ist vermutlich das Jenseits, was wiederum vermuten läßt, daß Hati ein Tyr-Riese ist. Der Mord des Riesenkönigs Hati durch Helgi könnte, da die Schiffe des Helgi noch in Hattafjord vor Anker liegen, gerade erst vor kurzem geschehen sein.

Der Name „Hrimgerd" bedeutet entweder „Rauhreif-Heim" oder „Ruß-Heim", wobei mit „Heim" ein durch eine Mauer oder ähnliches geschützter Wohnort gemeint ist. Die Riesin ist nach ihrem Herkunftsort benannt worden und ist entweder eine Reifriesin oder eine schwarze Riesin. Im zweiten Fall wäre sie eine Entsprechung zu der ebenfalls von Ruß geschwärzten Hyrrokkin-Hel.

Hrimgerdr ist eine Variante der Jenseitsgöttin Gerdr (siehe „Hrimgerdr" in Band 28). Hati ist als Vater der (Hrim-)Gerdr sehr wahrscheinlich ein Tyr-Riese.

Da sprach Hrimgerd, Hatis Tochter:

„Wie heißen die Helden in Hatafjord?
Mit Schilden ist gezeltet auf euern Schiffen.
Frevel tatet ihr, scheint wenig zu fürchten.
Nennt mir des Königs Namen."

Der „Frevel" wird die Tötung von Hrimgerds Vater Hati durch Helgi sein, an dem der Formulierung der Riesin nach zu urteilen möglicherweise mehrere Männer beteiligt gewesen sind.

Atli:
„Helgi heißt er; doch hoffe nimmer
Den Fürsten zu gefährden.
Eisenburgen bergen die Flotte:
Hexen haben uns nichts an."

Hrimgerd:
„Wie heißest Du, übermütiger Held?
Wie nennt man Dich mit Namen?
Viel vertraut Dir der Fürst, der Dich vorn im schönen
Schiffssteven stehen läßt."

Atli:
„Atli heiß ich, heiß will ich Dir werden,
Denn unhold bin ich Unholden.
Am feuchten Steven stets hab ich gestanden
Und Nachtmaren gemordet.

Wie heißest Du, Hexe, leichenhungrige?
Nenne, Vettel, den Vater.
Daß Du neun Rasten niederer lägest
Und ein Baum Dir schoß aus dem Schoße!"

Die letzte Zeile scheint nicht nur eine Drohung und eine Beleidigung zu sein, sondern auch eine (erotische?) Anspielung.

Die Bezeichnung der Riesin als „leichenhungrig" könnte zwar einfach eine Beleidigung oder eine eine (zutreffende) Charakterbeschreibung sein; diese Bezeichnung könnte aber durchaus auch eine Anspielung auf die Identität der Riesin Hrimgerd mit der Riesin Hel sein.

Der Ort, an dem diese Szene spielt, wird in der Überschrift zu dem entsprechenden Kapitel der Völsungen-Saga „Hlymdale", also „lautes Tal" genannt. Dies ist vermutlich eine Ableitung von dem Namen „Gjallar" („Tosender") des Jenseitsflusses. Eine Walküre an der Brücke über den Jenseitsfluß in dem Tal zu treffen, an dessen einem Ufer das Diesseits und an dessen anderem Ufer das Jenseits mit dem Eingang zu der Höhle der Hel liegt, ist sehr plausibel.

I 10. d)   Gesta danorum

In seiner „Geschichte der Dänen" beschreibt der Mönch Saxo der Schriftkundige die Reise des Wikingers Thorkill und seiner Leute nach Westen bis hin zu dem Land, in dem der ehemalige Göttervater Tyr als Utgard-Loki in der Unterwelt gefangen sitzt. An dieser Küste herrscht eine ewige Nacht. Dort finden sie eine Höhle, die Thorkill erforschen will.

Da ließ er andere ihm ein Licht vorantragen und bückte sich durch die engen Kiefer der Höhle, in der er einige eiserne Sitze inmitten einer Schar von dahingleitenden Schlangen sah.

Als nächstes sah er eine Menge von trägem Wasser langsam über einen sandigen Grund dahinfließen. Er überquerte das Wasser und näherte sich einer Höhle, die etwas steiler anstieg. Danach zeigte sich den Besuchern ein stinkender, dunkler Raum, in dem Utgardloki saß, dessen Hände und Füße mit riesigen Ketten gefesselt waren.

Diese Höhle ist die Hel-Unterwelt und auch ein Hügelgrab – was letztlich dasselbe ist. Die eisernen Sitze waren die Hochsitze der Toten in ihren Hügelgräbern.

Eine ausführliche Schilderung dieser Höhle des Tyr-Riesen Utgardloki findet sich in dem Kapitel „Utgardloki" in Band 6. Der Sommergott Tyr ist während des Winters in seinem Hügelgrab gefangen und gefesselt.

I 10. f) Völsungen-Saga

Am deutlichsten wird Odin in der Völsungen-Saga als Jenseitsfährmann beschrie--ben:

Da trank Sinfiötli und fiel sofort zur Erde nieder.
Sigmund erhob sich und trauerte sich fast zu Tode über ihm. Da nahm er die Leiche in seine Arme und ging fort in den Wald und ging weiter, bis er zu einem gewissen Meeresarm kam.
Dort sah er einen Mann in einem kleinen Boot und der Mann frug ihn, ob er ihn über den Fluß übersetzen solle und Sigmund stimmte zu. Das Boot war jedoch so klein, daß sie nicht alle Platz zusammen in dem Boot hatten. So wurde zuerst der Leichnam hineingelegt, während Sigmund am Ufer wartete. Das Boot und der Mann darin verschwanden jedoch vor Sigmunds Augen.

I 10. g) Ibn Fadlans Reisebericht

Die ausführlichste Beschreibung einer germanischen Feuerbestattung findet sich in dem Reisebericht des arabischen Kaufmanns und Forschers Ibn Fadlan aus dem Jahr 922 n.Chr. Der Häuptling, dessen Bestattung er beschreibt, gehörte zu den östlichen schwedischen Wikingern, die sich „Rus", d.h. „Ruderer" nannten. Dieser Name ist der Ursprung von „Rußland".

In diesem arabischen Bericht findet sich im Zusammenhang mit der bei der Bestattung getöteten Dienerin auch die Vorstellung der Wiederzeugung. Man wird daher den Tod der Nanna und die Hilfe durch die Riesin Hyrrokkin bei der Bestattung des Baldur recht sicher als Erinnerungen an das Wiederzeugungsmotiv und die damit verbundenen Bestattungsbräuche der Germanen ansehen können.

Es wurde mir mehrfach erzählt, daß wenn einer ihrer Häuptlinge stürbe, viele Dinge geschehen würden, wovon die Leichenverbrennung die wichtigste sei. Ich war deshalb sehr daran interessiert, etwas genaueres darüber zu erfahren. Eines Tages bekam ich davon zu hören, daß ein angesehener Mann unter ihnen gestorben war. Sie legten ihn in ein Grab und deckten dieses für 10 Tage zu, bis sie mit dem Zuschneiden und Nähen der Leichenkleider fertig waren.

Die Bestattung ging auf folgende Art und Weise vonstatten. Für den Armen unter ihnen machten sie ein kleines Schiff, legten ihn hinein und verbrannten es. Aber wenn es um einen Reichen unter ihnen ging, so sammelten sie sein ganzes Vermögen und teilten dieses in drei gleichgroße Teile. Ein Drittel geht zu der Familie des Verstorbenen, für das zweite Drittel machten sie die Leichenkleider für den Toten und für das letzte Drittel brauten sie Nabid (Met oder Bier), *welches getrunken wird, wenn seine Sklavin sich für ihn tötet und mit ihrem Herrn verbrannt wird.*

Die Rus sind ganz dem Nabid verfallen, welchen sie Tag und Nacht trinken. Oft geschieht es, daß einer von ihnen mit dem Becher in der Hand stirbt.

Wenn ein Häuptling unter ihnen tot ist, so sagt seine Familie zu seinen Sklavinnen und Dienern: „ Wer von euch mochte mit ihm sterben? "

Eine von denen antwortete: „Ich. "

Da bekamen zwei andere Sklavinnen den Auftrag sie zu bewachen, wo immer sie auch stand und wohin sie auch ging und wuschen ihr mit ihren eigenen Händen die Füße.

So begannen sie und nahmen sich der hinterbliebenen Dinge des Toten an, um die Kleider für den Toten zu nähen und machten alles fertig, wie es sein sollte. Aber die Sklavinnen tranken und sangen jeden Tag in einer Freude, als ob sich etwas Glückliches in naher Zukunft ankündige.

Als der Tag kam, an dem der Fürst und seine Sklavin verbrannt werden sollten, ging ich zum Flußufer, wo sein Schiff lag. Dies war an Land hochgezogen worden und wurde durch vier Stützen aus Birkenholz oder anderen Holzarten aufrechtgehalten.

Weiterhin war etwas aufgebaut worden, das wie ein großes Lager oder Magazin aus Holz aussah. Das Schiff wurde dorthin gezogen und an das Holzgestell angebracht. Und das Volk lief hin und her und sie sprachen eine Sprache, die ich nicht verstand, während der Tote noch in seinem Grabe lag. Sie hatten ihn noch nicht aus dem Grab herausgenommen.

Dann kamen sie mit einer Bank und setzten sie auf das Schiff und bedeckten sie mit Teppichen, mit byzantinischem Dibag (bemalter Seidenstoff) *und mit Kissen aus byzantinischem Dibag. Nun kam eine alte Frau, welche der Todesengel genannt wurde und breitete die Teppiche über der Bank aus. Sie stand vor den Kleidern für den Toten und vor dem Gestell für die Leiche. Das ist auch diejenige, die die Mädchen tötet* (Sklavinnen). *Ich sah, daß sie eine alte, riesengroße Frau, dick und düster vom Aussehen her war.* (Sie ist die Verkörperung der Hel/Hyrrokkin.*)*

Als sie zu seinem Grab kamen, nahmen sie die gesamte Erde weg vom Holz und danach entfernten sie das gesamte Holz. Und so zogen sie von ihm die Kleider, die der Tote trug. Ich möchte bemerken, das er ganz schwarz aufgrund der Kälte im Lande geworden war. In das Grab hatten sie zusammen mit ihm Bier, Früchte und eine Mandoline hineingelegt. Und all dies nahmen sie nun aus dem Grab. Der Tote roch merkwürdigerweise überhaupt nicht und nichts hatte sich verändert an ihm außer seiner Hautfarbe.

Dann kleideten sie ihn mit Hosen, Überhosen, Stiefeln, Gürtel und einen Mantel aus Dibag mit Goldknöpfen. Sie setzten ihm eine Kappe aus Dibag und Zobelfell auf seinen Kopf und trugen ihn in das Zelt, das auf dem Schiff aufgestellt worden war. Dort setzten sie ihn auf den Teppich und stützten ihn mit Kissen.

Dann kamen sie mit Nabid, Früchten und wohlriechenden Pflanzen und legten diese zu seinen Seiten nieder. Weiterhin brachten sie Brot, Fleisch und Zwiebeln und legten sie vor ihm hin. Dann kamen sie mit einem Hund und schnitten ihn in zwei Teile und warfen ihn ins Schiff. Danach kamen sie mit seinen Waffen und legten sie zu seinen Seiten nieder. Dann nahmen sie zwei Pferde und trieben sie solange bis sie schweißnaß waren. Daraufhin hieben sie diese in Stücke mit ihren Schwertern und warfen das Fleisch in das Schiff. Genauso taten sie es mit zwei Kühen, auch diese hackten sie in Stücke und warfen das Fleisch ins Schiff. (Die Pferde und Rinder sind die Opfertiere, die die Zeugungskraft des Toten magisch sichern sollen.) *Schließlich kamen sie mit einem Hahn und einem Huhn* (Seelenvögel), *töteten diese und warfen auch diese auf das Schiff.*

Die Sklavin, die getötet werden wollte, ging währenddessen hin und her. Sie ging in das eine oder das andere Zelt und der Herr des Zeltes hatte sexuellen Umgang mit ihr, während er sagte: „Sage dies zu deinem Herren: Das habe ich getan aus Liebe zu Dir." (rituelle Wiederzeugung)

Als es Freitag Nachmittag geworden war, nahmen sie die Sklavin mit zu einer Art Türrahmen (Seelenweg-Säulen = Jenseitstor). *Sie setzte ihre Beine auf die Handflächen der Männer, wodurch sie so hoch kam, daß sie über diesen Rahmen hinausragte, woraufhin sie etwas in deren Sprache sagte. Anschließend ließen sie sie herunter. Aber kurz darauf hoben die Männer sie wieder hoch und sie machte dasselbe wie beim ersten mal. Schließlich ließen die Männer sie wieder herunter um sie ein drittes mal hochzuheben und sie tat dasselbe, wie beim ersten und beim zweiten mal zuvor. Da reichten sie ihr eine Henne und sie schnitt dem Huhn den Kopf ab und warf es weg. Die Männer hoben die tote Henne auf und warfen sie in das Schiff. Da fragte ich den Übersetzer was sie gemacht hatte.*

Er antwortete: „Das erste mal, als sie hoch gehoben wurde sagte sie: 'Seht dort, ich sehe meinen Vater und meine Mutter dort (im Jenseits) *sitzen!' Das zweite mal sagte sie: 'Seht dort, ich sehe alle meine toten Verwandten dort sitzen!' Und beim dritten mal sagte sie: 'Seht dort, ich sehe meinen Herrn im Paradies sitzen und das Paradies ist farbig und grün und zusammen mit meinem Herrn sind Männer und junge Diener. Er ruft nach mir. Laßt mich zu ihm gehen!'"* Und so gingen sie mit ihr zum Schiff.

Sie nahm zwei Armreifen von ihrem Arm und gab sie der alten Frau, welche der Todesengel genannt wurde und sie töten sollte. Dann nahm sie von sich zwei Achsel-ringe („Draupnir-Ringe") *und gab sie den Töchtern der Frau, welche der Todesengel* („Hel"?) *genannt wurde.*

Dann führten sie sie hinauf zum Schiff, aber ließen sie nicht ins Zelt. Dann kamen Männer mit Schildern (Symbol der Sonnenscheibe?) *und Holzstäben* (die „Zauber-stäbe", die auch auf dem Goldhorn von Gallehus und auf den Runensteinen abgebil-det sind).

Dann reichten sie ihr einen Becher mit Nabid. Sie sang darüber und trank den Becher aus. (rituelles Trinken des „Göttermets")

Der Übersetzer sagte zu mir: „Nun nimmt sie Abschied von ihren Freunden. "

Und so wurde ihr ein neuer Becher gereicht. Sie nahm ihn und trank diesen sehr langsam aus. Aber die alte Frau drängte sie, schnell auszutrinken, damit sie ins Zelt zu ihrem Herren gehen konnte. Da sah ich zu ihr und sie sah ganz verstört aus. Sie wollte in das Zelt hineingehen und steckte den Kopf ins Zelt, so daß sie zwischen dem Zelt und dem Schiff war. Aber da nahm die Frau ihren Kopf und zog ihn in das Zelt und die Frau ging ihr in das Zelt nach.

Die Männer begannen da mit den Holzstäben gegen die Schilde zu schlagen, so das der Lärm die Schreie der Sklavin überdeckte, damit die anderen Mädchen nicht ver-ängstigt würden und nicht mehr den Tod zusammen mit ihren Herrn suchen würden wollen, wenn die Zeit dafür kommt. (Dies ist wahrscheinlich eine Deutung von Ibn Fadlan und nicht unbedingt die rituelle Bedeutung des „Trommelns".)

Da gingen sechs Männer in das Zelt und sie nahmen sie nacheinander (rituelle Wie-derzeugung).

Da lag sie nun neben ihrem toten Herrn. Zwei hielten ihre Beine und zwei die Hän-de. Die Frau, die der Todesengel hieß, legte einen Strick um ihren Hals und knüpfte die Enden in die entgegengesetzte Richtung, sodaß zwei Männer daran ziehen konn-ten. So ging die Frau mit einem kleinen Dolch mit breitem Blatt und stach diesen zwischen die Rippen des Mädchens und zog ihn wieder heraus und die zwei Männer würgten sie mit dem Strick. So starb sie.

Dann kamen die vom Volk, die mit dem Toten am nächsten verwandt waren zum Platz. Der Häuptlingssohn nahm ein Holzstück und zündete es an. Er ging rückwärts mit dem Rücken zum Schiff und das Gesicht zum Volk und hielt in der einen Hand das Holzstück während er die andere Hand hinter dem Rücken auf seinem Gesäß ruhte. Er war nackt (wie die Gestalten auf dem Goldhorn von Gallehus, d.h. er war im Jenseits).

Auf diese Weise wurde überall Feuer unter dem Gestell, das das Schiff stützte, gelegt, nachdem sie die getötete Sklavin an die Seite ihres Herrn gelegt hatten.

Nun kam das Volk zu dem Platz mit Holz und jeder hatte ein Holzstückchen mit Feuer an der Spitze. Sie warfen das Holz so unter das Schiff, das das Feuer nur so um sich griff. Erst brannte das Schiff und dann das Zelt mit dem Mann und der Sklavin darin sowie alles, was im dem Schiff war. Da kam ein starker und fürchterlicher Wind, sodaß die Flammen kräftiger wurden und das Feuer sehr weit in den Himmel emporloderte.

Zu meiner Seite stand ein Mann von den Rus und ich hörte ihn, wie er sich mit dem Übersetzer unterhielt. Ich fragte ihn dann, was er zu ihm gesagt hatte.

Er antwortete: „Ihr Araber seit dumm.“

Ich fragte: „Wieso das?“

Er sagte: „Den den ihr am meisten unter euch Menschen liebt und ehrt, werft ihr in die Erde, wenn er tot ist, sodaß die Erde, Kriechtier und Gewürm ihn verzehren kann. Wir dagegen brennen ihn hinauf in einem Augenblick, sodaß er dann am selben Ort zur selben Stund ins Paradies geht.“

Und da begann er laut zu lachen.

Als ich ihn genauer darüber befragte, sagte er: „Sein Herr (Tyr/Odin) *hat in seiner Liebe den Wind gesendet, so daß er in einer Stunde hinweggetragen wird.“*

Und dies geschah wirklich. Es dauerte nicht mehr als eine Stunde, bis das Schiff und das gesamte Holz und die Sklavin und ihr Herr und alles zu Asche und Aschestaub geworden war!

Schließlich bauten sie da, wo das Schiff, das sie vom Ufer hochgezogen hatten, stand, einen Hügel auf. Mitten auf diesem Hügel errichteten sie eine schwere Holzstütze aus Birkenholz. Auf diese schrieben sie den Namen des Mannes und den Namen Rus-König (Entsprechung zu den Runensteinen) *und gingen sie ihres Weges.*

I 10. h)   Baldurs Bestattung

Auch Baldur wird in einem Schiff bestattet und gelangt auf ihm, wie bereits in einem früheren Kapitel beschrieben worden ist.

I 10. i) Schiffsbestattungen

Im Beowulf-Epos und an anderen Stellen wird über Schiffsbestattungen berichtet und in Sutton Hoo und an anderen Orten sind Schiffe in Hügelgräbern gefunden worden, in denen vornehme Tote bestattet worden sind.

I 10. j) Zusammenfassung

Die Vorstellung, daß die Toten in einem Schiff ins Jenseits gelangten, war bei den Germanen weit verbreitet.

Auch der ehemalige Sonnengott-Göttervater Tyr fuhr in einem Schiff über das Himmelsmeer und durch die Wasserunterwelt (siehe den Band 3 über Tyr). Man mußte auch in einem Schiff über ein Meer zu der Höhle, d.h. zu dem Hügelgrab des Utgardloki (Tyr in der Unterwelt) fahren.

Odin setzte die Toten in seinem Nachen über den Jenseitsfluß hinüber – der Schamanengott Odin ist auch der Jenseitsfährmann. (Später baute man eine Brücke über diesen Fluß – seitdem wurden auch die Runensteine für die Toten „Brücke" genannt.)

Das Schiff, in dem die Toten ins Jenseits fuhren, wurde „Naglfar" genannt. Dieser Name bedeutet „Gefährt aus den Finger-und Fußnägeln der Toten". In der Überlieferung ist daraus schon ein Bild des Schreckens geworden, dem man kaum noch anmerkt, daß diese Schiff einst die Sonnenbarke des Tyr gewesen ist.

Auch der Runen-beschriebene, magische Knochen des Ullr (siehe den Band 11 über Ullr) und das Schiff magische Schiff Skidbaldnir des Freyr bzw. Odin sind dieses Jenseitsschiff (siehe den Band 15 über Freyr).

I 11.   Hel die Wiederzeugungs-Geliebte

In dem vorliegenden Buch sind bereits Gunnlöd als die Wiederzeugungs-Geliebte des Odin, Nanna als die Wiederzeugungs-Geliebte des Baldur, und die Sklavin als die Wiederzeugungs-Geliebte des toten Fürsten der Rus in dem Reisebericht des Ibn Faldlan beschrieben worden.

Siehe zu diesem Thema auch die ausführlichen Betrachtungen in Band 51.

I 11. a)   Hyndla-Lied

Hier ist das Motiv der Wiederzeugung mit der Jenseitsgöttin Freya schon zum bissigen Spott verwendet worden:

Hyndla (an Freya):
„Nun scheide von hier, zu schlafen begehr' ich:
Wenig erlangst Du noch Liebes von mir.
Lauf in Liebesglut Nächte lang,
Wie zwischen Böcken die Ziege rennt.

Du liefst bis zur Wut nach Männern verlangend,
Mancher schon schlüpfte dir unter die Schürze.
Lauf in Liebesglut Nächte lang,
Wie zwischen Böcken die Ziege rennt. "

I 11. b)   Skaldskaparmal

In dem „Lehrbuch der Skaldendichtkunst" wird bei den Kenningar für die Sonne auch eine Umschreibung für „Hel" angeführt.

„Wie soll man die Sonne umschreiben?"
„Indem man sie die Tochter Mundilfaris nennt, oder Schwester des Mondes, Frau des Glenr, Feuer des Himmels oder Feuer der Luft.

So sang Skúli Thorsteinsson:

Glens frohe göttliche Bettgenossin watet
Strahlenumgeben in das Herrenhaus der Göttin;
dann kommt das gute Licht
des Mani im grauen Hemd herab."

„Glens Bettgenosse" ist die Sonnengöttin, da Glen ihr Mann ist. Mani ist der Mond, der aufgeht, wenn die Sonne am Abend in ihr „Herrenhaus" zurückkehrt. Das „Waten" der Sonne am Abend zeigt, daß die Sonne im Meer, d.h. in der Wasserunterwelt versinkt. Das Herrenhaus der Göttin wird demnach die Unterwelt im Meer sein. Die Göttin, der dieses „Herrenhaus" gehört, wird demnach entweder Hel oder die Meeresgöttin Ran sein, die auch als Jenseitsgöttin aufgefaßt wurde. Ihre Bezeichnung „Bettgenossin" ist eine Erinnerung an das Motiv der Wiederzeugung.

I 11. c) Ynglinga-Saga

Das Motiv der Wiederzeugung des Toten zusammen mit Hel finde sich noch deutlicher in dem bereits angeführten Lied, das um ca. 850 n.Chr. über den Tod des Königs Dyggvi verfaßt worden ist. Hel und Freya/Frigg sind hier offenbar noch nicht zu zwei deutlich verschiedenen Göttinnen geworden, sondern eher noch „Freya in der Hügelgrab-Höhle".

Es kann nicht / geleugnet werden,
daß Glitnis Verwandte / nun die Leiche des Dyggvi
zum Huren hat, / denn die Schwester des Wolfes
und des Narfi / wählten den königlichen Mann aus,

ja, Lokis Tochter hat nun / den mächtigen Herrscher
von Yngvis Volk / und spielt mit ihm.

- Glitni = Tyr-Riese; seine Verwandte = Hel
- huren = wörtlich spielen, was jedoch eine deutliche Assoziation zu Sex hat
- Schwester des Wolfes und des Narfi = Hel
- spielen = Sex haben
- Lokis Tochter = Hel
- Yngvis Volk = Schweden
(Hel ist die Wiederzeugungs-Geliebte der Toten im Jenseits.)

133

I 11. d) Gesta danorum

In dem um ca. 1185 verfaßten halb mythologischen und halb historischen Geschichtswerk des dänischen Mönches Saxo der Schriftkundige wird ausführlich die Ermordung des Baldur („Balder") durch Hödur („Hother") beschrieben, die hier als ein sehr ausführlicher, langer Kampf beschrieben wird.

Als er diese Neuigkeiten seinen Kriegern verkündete, erhob sich auch lautes Triumphgeschrei über dem ganzen Lager des Hother, während die Dänen das Schicksal des Balder beklagten. Balder, der seinen Tod nahen spürte und unter dem Schmerz in seiner Wunde litt, nahm am Morgen jedoch den Kampf wieder auf. Als er heiß tobte, bat er darum, auf einer Trage zu dem Schlachtfeld gebracht zu werden, damit es nicht so aussähe, als ob unbeteiligt in seinem Zelt läge. In der folgenden Nacht sah er in einer Vision Proserpina neben sich stehen und ihm versprechen, daß sie ihn am nächsten Morgen umarmen werde.
Die Bilder des Traums trügten nicht, denn als drei Tage vergangen waren, starb Balder an der heftigen Qual seiner Wunde. Seinem Körper wurde eine königliche Bestattung bereitet und sein Heer setzte ihn in einem Hügelgrab bei.

Die von Saxo dem Schriftkundigen „Proserpina" genannte Göttin ist zum einen Hel, weil sie ihn ins Jenseits ruft, aber zum anderen auch auch Freya, die Göttin der Wiederzeugung und der Wiedergeburt, da sie Baldur zu umarmen verspricht.

I 11. e) Hyndla-Lied

Ein Herz aß Loki, es lag in der Glut,
da fand er halbgar das Herz der Frau -
ein Kind trug Lopt bald von der Frau in sich,
und von dort kamen all die Ungeheuer unter den Menschen.

Das Herz der verbrannten Frau ist das Herz der Göttin Nanna bzw. der Hyrrokkin, die in diesem Zusammenhang beide die Jenseitsgöttin sind. Die „Glut" ist das Bestattungsfeuer. Die Wiederzeugung des Loki mit der Jenseitsgöttin und seine anschließende Wiedergeburt durch sie sind hier zu dem Verspeisen ihres Herzens, nachdem sie zusammen mit dem Toten, d.h. mit Loki, verbrannt worden ist, umgedeutet worden.
Aus der Wiedergeburt des Loki ist dabei die Geburt des Fenrir, der Jörmungandr und der Hel durch Loki geworden.

I 11. f) Wolfdietrich-Lied

In dieser Sage erscheint eine Riesin, die „rauhe Else" genannt wird. Die Symbolik, die mit ihr verbunden ist, zeigt, daß sie die Riesin Hel sein könnte. Sie hat auch noch Elemente der Jenseitsgöttin als der Wiederzeugungs-Geliebten bewahrt.

Diese Sage ist um ca. 1250 n.Chr., also nur 30 Jahre nach der Edda, verfaßt worden.

Sie blieben in dem Walde / bis sie befiel die Nacht.
Da begann Wolfdietrich: / „Ihr habt genug gewacht,
Ihr Herren legt euch schlafen; / ich will der Schildwacht pflegen."
„Behüte Gott," sprach Hache, / dieser wunderkühne Degen.

Ein „Degen" ist ein Ritter.

Da sprach Herzog Berchtung: / „Lieber Herre mein,
Warum willst Du uns dienen, / sind wir nicht alle Dein?
Ich mit meinen Söhnen, / ich wache was ich kann:
Ihr sollt euch schlafen legen, / ihr seid ein müder Mann."

Antwort gab Wolfdietrich, / ein kühner Degen hehr:
„Ich fürchte nun, ich diene / euer keinem nimmermehr.
Laßt mich euch heute dienen, / das ist der Wille mein.
Wollte Gott vom Himmel, / es sollte nur länger sein!"

Wolfdietrich ahnt die Ereignisse der kommenden Nacht voraus und sagt deshalb, daß er wohl keinem von ihnen noch weiter wird dienen können. Dieses Vorhersehen von Ereignissen ist ein häufiges Motiv in den Mythen und Sagen der Germanen.

Da sprach Herzog Berchtung: / „Ein rau Weib stellt euch nach:
Wie wollt ihr euch bewahren / vor ihr bis an den Tag?
Sie ist euch nachgegangen / bis in das dritte Jahr:
Sie hätt euch gern zum Manne, / das sag ich euch fürwahr."

„Rau" hat hier noch die Bedeutung „grob, gemein, gefährlich" und ähnliche Dinge.

Da gab Wolfdietrich Antwort: / „Wie kann ich mich da wahren?
Lieber komm' es in der Jugend, / was mir Leids soll widerfahren,
Als daß es mir gespart sei / ins Alter hinein.
Ich muß viel Drangsal leiden, / es mag nicht anders sein."

Da legten sie sich schlafen / die elf getreuen Mann;
Zu wachen Herzog Berchtung / bis Mitternacht begann.
Da wollte nicht mehr schlafen / Wolfdieterich, daß Ruh
Sein treuer Meister fände / gegen den Morgen zu.

Berchtung hatte die erste Hälfte der Nachtwache und Wolfdietrich die zweite.

Da nun entschlief der Meister, / da kam dem Feuer nah
Das raue Weib gegangen, / und sah den Fürsten da.
Sie ging auf allen Vieren, / nicht anders denn ein Bär.
Er sprach: „Bist Du geheuer? / Welcher Teufel trug Dich her?"

Das Wort „geheuer" hat hier die alte Bedeutung von „freundlich gesonnen".

Da sprach die raue Else: / „Geheuer bin ich gar.
Nun minne mich, Wolfdietrich, / Du wirst der Sorgen bar.
Ich gebe Dir ein Königreich, / dazu ein weites Land,
Daß es für eigen diene, / Herr, Deiner fürstlichen Hand."

„Minnen" bedeutet „lieben" und im weiteren Sinne auch „heiraten". Einer Sache „bar" werden, heißt sie „los zu werden" („barfuß" = „ohne Schuhe").

Dieses Versprechen eines Königreiches nach der Heirat mit der Wilden Frau ist ein erster Hinweis darauf, daß es sich bei dieser Sage um eine Umarbeitung des mythologisch-rituellen Motives der symbolischen Vereinigung des angehenden Königs mit der Göttin im Jenseits in seinem Krönungsritual oder um die Wiederzeugung im Jenseits handeln könnte.

Diese Heirat mit der Muttergöttin als Grundlage des Königtums ist bei den Indogermanen weit verbreitet und hat sich als Symbolik bei den irischen Königen noch bis ins 17. Jahrhundert hinein gehalten. Im Ritual wurde diese Heirat in Irland durch eine Vereinigung des Königs mit einer Stute, die die Göttin verkörperte, dargestellt. Ähnliche Rituale gab es auch bei den anderen indogermanischen Völkern. Die Herdentiere stellen in diesem Ritual und allgemein in der Symbolik der Wiederzeugung und der Wiedergeburt die Fruchtbarkeit der Göttin und die Zeugungskraft des Toten dar. Diese Symbolik ist sehr archaisch und reicht bis in die späte Altsteinzeit zurück.

„So ist mir nicht zu Sinne," / sprach Wolfdieterich,
„Daß ich Dich Teufel minne, / das glaube sicherlich.
Du sollst zur Hölle fahren, / da bist Du doch zu Haus.
Mich müht ohne Maßen / Dein ungefüger Saus."

„Saus" bedeutet „Lärm, schnelle Bewegung". Wolfdietrich ist von ihrer Erscheinung beunruhigt und abgestoßen.

Vor Zorn nahm sie Zauber / und warf ihn auf den Mann,
Davon sich Wolfdietrich / nicht wohl mehr sein besann.
Wie bald sie ihm sein gutes Schwert, / dazu sein Fohlen nahm:
Bevor er kam zu Sinne / war es hinweg in dem Tann.

„Sich seiner selber besinnen" bedeutet „bei Bewußtsein sein".
Die rauhe Else ist offenbar auch eine Zauberin.

Als er nun kam zu Sinne, / da griff er nach dem Schwert,
Sich und den Seinen hätt er / den Zauber abgewehrt:
Als er das Schwert nicht wieder fand, / da ging der kühne Mann
Und suchte nach dem Fohlen: / Da war das auch mit hindann.

Wolfdieterich gedachte: / „Was soll ich hier bestehn?
Und erwachen die getreuen / Elf in meinem Lehn,
So will sein Schwert mir Herbrand / für das meine geben:
Er meint ich wär ein Zager; / in Schanden muß ich leben."

Ein „Zager" ist ein furchtsamer Mensch.

Da ging nach dem Weibe / Wolfdietrich in den Tann.
Da war gemacht mit Zauber / ein Weg, auf den er kam.
Er lief des Nachts zwölf Meilen, / der kühne Weigand,
bis er die raue Else / unter einem Brunnen fand.

Dieser Brunnen könnte ursprünglich einmal der Jenseitseingang unter dem Weltenbaum gewesen sein, an dem die Nornen sitzen und aus dem die Hel herauskommen könnte, wenn sie das Diesseits betrat.

„Willst Du mich noch nicht minnen, / Wolfdieterich?"
„Du Teufelin, Du üble, / wie wollt ich minnen Dich?
Nun gib mir balde wieder / mein Schwert und mein Fohlen,
Das Du mir böslich / heute Nacht hast gestohlen."

Sie sprach: „Nun leg Dich schlafen, / Du bist ein müder Mann,
Und laß mich Dir scheiteln / Deine Locken wonnesam."
„Schlaf bei Dir der Teufel!", / sprach der kühne Degen.
„Wie sollt ich Gemaches / bei Dir rauem Weibe pflegen?"

Vor Zorn nahm sie Zauber / und warf ihn auf den Mann,
Es behing ihm an dem Herzen; / Schlaf fiel ihn an,
Daß er niedersinken / mußt auf den grünen Plan.
Da verschnitt sie die Nägel / dem tugendreichen Mann.

Sie nahm ihm von der Schläfe / der Locken zwo hindann,
Zu einem Thoren machte sie / den tugendreichen Mann,
Daß er im Wald besinnungslos / umlief ein halbes Jahr:
Von der Erde nahm er Speise, / das sag ich euch fürwahr.

Ein „Thor" ist hier kein törichter Narr, sondern ein Mann, der nicht recht bei Sinnen und Verstand ist.

Da erwachte Herzog Berchtung, / der treue Mann, zuhand.
Er erschrak vor Leide, / als er den Herrn nicht fand.
„O weh, mein Herr Wolfdietrich, / wohin bist Du gekommen!
Die raue Else, fürcht ich, / hat Dich uns benommen."

… … …

Da wallte Herzog Berchtung / von des Meeres Flut
Bis zur alten Troje / mit traurigem Mut,
Wo er die raue Else / vor einem Münster fand.
Da grüßte sie ihn tugendlich, / die wilde Frau, zuhand.

„Wallen" bedeutet „wandern, umherziehen" („Wallfahrt").

Da sprach Herzog Berchtung: / „Liebe Fraue mein,
Ich bät euch so gerne, / möcht es euer Wille sein,
Daß ihr den Herrn mir zeigtet, / den ihr mir habt genommen.
Ach meines lieben Herren! / Wohin ist er gekommen!"

Da sprach die raue Else: / „Ich hab ihn nicht gesehn:
Wie dürft ihr mich des zeihen! / Euch mag wohl Leid geschehn."
„Ach," sprach er, „liebe Fraue, / ich weiß doch, im Wald,
Ihr seid ihm nachgegangen: / Darin verlor ich ihn bald.

Nun ist's um meine Freude / erst völliglich getan:
Ach meines lieben Herren!", / so sprach der kühne Mann.
„Lieber Gott vom Himmel, / wie soll mir nun geschehn,
Und soll ich meinen Herren / nicht mehr lebendig ersehn!"

Da wallte Herzog Berchtung / durch all die Heidenschaft
Mit traurigem Mute / (Leibs hatt er wohl die Kraft)
Über Berg und über Tal: / Als er den Herrn nicht fand,
Vor Leid wär schier verdorben / dieser kühne Weigand.

Der „Weigand" bedeutet „Kämpfer" und wurde auch als allgemeine Bezeichnung eines Ritters o.ä. verwendet.

... ...

Da sandt Gott einen Engel / der Frau, will ich euch sagen.
Zu der Frau sprach der Engel: / „Was hast Du getan?
Daß Du willst verderben / einen so getreuen Mann.
Das widertu geschwinde, / Du ungeschlachtes Weib,

Oder in dreien Tagen / nimmt Dir der Donner den Leib."
Als des Engels Stimme / die raue Els vernahm,
Daß sie vom Himmel käme, / da hob sie sich hindann
Wieder nach dem Walde, / und suchte den jungen Mann.

„Widertun" bedeutet „etwas ungeschehen machen, etwas wieder auflösen".

Da fand sie Wolfdietrich / noch laufen in dem Tann
Gleich einem wilden Tiere. / Sie kam zu ihm heran
Und nahm hinweg den Zauber / von dem jungen Mann.
Da bekam er seine Sinne / wieder von dem Weib;

Doch war er noch verwildert / und schwarz an seinem Leib.
„Willst Du mich nun minnen?", / sprach die Frau zuhand.
Antwort gab Wolfdietrich, / der Held von Griechenland:
„Hättet Ihr die Taufe," / sprach der kühne Degen,

„So wollt ich mit Euch wagen / beides, Leib und auch Leben."
„Ich gewann gar wohl die Taufe, / edles Fürstenkind,
Wenn mir Deine Sinne / nicht sonst entgegen sind.
Du findest an mir Freude, / die Dir wohl behagt,

Wurde gleich die Schönheit / meinem rauen Leib versagt.
Von einer Stiefmutter / ich so verzaubert bin,
Das wisset, kühner Degen, / bis einst seinen Sinn
Auf mich kehrt der Beste, / der auf der Welt mag leben:

Die Jenseitsgöttin Hel als die gefürchtete Totenreich-Herrin ist ziemlich häufig zu einer 'bösen Stiefmutter' umgedeutet worden, die die Jenseitsgöttin als die ersehnte Wiederzeugungs-Geliebte in eine häßliche Riesin o.ä. verwandelt hat. Da sich dieses Motiv sowohl bei den Nordgermanen als auch bei den Südgermanen findet, wird es schon recht alt sein.

Der seid ihr, lieber Herre, / wollt ihr die Huld mir geben."
„Mir stünden meine Sinne," / sprach der kühne Mann,
„Wohl auf andre Dinge: / Die Getreun in meinem Bann,
Die hab ich in dem Walde / so wunderlich verloren,

Ich kann sie nie verschmerzen," / sprach der Degen hochgeboren.
Sie sind zu Deinen Brüdern, / denen haben sie geschworn
Und wurden da gefangen: / Den beiden schuf es Zorn,
Daß sie aus dem Herzen / Dich ließen nimmermehr.

Die vermessnen Helden / liegen da gefangen schwer."
Er sprach: „Edle Königin, / nun saget mir fürwahr,
Und wehrt mir euch zu minnen / nicht euer raues Haar?"
Sie sprach: „Darüber sollt ihr / ohne Sorgen sein.

Ich weiß es wohl zu fügen, / ergebt ihr sonst euch darein."
Da führte sie in einen Kiel / den kühnen Degen gut,
Da fuhren sie mit Freuden / über des Meeres Flut
Hin zu der alten Troje: / Da hatte sie ein Land.

„Kiel" ist hier als Teil eines Ganzen, d.h. als „Schiff" zu verstehen. „Troje" ist das „Troja" aus der griechischen Sage und ist hier als „weit entferntes Reich" zu verstehen.

Sie sprach: „Willst Du getreu sein, / so dient es gerne Deiner Hand."
Sie führt' ihn hin im Lande, / den Fürsten ausersehn,
Wo sie einen Jungbrunnen / vor dem Berge wußte stehn.
Der war warm zur Hälfte, / zur Hälfte war er kalt.

Dieser Jungbrunnen ist vermutlich auch der Brunnen unter dem Weltenbaum. Die Aufteilung der Wassertemperatur in zwei Hälften erinnert an das Aussehen der Hel, die zur Hälfte wie eine Lebende und zur Hälfte wie eine Tote aussieht.

Der Eingang in die Unterwelt war zugleich auch der Ausgang in das Diesseits – durch ihn ging die am Abend sterbende Sonne in das Jenseits und durch ihn gelangte die am Morgen wiedergeborene Sonne wieder in das Diesseits. Daher ist dieser Brunnen nicht nur der Ort der Wiedergeburt der Sonne, sondern auch der Ort der Geburt, durch den die Seelen der Neugeborenen ins Diesseits kommen.

Dieser Brunnen findet sich später im Märchen auch als Eingang in die Unterwelt zu Frau Holle.

Das Motiv der Seelen, die aus dem Brunnen ins Diesseits kommen, hat sich in der Vorstellung, daß der Storch (der im Wasser lebende Seelenvogel) die Kinder bringt, erhalten können.

Da sprang sie in den Brunnen / und befahl sich Gottes Gewalt.
Da wurde sie verwandelt: / Einst raue Els genannt,
Nun hieß sie Siegeminne, / die schönst ob allem Land.
Drinnen in dem Brunnen / ließ sie die raue Haut.

Nie eines Menschen Auge / hatt ein schöner Weib erschaut.
Am Leibe wohl geschaffen / war sie überall,
Gedreht wie eine Kerze / die Hüfte hin zu Tal.
Ihre lichten Wänglein / waren rosenklar;

Von Seiden trug sie Kleider, / das sag ich euch fürwahr.
„Willst Du mich nun minnen?“, / fragte sie zuhand.
Antwort gab Wolfdieterich, / der Held von Griechenland:
„Ihr seid so schön geworden / und so minniglich:

Euer Leib ist gar verwandelt, / der erst einem Teufel glich.“
„Darum sollst Du mich minnen, / Du tugendreicher Mann.“
Antwort gab Wolfdieterich, / der Degen lobesam:
„Wenn ich nun selber wäre / wie vor einem Jahr,

So wollt ich gern Euch minnen, / das sag ich Euch fürwahr.“
Da sprach Frau Siegeminne: / „Willst Du sein wie Du gewesen,
So spring in den Brunnen, / alsbald wirst Du genesen.
So schön wirst Du wieder / wie ein Kind von sieben Jahr,

Und auch dazu gar minniglich, / das sag ich Dir fürwahr."
Da sprang in den Brunnen / der tugendreiche Mann.
Zu einem Bette führte / sie den Verjüngten dann.
Da legt' er sich schlafen, / der getreue Wolfdietrich,

Zu seiner schönen Frauen; / sie waren beide minniglich.

Nach dem Bad in dem Jungbrunnen erscheint die Riesin als die schönste aller Frauen. Der Gegensatz von rauer Else und Siegeminne ist derselbe wie der von Hel und Freya: Beide sind zwei Aspekte der ursprünglichen Jenseitsgöttin, die sowohl der Tod war als auch die Geliebte bei der Wiederzeugung. Diese beiden Aspekte waren so gegensätzlich, daß sie sich schließlich voneinander getrennt haben und zwei verschiedene Göttinnen bzw. Riesinnen bildeten, die jedoch in den Mythen und Sagen immer noch Bezüge zueinander haben wie hier die Verwandlung der Else/Hel in die Siegeminne/Freya.

Die Stiefmutter, die zuvor die Siegeminne in die rauhe Else verwandelt hat, ist ein weiteres Bild für die gefürchtete Jenseitsgöttin, d.h. für die Riesin Hel.

In einer anderen Version der Sage ist die rauhe Else ein Meerweib, das den Wolfdietrich zum Mann verlangt. Dieser willigt jedoch erst ein, als sie ihre Haut ablegt und eine wunderschöne Frau wird. In dieser Version der Sage ist die rauhe Else die Jenseitsgöttin der Wasserunterwelt – also eher die Riesin Ran als die Riesin Hel – wobei beide letztlich dieselbe Gestalt sind: die gefürchtete Verkörperung des Todes.

I 11. g)   King Henry

Das Thema der Vereinigung eines Königs mit einer Riesin findet sich auch in englischen Volksliedern. Ein Beispiel dafür ist das Lied über King Henry, das vor allem durch die Band „Steeleye Span" bekannt geworden ist. Dies ist eine späte Variante der rituellen Heirat des Königs mit der Muttergöttin bei seiner Krönung. Eine ganz ähnliche Szene wie in diesem Lied findet sich auch schon in vielen germanischen Sagas wie z.B. in der Saga über König Hrolf Kraki und seine Berserker (siehe „Hrolf Kraki" in Band 76).

Niemals soll ein Mann heiraten
dem eines dieser drei Dingen fehlt:
ein Vorrat an Gold, ein offenes Herz
und eine Fülle an Mitgefühl.

Und diese hatte König Heinrich,
auch wenn er ganz alleine lag,
denn er war zu einer Halle gegangen, in der es spukte,
sieben Meilen vor der Stadt.

Er jagte die Hirsche vor sich her
und die Ricken das Tal hinab,
bis König Heinrich den größten Bock
in der ganzen Herde geschossen hatte.

Seine Jäger folgten ihm zu der Halle
um ihn laut zu feiern,
als sich ein heftiger Sturm erhob
und die Erde erschüttert wurde.

Dunkelheit bedeckte die ganze Halle
in der sie mit ihrem Fleisch saßen,
die Jagdhunde jaulten, verließen ihr Fleisch
und krochen zu Heinrichs Füßen.

Immer lauter heulte der Wind
und zerbrach das verschlossene Tor
und herein kam ein grausiger Geist
und stampfte über den Boden.

Ihr Kopf stieß gegen den Firstbalken des Hauses
ihre Mitte konnte man nicht umfassen,
alle Jäger ergriff die Frucht, sie flohen aus der Halle
und ließen ihren König allein.

Ihre Zähne waren wie Zaunpfähle
ihre Nase wie eine Keule oder ein Stampfer
und sie schien nichts weniger zu sein
als ein Teufel, der aus der Hölle kam.

„Etwas Fleisch, etwas Fleisch, König Heinrich,
gib mir etwas Fleisch,
geh und töte Dein Pferd, König Heinrich,
und bring es her zu mir.“

Er ging und schlachtete sein nußbraunes Roß
und es erfüllte sein Herz mit Schmerz
als sie es mit Haut und Knochen verschlang
und nur Fell und Haare übrigließ.

„Mehr Fleisch, mehr Fleisch, König Heinrich,
gib mir mehr Fleisch,
geh und töte Deine Jagdhunde, König Heinrich,
und bring sie her zu mir.“

Und er ging und schlachtete seine guten Jagdhunde
und es erfüllte sein Herz mit Schmerz ,
als sie sie mit Haut und Knochen verschlang
und nur Fell und Haare übrigließ.

„Mehr Fleisch, mehr Fleisch, König Heinrich,
gib mir mehr Fleisch,
geh und töte Deine Jagdfalken, König Heinrich,
und bring sie her zu mir.“

Und er ging und schlachtete seine guten Jagdhabichte
und es erfüllte sein Herz mit Schmerz,
als sie sie mit Haut und Knochen verschlang
und nur Federn übrigließ.

„Einen Trank, einen Trank, König Heinrich,
gib mir einen Trank,
nähe das Fell Deinen Pferdes zusammen
und bringe mir darin einen Trank.“

Und er nähte seines Rosses blutiges Fell zusammen
und leerte einen Schlauch Wein hinein
und sie trank es alles in einem Zug aus
und ließ keinen Tropfen darin.

„Ein Bett, ein Bett, König Heinrich,
bereite mir ein Bett;
Du mußt die grüne Heide ausraufen
und es weich für mich machen."

Und er raufte die grün Heide aus
und bereitete ihr ein Bett
und er nahm seinen Umhang
und breitete ihn darüber.

„Zieh' nun Deine Kleider aus, König Heinrich,
und lege Dich an meiner Seite nieder;
schwöre nun, schwöre nun, König Heinrich,
daß Du mich zur Braut nimmst."

„Oh Gott bewahre," sprach König Heinrich,
„daß es jemals dazu kommen soll,
daß ein Teufel aus der Hölle
sich an meiner Seite ausstrecken wird."

Als die Nacht vorüber und der Tag gekommen war
und die Sonne in die hohe Halle schien,
lag die schönste Frau, die man je gesehen hatte
zwischen ihm und der Wand.

„Ich habe so manchen edlen Ritter getroffen,
der mir zu speisen gab,
aber niemals zuvor einen tugendhaften Ritter,
der mir all' meine Wünsche erfüllte."

I 11. h) Zusammenfassung

Da Freya als die Wiederzeugungs-Geliebte des Sommergottes Tyr, des Winter-gottes Loki und allgemein der Toten letztlich mit Hel identisch ist, kann auch Hel selber als die Wiederzeugungs-Geliebte des Baldur und der Könige erscheinen.

I 12.   Hel die Wiedergeburts-Mutter

Hel wird nirgendwo explizit als Wiedergeburts-Mutter der Toten geschildert. Diese Funktion ergibt sich aber zwangsläufig daraus, daß sie die Wiederzeugungs-Geliebte des Baldur und der Könige ist.

Siehe dazu auch das Kapitel „Wiedergeburt" in Band 51.

I 13.   Hel die Wiederstillens-Amme

Die Göttin als Wiedergeburts-Geliebte und als Wiedergeburts-Mutter im Jenseits ist auch die Wiederstillens-Amme der Toten.

Das Motiv des Wiederstillens ist bei den Indogermanen schon früh durch das Trinken des Ritualtranks ersetzt worden (siehe den Band 69 über den Göttermet). Da Hel die Jenseitsgöttin ist, findet sich auch der Göttermet in ihrer Obhut.

I 13. a)   Wegtam-Lied

Diese Szene, in der über den Met für Baldur in der Hel berichtet wird, ist bereits angeführt worden:

Wala:
„Hier steht dem Baldur der Becher eingeschenkt,
Der schimmernde Trank, vom Schild bedeckt.
Die Asen alle sind ohne Hoffnung.
Genötigt sprach ich, nun will ich schweigen."

I 13. b)   Zusammenfassung

Als Jenseitsgöttin, die u.a. die drei Aspekte der Wiederzeugungs-Geliebten, der Wiedergeburts-Mutter und der Wiederstillens-Amme hat, ist Hel auch im Besitz des Göttermets, der an die Stelle der Milch der Göttin getreten ist.

I 14.   Begegnungen mit Hel

In den Liedern und Sagas wird auch außerhalb der Schamanen-Jenseitsreisen und der Bestattungs-Rituale über einige Begegnungen mit Hel berichtet.

I 14. a)   Das Lied über Helgi Hiörvard-Sohn

In dieser Saga wird eine Begegnung mit Hel beschrieben:

Hedin war daheim bei seinem Vater Hiörward, König in Noreg. Da fuhr Hedin auf Julabend einsam heim aus dem Wald und fand ein Zauberweib. Sie ritt einen Wolf und hatte Schlangen zu Zäumen und bot dem Hedin ihre Folge.
„Nein", sprach er.
Da sprach sie: „Das sollst Du mir entgelten bei Bragis Becher."
Abends wurden Gelübde verheißen und der Sühne-Eber vorgeführt, auf den die Männer die Hände legten und bei Bragis Becher Gelübde taten. Hedin vermaß sich eines Gelübdes auf Swawa, Eilimis Tochter, seines Bruders Geliebte. Danach gereute es ihn so sehr, daß er fortging auf wilden Stegen südlich ins Land, wo er seinen Bruder Helgi traf.

Das Zauberweib, das auf einem Wolf ritt und Schlangen als Zaumzeug benutzte ist Hel mit ihren Geschwistern, dem Fenris-Wolf und der Midgardschlange. Sie erscheint auch bei Baldurs Bestattung und wird dort „Hyrrokkin" („Rußgeschwärzte") genannt.

„Bragis Becher" ist der „Bragafull", bei dem man vor allem am Julabend Eide ablegte. Offenbar hat Hel aus Ärger darüber, daß Hedin ihre Begleitung (also vermutlich seinen eigenen Tod) ablehnte, ihn dazu veranlaßt, den Eid zu schwören, die Geliebte seines Bruders zu heiraten. In der Saga von Hedin und Högni ist diese Geliebte die Göttin Freya selber, die wie eine Walküre in Odins Auftrag einen endlosen Krieg zwischen den beiden Brüdern verursachen soll.

Offenbar hat Hel aus Ärger darüber, daß Hedin ihre Begleitung (also wohl seinen Tod) ablehnte, ihn dazu veranlaßt, den Eid zu schwören, die Geliebte seines Bruders zu heiraten. In der Saga von Hedin und Högni ist diese Geliebte die Göttin Freya selber, die wie eine Walküre in Odins Auftrag einen endlosen Krieg zwischen den beiden Brüdern verursachen soll.

„Helgi" und „Hedin" sind beides Beinamen des ehemaligen Sonnengott-Göttervaters Tyr. Der Sommergott Tyr und der Wintergott Loki, die sich endlos gegenseitig töten und dadurch die Jahreszeiten verursachen, können nur wiedergeboren werden, wenn sie sich zuvor mit der Jenseitsgöttin vereinen. Daraus entstand das Motiv des

Streites um die „schönste aller Frauen", von dem alle indogermanischen Nationalepen geprägt sind – die Jenseitsgöttin wurde von der Wiederzeugungs-Geliebten und Wiedergeburts-Mutter (Swawa) über die Todesbringerin (Zauberweib/Hel) zu der Ursache des „Großen Krieges", der ursprünglich zwischen Tyr (Helgi) und Loki (in den Sagas: „Högni/Hagen") stattfand.

In diesem Helgi-Lied scheint Helgi der alte, sterbende Tyr und Hedin der junge, wiedergeborene Tyr zu sein.

I 14. b) Völsungen-Saga

Nach der Niederlage der Völsungen erscheint bei deren langsamer Hinrichtung die Frau des den Völsungen feindlichen gesonnenen Königs in der Gestalt einer Wölfin, um die Gefangenen zu töten. Dies ist die einzige Erwähnung einer weiblichen Wölfin. Möglicherweise handelt es sich um eine Saga-Variante der Hel-Hyndla, da „Hyndla" die Bedeutung „Hündchen" hat und Hel-Hyrrokkin auf Fenrir reitet.

Als Signy sah, daß ihr Vater getötet und ihre Brüder ergriffen und dem Tod bestimmt waren, bat sie König Siggeir zur Seite um mit ihm zu sprechen und sagte: „Dies will ich von Dir erbitten, daß Du meine Brüder nicht eilig töten läßt, sondern sie für eine Zeitlang in den Fußblock legst, denn ich erinnere mich an das Sprichwort, das sagt 'Süß dem Auge, solange es gesehen wird'. Aber ich werde nicht um längeres Leben für sie bitten, denn ich weiß, daß diese Bitte mir nichts nutzen wird."

Der Fußblock ist eine Form des Prangers und besteht aus zwei Balken mit Einkerbungen, in denen die Fesseln der Beine eingesperrt werden, sodaß der Betreffende nicht mehr laufen kann. Von dieser Form des „Fuß-Prangers" gab es verschiedene Varianten wie z.B. den im Folgenden beschrieben „Gemeinschafts-Balken".

Da antwortete Siggeir: „Du muß verrückt sein und den Verstand verloren haben, daß Du so um mehr Schande für Deine Brüder als nur die ihrer jetzigen Niederlage bittest. Aber dennoch will ich Dir dies gewähren, denn es gefällt mir um so besser, je mehr sie ertragen müssen und je länger ihre Pein dauert, ehe der Tod zu ihnen kommt."
Nun ordnete er es an, wie sie es gewünscht hatte und es wurde ein mächtiger Balken gebracht und an einem bestimmten Ort im Wild-Wald auf die Füße der Brüder gelegt. Dort saßen sie bis in die Nacht, aber um Mitternacht kam, als sie dort am Pranger saßen, eine Wölfin aus dem Wald. Sie war alt und sowohl groß als auch von bösartigem Aussehen und das erste, was sie tat, war, einen der Brüder so lange zu

beißen, bis er starb und dann fraß sie ihn auf und ging ihres Weges.

Am nächsten Morgen aber sandte Signy einen Mann zu den Brüdern, den, dem sie am meisten vertraute, weil sie wissen wollte, wie es ihnen ergangen war. Und als er zurückkehrte, erzählte er ihr, daß einer von ihnen tot war und es schien ihr ein großes Leid zu sein, wenn sie alle auf diese Weise sterben sollten und doch wußte sie nicht, was sie für sie tun könnte.

Die Geschichte hierüber ist schnell erzählt: Neun Nächte hintereinander kam um Mitternacht die Wölfin und in jeder Nacht tötete sie einen der Brüder bis sie alle tot waren außer Sigmund allein.

Da sandte Signy, bevor die zehnte Nacht kam, jenen vertrauenswürdigen Mann zu ihrem Bruder Sigmund und gab ihm Honig in die Hand und bat ihn, den Honig auf Sigmunds Gesicht zu streichen und ein bißchen davon in seinen Mund zu geben. Da ging er zu Sigmund und tat wie ihm geheißen ward und kam dann wieder zurück.

In der nächsten Nacht kam die Wölfin von ihrem Verlangen getrieben und wollte ihn töten und verschlingen so wie sie es mit seinen Brüdern getan hatte. Aber da roch sie den Duft, der von ihm ausging, weil er mit Honig bestrichen worden war. Sie leckte mit ihrer Zunge über sein ganzes Gesicht und steckte ihm dann ihre Zunge in seinen Mund.

Davor hatte er keine Furcht, sonder fing die Zunge der Wölfin zwischen seinen Zähnen und wie sehr sie daraufhin auch zurückzuckte und wie mächtig sie sich auch von ihm zurückzog und ihre Füße gegen den Fußblock stemmte, sodaß alles zu reißen begann – er aber hielt ihre Zunge so fest, daß sie an ihrer Wurzel abriß und das war ihr Tod.

Einige Leute aber sagen, daß diese Wölfin die Mutter des Königs Siggeir gewesen ist, die sich selber mithilfe von Trollkünsten und Hexerei in die Gestalt einer Wölfin verwandelt hatte.

I 14. c) Zusammenfassung

Hel erscheint als Zauberweib, als Reiterin auf einem Wolf, den sie mit einem Schlangenzaumzeug lenkt, sowie möglicherweise auch als Wölfin.

I 15.   Die Toten in der Hel

I 15. a)   Das andere Lied über Sigurd Fafnir-Töter

Eine ähnliche Beschreibung von Bestrafungen von Menschen im Reich der Hel für ihre Vergehen im Diesseits wie in dem bereits besprochenen Sonnenlied findet sich auch schon im Sigurd-Lied:

Andwari:
„Harte Strafe wird Menschensöhnen,
Die in Wadgelmir waten.
Wer mit Unwahrheit den andern belügt:
Überlang schmerzen die Strafen. "

„Wadgelmir" bedeutet in etwa „tosende Furt". Sie wird vermutlich mit der Quelle „Hvergelmir" unter dem Weltenbaum identisch sein. Diese Furt in einem tosenden Fluß ist wahrscheinlich ein Alternativ-Bild zu der Brücke über den Jenseitsfluß Gjallar – zumal dessen Name „Lärmender, Tosender" bedeutet. Die Brücke scheint angesichts dieses Namens des Jenseitsflusses die deutlich komfortablere Weise zu sein, um ins Jenseits in die Halle der Hel zu gelangen …

„Hvergelmir" bedeutet „brodelnder Kessel". Aus dieser heißen oder heftig sprudelnden Quelle, die an einen Geysir erinnert, entspringen zwölf Flüsse. Einer von ihnen ist der Jenseitsfluß Gjallar. Vermutlich sind diese zwölf Flüsse eine Vervielfältigung dieses einen Jenseitsflusses.

„Menschensöhne, die Wadgelmir waten" sind demnach Menschen in der Unterwelt.

I 15. b)   Zusammenfassung

Es gab möglicherweise bereits bei den Germanen Ansätze zu einem „moralischen Jenseits", also zu der Ansicht, daß die Menschen dort für ihre Verbrechen bestraft werden – diese Auffassung der Hel könnte allerdings auch erst unter dem Einfluß des Christentums entstanden sein, da in den älteren Texten der Krieger-Mut und die Todeswunde den Zugang zu Walhall ermöglichten.

I 16.   Redewendungen

In den Redewendungen, in denen der Name „Hel" verwendet wird, ist oft nicht ersichtlich, ob „Hel" eine Ort oder eine Person ist. Möglicherweise gab es auch für die Germanen diese Doppeldeutigkeit des Namens „Hel".

I 16. a)   „zur Hel fahren"

a) Die Vision der Seherin

Surt fährt von Süden mit flammendem Schwert,
Von seiner Klinge scheint die Sonne der Götter.
Steinberge stürzen, Riesinnen straucheln,
Zu Hel fahren Helden, der Himmel klafft.

b) Atli-Lied

Gudrun:
„Nun lügst Du, Atli! Doch laß ich's bewenden.
Selten war ich sanft; doch sätest du Zwist.
Unbändig strittet ihr jungen Brüder,
Daß zu Hel die Hälfte Deines Hauses fuhr:
Zu, Grunde ging alles, was Glück bringen sollte."

c) Wafthrudnir-Lied

Von der Joten und aller Asen Geheimnissen
Kann ich Sicheres sagen,
Denn alle durchwandert hab ich die Welten,
Neun Reiche bereist ich bis Nifelheim nieder;
Da fahren die Helden zu Hel.

König Eystein saß am Heck als sie an Jarl vorübersegelten. Ein anderes Schiff fuhr neben seinem Schiff und als eine starke Welle kam, schlug dessen Rahe gegen den König und warf ihn über Bord, was sein Tod war. Seine Leute fischten seinen Körper aus dem Meer und er wurde nach Borre gebracht, wo ein Hügelgrab über ihm errichtet wurde – seewärts in Raden, bei Vodle.

So sang Thjodolf:

Eysteinn fuhr, / als er auf der Segelstange saß,
zur Tochter / des Bruders des Byleistr
und nun liegen / seine Gebeine
unter einem Hügel / aus Stein,

dort, wo die Wasser / des Flusses Vadla,
die kalt sind wie Eis, / in das Meer fließen.

- Bruder des Byleist = Loki; dessen Tochter = Hel
- Hügel aus Stein = Hügelgrab

(Eysteinn wurde nach einer Plünderung durch einen Windzauber des Beraubten getötet, der bewirkte, daß er von der Rahe, auf der er saß, ins Wasser gestoßen wurde.)

I 16. b) „zur Hel reiten"

a) Gylfis Vision

Modgud heißt die Jungfrau, welche die Brücke bewacht: die fragte ihn nach Namen und Geschlecht und sagte, gestern seien fünf Haufen toter Männer über die Brücke geritten, „und nicht donnert sie jetzt minder unter Dir allein, und nicht hast Du die Farbe toter Männer: warum reitest Du den Helweg?"

Er antwortete: „Ich soll zu Hel reiten, Baldur zu suchen. Hast Du vielleicht Baldur auf dem Helweg gesehen?"

Da sagte sie, Baldur sei über die Giöllbrücke geritten, „aber nördlich geht der Weg hinab zu Hel."

I 16. c) „zur Hel senden/schicken/treiben"

a) Fiölswin-Lied

Windkald (Tyr-Svipdag):
„Sage mir, Fiölswin, was ich Dich fragen will
Und zu wissen wünsche:
Gibt es keine Waffe, die Windofnir möchte
Zu Hels Behausung senden?"

b) Atli-Lied

Da hieben sie Wingi zu Hel ihn zu senden,
Gebrauchten der Äxte, bis der Atem ihm schwand.

c) Atli-Lied

Giukis Tochter traf tödlich zwei Männer.
Den Bruder Atlis schlug sie, daß man ihn bahren mußte:
Bis ein Fuß ihm fehlte, focht sie mit ihm.
Den andern hieb sie also, daß er Aufstehns vergaß:
Den hatte sie zu Hel gesandt; ihre Hände bebten nicht.

d) Gylfis Vision

Da kam Magni herbei, der Sohn Thors und Jarnsaxas, der erst drei Winter alt war,
der warf Hrungnirs Fuß von Thor und sprach: „Schmach und Schande, Vater! daß
ich so spät kam. Ich glaube, ich hätte diesen Riesen mit der Faust zur Hel gesandt,
war ich mit ihm zusammengetroffen."

e) Harbard-Lied

Thor:
„Harbard, Schändlicher! Zu Hel schick ich Dich,
Möcht ich über den Sund setzen."

f) Lokasenna

Thor (an Loki)*:*
„Schweig, unreiner Wicht, sonst soll mein Hammer
Miölnir den Mund Dir schließen.
Hrungnirs Töter schickt Dich zu Hel hinab
Hinter der Toten Gittertor."

g) Die Saga über Harald Haarschön

Steinkels Truppen, die sehr kühn waren,
und von Jarl Hakon angeführt wurden,
wurden von der Kraft unserer Reiter
in einer Stunde zu Hel, der Todesgöttin getrieben.
Und der große Jarl, so sagen die Leute
gab nicht zu, daß er fortrannte,
als seine Leute von dem Feld flohen
– er zog sich zurück und kann nicht wiedergefunden werden.

h) Skirnir-Lied

In diesen Versen droht Skirnir der Riesin Gerdr damit, daß sie sich von Welt fort zu Hel hin wenden werde, wenn sie nicht in die Heirat mit Freyr einwilligt – er droht ihr also mit dem Tod. Es herrschten damals bisweilen ruppige Methoden bei der Brautwerbung …

Skirnir:
„Siehst Du, Mädchen, das Schwert, das scharfe, zaubernde,
Das ich halt in der Hand?
Seine Schneide erschlägt den alten Riesen,
Fällt deinen Vater tot.

Mit der Zauberrute zwingen werd ich Dich,
Maid, zu meinem Willen.
Dahin wirst Du kommen, wo Kinder der Menschen
Dich nicht mehr sollen sehen.

Auf des Aaren Felsen in der Frühe sollst Du sitzen,
Weg von der Welt gewandt zu Hel.
Speise sei Dir widriger als wem auf Erden
Der menschenleide Midgardswurm.“

I 16. d)   „von Hel gerufen werden“

a) das Lied des Skalden Thodol über Halfdan den Sanften

Durch Hels Ruf wurde ein großer König
zu Odins Thing fortgeholt:
König Halfdan, der zuletzt in Holtar wohnte,
mußte dem grimmen Schicksalsspruch folgen.
In Borre, in dem Königshügel,
legten sie den Helden in die Erde.

b) das Lied über den Tod des Königs Halfdan Eystein-Sohn

In diesem Lied über den Tod des an einer Krankheit gestorbenen Königs Halfdan Eystein-Sohn, wird Hel „Lokis Kind“ genannt.

Lokis Kind rief vom Leben
zu ihrem Thing den dritten Lehensherrn,
als Halfdan vom Holtar-Hof
das Leben verließ, das ihm zugemessen war.

I 16. e)   „von Hel umarmt werden“

a) Fost-Brüder-Saga

„Ich kann wie andere in meiner Familie durch meine Träume die Zukunft vorhersehen und ich habe allerlei über mich selber geträumt, aber nur wenig über Dich. Doch das, was ich träume, wir auch geschehen – Deine Lady Hel wird Dich umarmen und all Dein Besitz wird verderben. Übel-erlangte Güter gedeihen niemals.“

I 16. f) „sich mit Hel vereinen"

a) Völsungen-Saga

Nun berichtet die Geschichte von Gunnar, daß es ihm in derselben Weise erging, denn als sie erwachten, erzählte ihm Glaumvor, sein Weib, viele Träume, die ihr ein Zeichen dafür sein schienen, daß Verrat drohte: Gunnar jedoch deutete sie in anderer Weise.

„Dies war einer von ihnen," sprach sie, „mir schien, ein blutiges Schwert wurde in diese Halle hier hereingetragen, mit dem durch durchbohrt wurdest, und an beiden Enden der Halle heulten Wölfe."

Der König antwortete: „Unsere Hunde werden mich wohl beißen – blutige Waffen bedeuten oft Hundebisse."

Sie sprach: „Und wieder träumte mir: Eine Frau kam herein, schwer von Gemüt und niedergeschlagen und wählte Dich als Gemahl. Vielleicht war dies Deine Schicksalsfrau."

Er antwortete: „Dies ist schwer zu deuten und niemand kann dem ihm zugemessenen Schicksal ausweichen und es ist auch nicht unwahrscheinlich, daß meine Zeit nur noch kurz ist."

So erhoben sie sich am Morgen und richteten ihre Gedanken auf die Reise.

Die „Schicksalsfrau" ist offenbar die Walküre, die Sterbenden ins Jenseits holt.

I 16. g) „Hel holt jemanden"

a) Fafnir-Lied

Sigurd:
„Du gabst Deinen Rat, ich aber gehe dennoch
zu dem in der Heide verborgenen Gold.
Und Du, Fafnir, kämpfst mit dem Tod
und liegst dort, wo Hel Dich holen wird."

156

I 16. h) „Hel hat jemanden"

a) Atli-Lied

Atli begann grimmig das Wort:
„Üble Schau ist hier und Euer die Schuld.
Hier standen dreißig streitbare Degen;
Nur elfe sind übrig: zu arg ist die Lücke!
Fünf Brüder waren wir, als Budli starb:
Nun hat Hel die Hälfte, verhauen liegen zweie!"

I 16. i) „in den Banden der Hel"

a) Beowulf-Epos

Die folgende Schilderung zeigt sehr anschaulich, was einen Grabräuber dem Willen der Bestatter zufolge erwartete:

Denn mächtige Fürsten, / die das Gold niederlegten,
mit einem Fluch bis zum Letzten Tag / verbargen es tief,
sodaß der Mann mit Sünde / gekennzeichnet sein würde,
umzingelt von Schrecken, / in Hel-Banden gefesselt,
bedrängt von Seuchen, / der ihren Hort rauben würde.

b) Die Vision der Seherin

In der „Vision der Seherin" wird Hel selber nur einmal direkt erwähnt. In der Beschreibung des beginnenden Ragnarök scheinen die „Bande der Hel" wohl den drohende Todesschicksal und vielleicht auch die Todesangst darzustellen.

Yggdrasil zittert, die Esche, doch steht sie,
Es rauscht der alte Baum, da der Riese frei wird.
Sie bangen alle in den Banden Hels
Bevor sie Surturs Flamme verschlingt.

I 16. j)   „Helweg"

a) Gylfis Vision

Surt fährt von Süden mit der Geißel der Äste (=Feuer)
Die Sonne der Schlachtengötter strahlt von seinem Schwert;
Die Felsen bersten, die Riesinnen sinken,
Die Toten drängen sich auf dem Helweg, und der Himmel ist gespalten.

b) Gylfis Vision

   Als nun die Asen sich erholt hatten, da sprach Frigg und frug, wer unter den Asen ihre Gunst und Huld gewinnen und den Helweg reiten wolle, um zu versuchen ob er da Baldur fände, und der Hel Lösegeld zu bieten, daß sie Baldur heimfahren ließe gen Asgard.

c) Gylfis Vision

   Modgud heißt die Jungfrau, welche die Brücke bewacht: die fragte ihn nach Namen und Geschlecht und sagte, gestern seien fünf Haufen toter Männer über die Brücke geritten, „und nicht donnert sie jetzt minder unter Dir allein, und nicht hast Du die Farbe toter Männer: warum reitest Du den Helweg?"

I 16. k)   „Hels Haus/Halle/Behausung/Reich"

a) Fiölswin-Lied

   Windkald (Tyr-Svipdag):
„Sage mir, Fiölswin, was ich Dich fragen will
Und zu wissen wünsche:
Gibt es keine Waffe, die Windofnir möchte
Zu Hels Behausung senden?"

b) Odins Rabenzauber

Der Weise frug die Wächterin des Tranks,
Ob von den Asen und ihren Geschicken
Unten im Hause der Hel sie wüßten
Anfang und Dauer und endlichen Tod.

c) Wegtam-Lied

Aufstand Odin der Allerschaffer,
Und schwang den Sattel auf Sleipnirs Rücken.
Nach Nifelheim hernieder ritt er;
Da kam aus Hels Haus ein Hund ihm entgegen,

Blutbefleckt vorn an der Brust,
Kiefer und Rachen klaffend zum Biß,
So ging er entgegen mit gähnendem Schlund
Dem Vater der Lieder und bellte laut.
Fort ritt Odin, die Erde dröhnte,
Er kam zu der hohen Halle der Hel.

d) Gylfis Vision

Danach kommen Baldur und Hödur aus dem Reiche Hels.

e) Ynglingatal

In diesem Lied wird Hel als „Wächterin der Gräber" umschrieben. Der in den Versen genannte Ort hieß wörtlich „Toten" – es besteht jedoch kein Zusammenhang mit dem deutschen Wort „Tod".

König Halfdan Weiß-Bein lebte bis er ein alter Mann wurde und starb ins einem Bett in dem Ort 'Toten'. Von dort wurde sein Leib nach Westfold gebracht und in der Nähe von Skirings-Tal unter einem Hügel an dem Platz, denn man Skareid nannte, bestattet.

So spricht Thjodolf:

Und der starke Familien-Zweig / des Thror
war in Norwegen gediehen. / In früheren Zeiten
beherrschte Olaf / einen großen Teil
der Westmar, / bis eine Fußkrankheit

das Leben / des Kriegers
an der Küste / von Westfold nahm.
Nun liegt der König / des Krieges begraben
in einem Hügelgrab / in Geirstadir.

   - Thror = Gedeihender = Odin (auch ein Name für einen Zwerg, ein Schwert und einen Eber)

I 16. l)   „Volk/Leute/Gefolge der Hel"

a) Gylfis Vision

Ein Schiff segelt von Norden über die See
mit den Leuten der Hel – am Bug steht Loki;
nach dem Wolf folgen wilde Männer
und mit ihnen geht der Bruder des Byleist.

   „Byleists Bruder" ist Loki. Lokis zweiter Bruder heißt Helblindi.

b) Gylfis Vision

   Mit Loki ist Hels ganzes Gefolge und Muspels Söhne haben ihre eigene glänzende Schlachtordnung.

I 16. m) Zusammenfassung

Wenn man stirbt, wird man „von Hel gerufen", „von Hel geholt", „fährt man zur Hel" oder „reitet zur Hel". Der Pfad, der zu ihr führt, wird „Helweg" genannt.

Wenn man ermordet wird, wird man „zur Hel gesandt", „zur Hel geschickt", „zur Hel gestoßen" oder „zur Hel getrieben".

Danach „hat Hel den Toten" und ist man ist „Hels Haus", in „Hels Halle", in „Hels Behausung" oder in „Hels Reich" und gehört dann zu „Hels Volk", zu „Hels Leuten" oder zu „Hels Gefolge".

Im Jenseits ist man „in den Banden der Hel", man wird „von Hel umarmt" und „vereint sich mit Hel".

„Hel" ist der prägende Begriff in den gesamten Jenseitsvorstellungen zumindestens in den neueren Überlieferungen nach 500 n.Chr.

I 17. Hel, Nornen, Walküren und Hulda

Hel als „Göttin der Unterwelt" hat einen fließenden Übergang zu den Walküren, die die Todesbotinnen des Göttervaters sind. Ursprünglich werden die Walküren jedoch eine Vervielfältigung der Jenseitsgöttin Frigg bzw. Freya gewesen sein – alle drei besitzen ein Hemd, mit dessen Hilfe sie sich und andere in einen Vogel verwandeln können. Dies ist eine technische Umdeutung der Astralreise, d.h. des Verlassens des materiellen Körpers beim Tod oder in der Trance, durch die man „wie ein Vogel" über seinem eigenen Leib schwebt.

Auch Hulda ist der Hel eng verwandt. Es ist nicht eindeutig, was sie ist: eine Göttin, eine Riesin, eine Walküre oder eine Seherin. Auch die Übergänge zwischen diesen vier Gestalten sind fließend. Der Zusammenhang dieser Gestalten mit dem Jenseits ist hingegen sehr deutlich: Sie ist eine Seherin, eine Zauberin, die Herrin der Trolle und sie kann sich in einen Drachen verwandeln.

Die früheste Erwähnung der Hulda findet sich um 200 n.Chr. auf römischen-germanischen Dankesstelen am Niederrhein, die der Göttin Hludana gewidmet sind.

Aus ihr wurde dann später im Märchen Frau Holle.

I 18.   Die Hel-Haut

I 18. a)   Landnamabok

Die „Hel-Haut" taucht in dieser Saga über die Besiedlung Islands als Ausruf oder Beiname auf.

Als der König das nächste mal auf Wikinger-Raubfahrt war, lud die Königin Bragi den Skalden in ihr Haus ein und bat ihn, gut nach den Jungen zu sehen, die drei Jahre alt waren. Sie schloß die Jungen mit Bragi in einer Kammer ein und verbarg sich selber unter der Empore.
Da sang Bragi diese Verse:

„Zwei sind hier innen, / Ihnen traue ich,
Hamund und Geirmund, / Hjors eigenen Nachkommen;
aber Leif, der dritte, / der Sohn der Lodhott:
ziehe ihn nicht auf, Königin – / nur wenige werden sich als übler erweisen!"

Dann schlug er mit seinem Stab auf die Empore, unter der sich die Königin versteckt hatte. Als der König heimkam, erzählte die Königin ihm dies und zeigte ihm die beiden Jungen und er schwor, daß er noch nie solche 'Hel-Häute' gesehen habe, weshalb die beiden Jungen danach stets so genannt wurden.

I 18. b)   Half und seine Recken

Dieselbe Szene wird in dieser Saga etwas ausführlicher beschrieben, sodaß die Bedeutung von „Hel-Haut" hier etwas besser faßbar wird, auch wenn sie selber garnicht genannt wird.
Der Skalde Bragi, der hier auftritt, scheint entweder ein sehr guter Beobachter und Omendeuter oder ein wenig hellsichtig gewesen zu sein, wie die folgende Szene zeigt. Ob diese Fähigkeit etwas mit dem Gott Bragi zu tun hat, ist ungewiß.

König Hjor Halfsson nahm Hagny, die Tochter des Königs Haki Hamundsson, zur Frau. König Hjor zog zu einem Treffen der Könige und während er fort war, gebar Hagny zwei Söhne und sie waren schwarz und fürchterlich häßlich und einer von ihnen wurde Hamund genannt und der andere Geirmund.

Eine Dienerin gebar zur derselben Zeit einen Sohn, der Leif genannt wurde. Er war sehr hübsch. Die Königin vertauschte die Söhne mit der Dienerin und brachte Leif zu dem König.

Der König zog wieder fort. Die Jungen waren nun drei Jahre alt. Leif wurde immer zaghafter als er älter wurde, aber Hamund und Geirmund wurden riesig und sprachen sehr verständig.

Der Skalde Bragi kam zu einem Fest dorthin. Eines Tages waren alle Männer im Wald und die Frauen in den Haselgebüschen um Nüsse zu sammeln; niemand war in der Halle war außer Bragi, der auf dem Ehrenplatz saß, und der Königin, die sich unter einem Haufen von Kleidern versteckt hatte.

Leif saß auf dem Thron und spielte mit Gold, aber Hamund und Geirmund waren auf dem Stroh unten auf dem Fußboden. Aber dann gingen sie zu Leif hinüber und stießen ihn von seinem Stuhl und nahmen ihm all sein Gold. Er schrie.

Bragi stand auf und ging dahin, wo die Königin lag, stieß mit seinem Stab in die Kleider und sprach:

„Hier innen sind zwei / und ich vertraue beiden,
Hamund und Geirmund: / sie wurden dem Hjor geboren;
aber der dritte, Leif, / ist Lodhotts Sohn.
Du hast niemals / diesen Jungen geboren, Frau!"

Da tauschte Hagny die Söhne wieder mit der Dienerin.

Heute würde man in derselben Situation statt „Hel-Haut" vermutlich „Wechselbalg" sagen. Das Wort „Wechselbalg" bedeutet „ausgetauschter Säugling", wobei „Balg" abwertend „kleines Kind" bedeutet, aber eigentlich ein vollständiges Tierfell ist, das in der Regel wie bei einem Blasebalg zusammengenäht wurden ist.

Die Wechselbälger sind in den alten Geschichten stets Kinder der Trolle, der Elfen, des Teufels oder anderer Geister, also Wesen aus dem Jenseits. Es wäre also durchaus denkbar, daß sich die Bezeichnung „Hel-Haut" ursprünglich auf das Fell des Herdentieres bezogen hat, in das man die Toten wickelte und in dem sie zur Hel reisten.

Ähnlich wie die Vogel-gestaltige Seele im Jenseits die Inspiration für den Storch als den Bringer der Seelen bzw. aus dem jenseits ins Diesseits war, könnte auch das Fell, in das man die Toten gewickelt hat, die Inspiration für die Wechselbälger gewesen sein – das, was der Seele auf ihrer Reise vom Diesseits in Jenseits passieren konnte, konnte ihr auch auf ihrer Reise vom Jenseits ins Diesseits geschehen …

I 18. c) Die Saga über Geirmund Hel-Haut

In der Saga über Geirmund, einen der beiden Zwillinge, wird noch einmal über die die Entstehung des Beinamens „Hel-Haut" berichtet.

Geirmund Hel-Haut war der Sohn des Königs Hjor, Sohn des Half, Sohn des Königs Hjorleif. König Hjors zweiter Sohn hieß Hamund und wurde ebenfalls „Hel-Haut" genannt.

... ...

Sie waren beide sehr groß und überaus häßlich anzusehen, aber das auffälligste an ihrer Häßlichkeit war, daß jeder fand, daß er nie dunklere Haut als bei diesen Jungen gesehen hatte.

... ...

Der König blickte auf die Jungen und sagte, „Ich bin mir ziemlich sicher, daß diese Jungen mit mir verwandt sind, aber ich habe noch nie derartige Hel-Häute wie bei diesen Jungen gesehen."
Das ist der Grund, warum sie 'Hel-Haut' genannt wurden.

I 18. d) Landnamabok

An einer anderen Stelle der Saga wird nur kurz über den zweiten Bruder mit dem Beinamen 'Hel-Haut' berichtet.

Hamund Hel-Haut heiratete Helga Helgi-Tochter, nachdem ihre Schwester Ingun gestorben war.

I 18. e) Faröische Heldenlieder: Högni-Lied

In diesem Lied werden 'Elends-Häute' genannt, die mit den 'Hel-Häuten' verwandt sein könnten.

Antwort gab Gudrun Jukis Tochter: „Des will ich nun walten,
Gislar und jung Hjarnar sollen es beide entgelten."
„Hör' das, meine gewaltige Süße, schmiede mir dazu den Plan:
Wie sollen wir den starken Högni aus seinem Leben fah'n.

Das ist nicht kleines Heldenwerk, Högni entgegen zu gehn:
Wo er sich im Kampfe befindet, da hat er ein Haupt am Spieß.
„Nehmen sollst Du drei Elendshäute und röten im Männerblute:
Hierüber soll Högni laufen, von großem Zorn abgemattet.

Hör' das, tapfrer König Artala, das sollst Du nicht vergessen:
„Schlagen sollst Du sie vor die Hallentür und fest mit Eisen heften."
Das war König Artala, er vergaß das nun nicht:
Er schlug sie vor die Hallentür und heftete sie mit Eisen fest.

Gudrun steht vor dem breiten Tisch und spricht nun von ihrem Schmerze:
„Nun soll Gislar, der Bruder mein, zuerst auf die Häute gehen."
Högni stieg vom Tische auf, nicht wollt' er Worte sparen:
Allein von allen Jukis Helden gibt er die Antwort.

Högni so zu den Worten greift, er spricht aus schwerem Kummer:
„Heim sollen Gislar und Hjarnar fahren, ihre Mutter zu erfreuen.
Gislar und Hjarnar waren beide daheim bei ihrer Mutter,
Als ich und Gunnar nahmen das Leben dem Sjurdur."

Gudrun so zu den Worten greift: „Dennoch sollen wir des walten:
Gislar und Hjarnar und die Brüder all sollen's gleich entgelten."
Gislar und Hjarnar mußten auf die Häute gehen:
Alle sahen sie niederfallen, keiner wieder aufstehen.

Gudrun steht vor dem breiten Tisch, und spricht nun von ihrem Schmerze:
„Nun soll Gunnar, der Bruder mein, darnach auf die Häute gehen.
Das war Gudrun Jukis Tochter, sie schuf ihnen Sorge und Harm:
Rückwärts schlug sich König Gunnar heraus aus der glänzenden Burg.

Das war der tapfre König Gunnar, der befand sich in großer Drangsal:
Spaltete Türen aus zähem Eisen, er konnte nicht zorniger sein.
König Gunnar sprang auf die Häute, es entstund nun noch größerer Schmerz:
Alle sahen ihn niederfallen, keiner wieder aufstehn.

Gudrun steht vor dem breiten Tisch, sie spricht von ihrem Schmerze:
„Nun soll Högni, der Bruder mein, zuletzt auf die Häute gehen."
Högni so zu den Worten greift, er faßt an sein geschmücktes Schwert:
„Besser war's in Jukis Höfen zu trinken gemischten Met!"

Das war Högni Jukis Sohn, der befand sich in großer Drangsal:
Zwölfhundert fällt' er nieder und räumt' vor sich den Durchgang.
Högni nimmt dann das Schwert – das will ich euch erzählen –
Geht so vorwärts in den Saal und denkt an seine Mutter.

Da sprach Högni Jukis Sohn, er stützt' sich auf das gezogene Schwert:
„Dennoch will ich gehn auf die Elendshäute und sehn wie's ergeht."
Högni sprang über die Elendshäute, er ließ es also geschehen:
Sein Fuß stieß ihm nicht daran: das schien ihm nichts zu vollbringen.

Högni sprang über die Häute, er fand hier nicht den Tod:
Er kam nieder auf dem grünen Feld und stützte sich auf Schild und Schwert.
Högni sprang über die Elendshäute, doch hoffte er nicht auf Friede:
Da stund vor ihm gerüstet König Artalas ganzes Heer.

Das Betreten dieser „Elends-Häute" scheint eine Art Gottesurteil zu sein. Da offenbar die Gefahr bestand, auf ihnen zu sterben, könnten sie eine Weiterentwicklung, d.h. eine praktische magische Anwendung der Symbolik der Helhaut als Bestattungsfell sein: Das Betreten des Bestattungsfelles, also der „Hel-Haut" zeigte, wer auf ihm starb und dann in dies Fell gewickelt in das Jenseits reisen mußte.

In diesem Lied werden drei „Elends-Häute" mit Männerblut gerötet und dann mit „Eisen", also wohl mit Nägeln vor die Hallentür geschlagen. Derjenige, der die Probe zu bestehen hatte, mußte auf oder über diese Häute springen, wobei die meisten niederfielen und nicht wieder aufstanden. Der einzige, der bei dieser Probe nicht starb, sprang über die Häute ohne sich den Fuß an ihnen zu stoßen und landete „auf dem grünen Feld", also auf der Wiese.

Dies klingt ein bißchen wie ein Weitsprung-Wettbewerb – nur daß diejenigen, die nicht über die Häute springen konnten, dabei starben. Wenn man davon ausgeht, daß eine „Haut", also ein Fell, zwischen 1m (Ziege) und 3m (Stier) lang gewesen sein wird, kommt man auf eine Strecke von 3-9m, über die man springen mußte.

Es wäre auch denkbar, daß 'Hel-Haut' und 'Elends-Haut' einst einmal die Bezeichnung für das Fell gewesen sind, auf dem die beiden Männer bei einem Zweikampf gestanden haben (siehe dazu „Zweikampf" in Band 73). Diese Funktion wäre dann im Högni-Lied allerdings schon nicht ganz verstanden worden.

Der einzige andere „gefährliche Sprung" in der germanischen Überlieferung findet sich in der Sturlaug-Saga, in der Sturlaug über einen Graben voller Gift springen muß, um in einen Tempel zu gelangen, der eine Darstellung der Hel ist (siehe „Kolfrosta" in Band 28). Möglicherweise ist dieser 'Sprung' der Abstieg in das Hügelgrab und das 'Gift' die Gase, die sich in einem solchen Hügelgrab bildeten und das Atmen sehr erschwerten.

Bei allen vier Deutungsversuchen der 'Hel-Haut' (Wechselbalg, Bestattungsfell, Zweikampf, Sprung) bleibt die Frage offen, warum diese Felle schwarz sind – einfach, weil sie mit der Unterwelt assoziiert worden sind?

I 18. f) Blauland

Möglicherweise hat man sich auch einfach die Hel sowohl als Ort als auch als die Jenseitsgöttin schwarz vorgestellt und hat dunkelhäutige Menschen als 'Hel-Haut' bezeichnet. Das würde auch erklären, warum man sowohl das Jenseits im Norden als auch Afrika als „Blau-Land" bezeichnet hat (siehe „blau" in Band 46). Man unterschied nicht zwischen „Blau" und „schwarz", d.h. man sah die Afrikaner nicht als schwarzhäutige Menschen, sondern als „blauhäutige Menschen" an. Auch der tote Urriese Ymir wurde „Blain", d.h. „Blauer" genannt.

I 18. g) Zusammenfassung

Die Bedeutung der schwarzen 'Hel-Haut' ist unklar. Sie könnte das Bestattungsfell sein, aber auch das Fell, das einen Zweikampfplatz markiert hat. Es könnte auch mit einem 'gefährlichen Sprung' in eine Hügelgrab hinein assoziiert worden sein. Schließlich könnte noch ein Zusammenhang zu den Wechselbälgern, also zu ausgetauschten Babys bestehen.

Sicher ist lediglich, daß die 'Hel-Haut' nichts Gutes gewesen ist, sondern etwas, was man lieber vermieden hat.

Möglicherweise ist 'Hel' in 'Hel-Haut' auch einfach die Farbbezeichnung 'dunkel' (germanisch: 'blauschwarz') gewesen.

I 19. Sonstiges

I 19. a) Heidarviga-Saga

In der Heidarviga-Saga findet sich die folgenden Verse, das Thorbiorn nach einem heftigen Ehekrach gedichtet hat:

Es war früh am Morgen, kurz nach Sonnenaufgang. Thorbiorn rief nach seinem Frühstück und es wird von nichts berichtet, was die Hausfrau herbeibrachte, außer einer Schale, die sie auf den Tisch stellte. Thorbiorn schrie, daß er nicht gut bedient würde, und schlug die Schale zwischen ihre Schultern. Daraufhin wandte sie sich ihm zu und schrie laut und war zänkisch und beide waren hart zueinander.

„Du hast mir das gebracht", schrie er, „und es nichts als Blut darin und es ist ein Wunder, daß nichts Falsches darin siehst!"

Da antwortete sie kühl und ruhig: „Ich habe Dir nichts vorgestellt, was Du nicht gut essen könntest; und ich denke nichts Schlechtes über das Wunder, das Du siehst, denn es bedeutet, daß Du ganz schnell in der Hel sein wirst. Denn genau das wird das sein, was Du erhalten wirst."

Thorbiorns Frau wünscht ihren Mann offensichtlich „zur Hölle".

Da sang er ein Gedicht:

„Der Schatz-tragende Stamm, / den ich zur Frau habe,
wird wegen meines Todes / nie die schwarze Witwen-Haube tragen
obwohl ich weiß, / daß das Feld der Halskette
an allen Tagen meines Lebens / unter der Erde liegen wird:

Die, die die Bier-Runde einschenkt, / würde mir zum Essen
die Äpfel des Hel-Obstgartens reichen! / Ein nie vorher gehörte Übel!
Aber dieses Schatz-tragende Brett / wird nun wohl kaum, scheint mir,
die Macht haben, / dies auch zu vollbringen."

Der „*Schatz-tragende Stamm*" ist leicht ironisch für „Schmuck-tragende Frau". Das „*Schatz-tragende Brett*" ist die Frau des Thorbjörn mit dem Schmuck, den sie trägt.

Das „*Feld der Halskette*" ist die Brust, in der das Herz schlägt, d.h. im Übertragenen Sinne das „Leben".

„*Die, die zur Bier-Runde einschenkt*" ist ebenfalls Thorbiorns Frau.

Das Anbieten der „*Äpfel aus dem Obstgarten der Hel*" bedeutet offensichtlich, daß man jemandem den Tod wünscht. Die Äpfel der Idun, die das Leben geben, scheinen hier die gegenteilige Bedeutung erlangt zu haben. Dieselbe Umdeutung der Äpfel findet sich z.B. auch in der keltischen und slawischen Mythologie und in der Bibel in der Erzählung über Adam und Eva.

Da sprang sie auf und lief davon und nahm einen Käselaib und warf ihn vor ihn hin. Sie aber setzte sich auf der gemauerten Bank auf der anderen Seite nieder und weinte.
Da sang Thorbiorn noch ein Gedicht:

„Ja, der, der das Roß der Strömung, / den edel-gezäumten Renner
des seefahrenden Ati / voran treibt,
hat keinen Dank für die Frau, / die ihn beweint,
während er rasch / über das Angesicht der Erde fährt.

Denn sie, die schöne Insel / der Handgelenk-Flamme, so scheint mir,
wird es verdrießlich finden, / wenn sie mich,
den Freund der Heide-Räuber / unter die Erde bringt,
und ihn mit heftigem Wangenregen / eine rasche Reise wünscht."

Das „*Roß der Strömung*" und der „*edel gezäumte Renner des Ati*" sind beides Kenningar für „Drachenschiff".
Die „*Handgelenk-Flamme*" ist der goldene Armreif, den Thorbiorns Frau trägt. Sie selber ist die „*Insel*" auf der sich diese „Flamme" befindet.
Die „*Heide-Räuber*" sind Wölfe. Thorbiörn ist ihr „Freund", weil er sie mit den Leichen der von ihm getöteten Männer füttert.
Der „*Wangenregen*" sind die Tränen.

„Nun sind die Dinge ziemlich grob geworden. Es dünkt mir, als ob beide Giebelwände des Hauses niedergebrochen wären, und mir ist, als ob ich einen mächtigen Fluß sehen würde, der von Norden aus der Heide her durch das Haus fließt, und er scheint mir aus Humus zu sein – und nach nichts anderem schmeckt der Käse, den ich esse."
Mit diesen Worten sprangen Thorbiorn und sein Diener von der Tafel auf, gingen zu ihren Pferden, stiegen auf ihre Rücken und ritten durch das Gatter-Tor.

Sehr viel Einfühlungsvermögen und Diplomatie zeigt Thorbiorn in dieser Szene nicht gerade, auch wenn er ein guter Dichter gewesen zu sein scheint …
Die damaligen Skalden waren oft nicht gerade umgängliche Charaktere wie z.B. auch Gunnlaug Schlangenzunge oder Egil Skallagrimson zeigen.

I 19. b) Gylfis Vision

Weiterhin zählt man einen zu den Asen, den einige den Verlästerer der Götter, den Anstifter alles Betrugs, und die Schande der Götter und Menschen nennen. Sein Name ist Loki oder Loptr, und sein Vater der Riese Farbauti; seine Mutter heißt Laufey oder Nal; seine Brüder sind Bileist und Helblindi.

Der Name des Loki-Bruder „Helblindi" bedeutet „Hel-blinder". Dieser Name ergibt einen Sinn, wenn man bedenkt, daß Odins blindes Auge es ihm ermöglicht, in Hels Totenreich zu sehen. Dieser Bruder des Loki könnte somit einst einmal Odin gewesen sein. Dieser Göttername ist auch insofern beachtenswert, als es ansonsten keine germanischen Personennamen gibt, die mit „Hel" im Sinne von „Unterwelt(-sgöttin)" zusammengesetzt sind. Es muß sich bei „Helblindi" daher um einen beschreibenden Namen handeln.

Der zweite Bruder des Loki, der den Namen „Byleist", also „Bienenblitz" trägt, sollte dann eigentlich Hönir entsprechen. Dieser seltsame Name ergibt vor dem Hintergrund, daß Hönir der Priester der Götter gewesen ist, einen Sinn, da man aus Honig den rituellen Met herstellte und der Blitz bei den Indogermanen als Waffe des Göttervaters angesehen wurde – bei den Germanen gehört er jedoch zu dem Donnergott Thor.

„Helblindi" könnte wie andere mit „blind" gebildete Namen wie z.B. „Solblindi" ursprünglich den ehemaligen Sonnengott-Göttervater Tyr in der Unterwelt bezeichnet haben, der dort als Blinder und als Schwarzsonne aufgefaßt worden ist (siehe auch „Blind" in Band 63).

Loki, Helblindi und Byleist könnten somit ursprünglich einmal die Götterdreiheit Odin, Loki und Hönir gewesen sein, die die drei Stände repräsentiert hat: Odin die Krieger und Fürsten, Hönir die Priester und Heiler, und Loki die Bauern und Handwerker.

Loki und Odin wurden in der Edda zumindestens noch als Blutsbrüder angesehen.

I 19. c) Gylfis Vision

In dieser Vision des Königs Gylfi wird berichtet, wie Thor mit der Riesin Elli kämpfte, ohne zu ahnen, daß sie das Alter war. Dies wird eine Fortsetzung des Kampfes des Beowulf mit der Mutter des Grendel und des Kampfes des Grettir mit der Riesin sein. Alle drei Riesinnen sind letztlich vermutlich Hel selber.

Da sprach Thor: „So klein ihr mich nennt, so komme nun her, wer da wolle und ringe mit mir: nun bin ich zornig."

Da antwortete Utgardloki, indem er nach den Bänken sah, und sprach: „Ich sehe keinen Mann hier drinnen, den es nicht ein Kinderspiel dünken würde, mit Dir zu ringen. Aber laßt sehen," fuhr er fort, „die alte Frau ruft mir herbei, meine Amme Elli: mit der mag Thor ringen, wenn er will. Sie hat schon Männer niedergeworfen, die mir nicht schwächer schienen als Thor."

Alsbald kam eine alte Frau in die Halle: zu der sprach Utgardloki, sie solle sich mit Asathor messen.

Wir wollen den Bericht nicht längen; der Kampf lief so ab: je stärker Thor sich anstrengte, je fester stand sie. Nun fing die Frau an, ihm ein Bein zu stellen, Thor wurde mit einem Fuße los und ein harter Kampf folgte; aber nicht lange währte es, so war Thor auf ein Knie gefallen. Da ging Utgardloki hinzu und gebot ihnen, den Kampf einzustellen.

Er fügte hinzu: „Thor habe nun nicht nötig, noch andere an seinem Hof zum Kampf zu fordern."

Es war auch bald Nacht. Da wies Utgardloki den Thor und seine Gefährten zu den Sitzen, und sie brachten da die Nacht bei guter Aufnahme zu.

... ...

Da sprach Utgardloki : „Nun will ich Dir die Wahrheit sagen, da Du wieder aus der Burg gekommen bist, in die Du, so lang ich lebe und zu befehlen habe, nicht noch öfter kommen sollst."

... ...

„Ein großes Wunder war es auch um den Ringkampf, den Du mit Elli rangst, da keiner jemals ward noch werden wird, den nicht, wenn er so alt wird, daß Elli ihn erreicht, das Alter zu Fall brächte."

I 19. d) Magnusdrapa

In diesem um 1044 n.Chr. verfaßten Lied des Skalden Arnor findet sich Hel als Kämpferin – eigentlich wohl als Tod-Bringerin:

Der nicht-träge Herrscher stürmte
mit seiner breiten Axt vor
und warf seine Brünne fort;
ein Schwert-Lärm erhob sich
rings um den Herrscher der Hordar,
als der Fürst den Stil mit beiden Hände ergriff
und der gestaltende Wächter des Himmels ihm das Land gab;
Hel spaltete bleiche Schädel.

- Schwert-Lärm = Kampf
- Hordar = Norwegischer Stamm; deren Herr = norwegischer König = Magnus
- Wächter des Himmels = Gott

I 19. e) Alwis-Lied

Die Verse dieses Liedes erwecken den Eindruck, als ob es im Reich der Hel eine eigenständige Sprache gäbe. Die Auflistungen in den folgenden Strophen sind aber wohl lediglich eine Systematisierung von verschiedenen Gruppen von Heitis (Umschreibungen mit einem Wort) und Kenningarn (Umschreibungen mit mehreren Worten), deren Einteilung keinen großen mythologischen Tiefgang haben wird.

Die folgenden Verse antwortet der Zwerg Alwis jeweils auf die Fragen des Thor:

„Mond sagen Sterbliche, Scheibe Götter,
Bei Hel sagt man rollendes Rad,
Sputer bei Riesen, Schein bei Zwergen,
Jahrzähler aber bei Alfen.“

... ...
„Menschen sagen Wolken, Wässerer Götter,
Windschiff die Wanen,
Riesen Regenbringer, Alfen Naschwetter,
Bei Hel heißen sie Nebelhelm.“

... ...
„Wind bei den Menschen, Wehn bei den Göttern,
Wieherer höhern Wesen,
Greiner bei Joten, bei Alfen Lärmer,
Bei Hel heißt er Heuler.“

... ...
„Den Menschen Feuer, Flamme den Göttern,
Woger sagen Wanen,
Riesen Raschler, Zwerge Zünder,
Bei Hel heißt es Wüster.“

... ...

173

„Bei Menschen Saat, Samen bei Göttern,
Gewächs bei den Wanen,
Bei Riesen Atzung, bei Alfen Stoff,
Bei Hel heißt sie wallende See."

... ...
„Bei Menschen Ael, bei Asen Bier,
Wanen sagen Saft,
Bei Hel heißt es Met, bei Riesen helle Flut,
Geschlürf bei Suttungs Söhnen."

I 19. f) Brakteaten

Die Brakteaten sind kleine, dünne Goldbleche, in die Ornament und figürliche Motive geprägt worden sind. Sie waren keine Münzen, auch wenn sie durch die römischen Kaisermedaillons inspiriert worden waren, sondern Talismane. Sie wurden von den Germanen während der Völkerwanderungszeit hergestellt, d.h. ungefähr von 300 n.Chr. bis 700 n.Chr.

Auf einigen dieser Brakteaten sind Gestalten zu sehen, die Hel sein könnten – oder zumindestens „Frauen im Jenseits mit einer Hel-ähnlichen Funktion".

Brakteat IK 82 aus Inderöy (Vika)

174

Auf dem Brakteat IK 82 ist wieder der Mann mit dem Ring (zu Fuß) und die Frau mit dem Stab zu sehen. Der Baum zwischen ihnen ist sicherlich der Weltenbaum.

Brakteat IK 206

Auf dem Brakteat IK 206 ist eine Frau (angedeutete Brüste) auf einem Thron zu sehen, neben der sich zwei (Seelen-)Vögel befinden. Dies könnten auch die beiden Raben sein, die die Jenseitsgöttin in ihrer Gestalt als Hulda dem Odin geschenkt hat, wie in der Huldar-Saga berichtet wird.

Neben ihren Händen befinden sich jeweils drei Punkte – evtl. ein Hinweis auf die drei Nornen oder auch auf das Hrungnir-Herz (Sonne, Seele, Tyr), das aus drei ineinander verschlungenen Dreiecken besteht.

Darstellungen einer Göttin mit zwei (Seelen-)Vögeln findet sich auch auf dem keltischen Kessel von Gundestrup.

Diese Frau könnte somit die „Mutter der Seelenvögel" sein. Sie könnte sowohl die Riesin Hel als auch die Norne Urd sein und auch die Totengöttin Frigg/Freya.

Brakteat IK 124 aus Mauland

Auf dem Brakteat IK 124 ist ein Reiter mit einem Ring vor einer Frau mit einem Stab zu sehen. Die Stabträgerin könnte eine Seherin („Völva/Wala" = „Stab-Frau") sein. Der Reiter wäre dann ein Toter der im Jenseits ankommt und dort empfangen wird. Der Ring in der Hand des Reiters wird Draupnir sein.

Das Urbild dieses Reiters in den germanischen Mythen ist Baldur und in einer untergeordneten Funktion auch der Hermod Odin-Sohn, der eine Verselbständigung des Schamanen-Aspektes seines Vaters ist.

Diese Szene findet sich auch auf einigen Runensteinen. Die Frau könnte auch eine Walküre sein – ähnlich wie Modgud, die den Hermod auf der Gjallar-Brücke empfängt.

Die „Frau im Jenseits, die die Toten empfängt" ist ein Teil der Mythen von Frigg, Freya, den Nornen, der Hel, der Walküren und ansatzweise auch noch der Seherinnen – weshalb sich nicht genau entscheiden läßt, um wen es sich auf diesen Darstellungen handelt. Diese Kenntnis ist aber auch nicht notwendig, weil dieses Bild auf jeden Fall einen Teil der Vorstellungen über Hel bildet – egal, mit welchem Namen die damaligen Germanen die Gestalt auf diesen Brakteaten bezeichnet haben mögen.

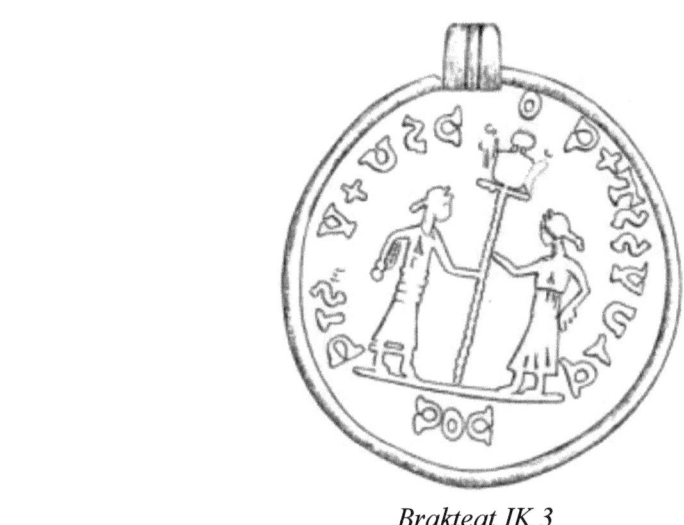

Brakteat IK 3

Auf dem Brakteat IK 3 ist wieder ein Mann und eine Frau zu sehen sowie zwischen ihnen ein Stab, auf dem ein Gegenstand steht, der diesen Stab vermutlich zu einem Ritual-Gegenstand macht. Wahrscheinlich ist er ein Symbol des Weltenbaumes.

Der Mann hält statt des Ringes möglicherweise einen Zweig in seiner Hand. Es wäre denkbar, daß es sich um eine Mistel handelt, da diese als immergrüne Pflanze ursprünglich wohl dieselbe Symbolik wie der Ring Draupnir gehabt haben wird.

I 19. g)   Runensteine

Die „Frau vor dem Reiter" ist auch auf einigen schwedischen Runensteinen zu sehen.

177

Hel auf den Runensteinen

Runenstein 2 von Alskog

Runenstein von Halla Bora

Runenstein von Stenkirka

Runenstein von Tangelgaerda

Die Frau mit einem Horn mit Met, die den ankommenden Reiter begrüßt, ist dieselbe wie auf den Brakteaten. Ob sie eine Walküre oder Hel selber ist, läßt sich nicht entscheiden – zwischen beiden besteht auch kein prinzipieller Unterschied.

Auf dem Runenstein von Alskog reitet der Mann auf Odins dem achtbeinigem Sleipnir. Er könnte daher Odin oder sein Sohn Hermod sein, aber auch jeder beliebige Tote, wenn Sleipnir allgemein als das „Jenseitsreise-Pferd" aufgefaßt worden sein sollte. Gegen eine Deutung des Reiters als Odin spricht, daß der Reiter keinen Speer trägt, der sonst fast immer das Kennzeichen des Göttervaters ist.

Die einzige aus den Mythen bekannte Szene, in der Sleipnir ins Jenseits reitet, ist der Ritt des Hermodr, der versucht, Baldur zurückzuholen. Er begegnet zunächst der Walküre/Wächterin Modgud und anschließend der Hel. Da der Met, der sich vermutlich in der Hand der Frau auf den Abbildungen befindet, im Besitz der Hel und nicht der Walküren ist, erscheint es wahrscheinlicher, daß die Frau Hel selber ist – aber gewiß ist dies keineswegs.

178

Auf den Runensteinen von Alskog, Stenkirka und Tangelgaerda ist zudem unter bzw. über dem Reiter ein „Hrungnir-Herz" zu sehen. Dieses auf verschiedene Weisen geflochtene Dreieck ist ein Symbol für die Sonne (Tyr) und für die Seele, die ihren Sitz im Herzen hat. Daher werden diese Szenen die Seele des Toten, für den dieser Runenstein errichtet worden ist, bei ihrer Ankunft im Jenseits darstellen.

I 19. h) Die Saga über Harald Hart-Rat

Als sie bei Solund vor Anker lagen, hatte ein Mann, der Gyrd genannt wurde und der an Bord des Schiffes des Königs war, einen Traum.

Ihm schien, daß er auf dem Schiff des Königs stand und eine große Zauber-Frau auf der Insel stehen sah, die eine Mistgabel in der einen Hand und einen Trog in ihrer anderen Hand hielt.

Ihm schien auch, daß er über die gesamte Flotte hinblickte und daß auf dem Heck eines jeden Schiffes ein Vogel saß und daß all' diese Vögel Raben oder Adler waren.

Und die Zauber-Frau sang dieses Lied:

„Von Osten her hole ich den König,
Nach Westen bringe ich den König;
So mancher Edle wird dorthin gelangen,
Raben über Giukes Schiff sind passend ...
Sie blicken auf die Opfer, die ihnen am passendsten erscheinen.
Auf dem Vordersteven werde ich mit ihnen segeln!
Auf dem Vordersteven werde ich mit ihnen segeln!"

Die Zauberfrau ist offenbar Hel selber.

Die Bedeutung von Mistgabel und Trog, die eigentlich auf eine Magd hinweisen, ist unklar.

I 19. i) Oddruns Klage

Oddrun war die Frau des Burgunder-Königs Gunnar.

Groß war das Geklapper / der vergoldenten Hufe,
als Giukis Söhne / durch das Tor ritten.
Das Herz rissen sie da / dem Högni heraus,
und den anderen / warfen sie in die Schlangenhöhle.

anderer = Gunnar

Schlangenhöhle = die zur Tötung in einer mit Schlangen gefüllten Grube umgedeu-
tete Grabkammer eines Hügelgrabes, in der der Totengeist in Schlangengestalt liegt

Der weise Held / zupfte da seine Harfe
... ... / ... ...
Denn der hochgeborene König / hoffte noch in seinem Herzen
daß ihm von mir / Hilfe kommen werde.

Da bin ich alleine / zu Geirmund gegangen,
um den Trank zu mischen / und zu bereiten;
plötzlich hörte ich klar / von Hlesey herüber
wie voller Klage / die Saiten der Harfe erklangen.

Hlesey = „Insel des (Meeresgottes) Hler (Tyr)" = die dänische Insel Läsö = Jenseitsinsel

Harfe = bei Bestattungen wurde offenbar Harfe gespielt

Ich befahl den Mägden, / sich bereit zu machen,
den ich sehnte mich danach, / des Helden leben zu retten.
Über den Sund segelten wir / in Booten,
bis wir das ganz Heim / des Atli sahen.

Das Heim des Atli wird hier der Halle des Hler, d.h. der Halle Walaskialf des
ehemaligen Sonnengott-Göttervaters Tyr auf der Jenseitsinsel gleichgesetzt.

Da kam die üble Frau / gekrochen,
Atlis Mutter: / Möge sie ewig verrotten!
Hart biß sie / Gunnars Herz,
da konnte ich dem Helden / nicht mehr helfen ...

Hier ist Atlis Mutter der Mutter des Tyr, d.h. der Jenseitsgöttin (Hel), die ihn jede
Nacht wiedergebiert, gleichgesetzt worden. Sie erscheint hier allerdings nicht mehr
als Helferin im Jenseits, sondern als die Todesursache. Sie ist nicht mehr die Mutter
der Totengeister (in deren Schlangengestalt), sondern als Schlange die Todesursache.

Diese häufige Form der Umdeutung von einer Hilfe im Jenseits zu einer Todesursache ist hier sehr gründlich vorgenommen worden.

Schlangenbett-Göttin,   /   ich habe mich oft gefragt,
wie ich seitdem   /   noch leben soll.
denn ich habe den tapferen Krieger   /   sehr geliebt,
den Geber der Schwerter, so wie mich selbst.

Schlange = Totengeist; Schlangenbett = Grabschatz in der Grabkammer des Hügelgrabes; Grabkammer-Göttin = Jenseitsgöttin als Wiederzeugungs-Geliebte und Wiedergeburts-Mutter = Freya/Hel
   Geber der Schwerter = Fürst = Gunnar

I 19. j)   Zusammenfassung

Hel erscheint auch als Tod-Bringerin und als Kriegerin, d.h. als Walküre. Sie kann als „Elli", als das unbesiegbare Alter angesehen werden.
   Sie wurde auch als „Atlis Mutter" und als „Schlangenbett-Göttin" (Hügelgrab-Göttin) umschrieben.
   Auf den Brakteaten erscheint sie als Frau auf einem Thron, als Frau mit einem Seherinnenstab und als Frau mit einem Sonnensymbol (drei Punkte = Hrungnirherz). Vor ihr steht oft ein Mann mit einem Ring (Sonne, Draupnir, Andvarinaut, Brisingamen).
   Auf den Runensteinen ist sie als Frau im Jenseits mit einem Met-Horn zu sehen, die einen Reiter (Toten) empfängt. Auch neben ihr befindet sich ein Hrungnir-Herz (Sonne, Tyr).
   In einem Traum erscheint Hel zusammen mit Raben (Aasfresser = Schlacht-Omen) auf dem Vordersteven eines Drachenschiffes, und kündigt eine Schlacht sowie den Tod des Königs an.
   „Jemandem die Äpfel des Hel-Obstgartens reichen" bedeutet, jemandem den Tod zu wünschen. Hier sind die lebengebenden Äpfel der Idun zu Äpfeln zu todbringenden Äpfeln der Hel umgedeutet worden.
   „Helblindi" („Blinder in der Hel") ist einst ein Beiname des Tyr als „blinde, schwarze Sonne" in der Unterwelt gewesen. Dieser Beiname wird später auch für Odin benutzt.

20. Hel im Christentum

I 20. a) Des Teufels Großmutter

Die Riesin Hel, also die Jenseitsgöttin in ihrem Totenherrin-Aspekt ist während der Christianisierung zu „des Teufels Großmutter" umgedeutet worden. Der Teufel selber ist, wie seine Ziegenhörner und sein Pferdefuß zeigen, der Tote bzw. der Gott Tyr in seiner Herdentier-Gestalt bei der Wiederzeugung.

Des Teufels Großmutter ist also eigentlich die Geliebte und die Mutter der Toten und des Tyr im Jenseits – da „Geliebte" und „Mutter" jedoch zu positiv besetzt waren und „Stiefmutter des Teufels" die Frage nach der Mutter des Teufels aufgeworfen hätte, hat man die Verwandtschaftsbezeichnung „Großmutter" gewählt, die die Jenseitsgöttin in die zur Hölle umgedeuteten Hel einsortierte ohne allzuviele Fragen nach der Sippe des Teufels aufzuwerfen.

I 20. b) Die Bartholomäus-Saga

In der um ca. 1250 n.Chr. verfaßten altnordischen „Bartholomeus Saga postola" über den Apostel Bartholomäus findet sich eine Szene, in der Hel eine wichtige Rolle spielt.

Nachdem sich der Teufel in einer heidnischen Götterstatue verborgen hatte und dort von Sankt Bartholomäus gefangengesetzt und gezwungen wurde, sich selber zu zeigen und zu sagen, wer er ist, spricht der Teufel folgende Worte:

„Hört auf, mir zu opfern, ihr Unglückseligen, damit es für euch nicht noch schlimmer kommt!

Ich bin von den feurigen Seilen der Engel von Jesus Christus gefesselt worden, den die Juden gekreuzigt haben, weil sie ihn für einen Menschen und für dem Tod unterworfen hielten. Er aber führte Krieg gegen unsere Königin Hel und band den obersten Fürsten der Hel mit feurigen Fesseln.

Er stand auf am dritten Tag und gab den Aposteln das Zeichen des Kreuzes und sandte sie in allen Ecken der Erde. Und nun ist einer von ihnen gekommen – und das ist der, der mich gebunden hat."

Hel wird hier als die Königin des Totenreiches beschrieben. Jesus' Kampf gegen Hel ist ein Bild dafür, daß Jesus aus eigener Kraft aus der Unterwelt zurückkehrte. Die damalige Zuhörer oder Leser dieser Szene in Skandinavien oder Island werden sicherlich an Baldur gedacht haben, der auch durch einen Mord zu Hel gelangt war und zunächst wegen Lokis Weigerung, um ihn zu weinen, nicht zurückkehren konnten, bis er dann nach dem Ragnarök wieder im Diesseits erschien.

I 20. c)   Das Evangelium des Nikodemus

Hel ist zur Zeit der Christianisierung Nordeuropas offenbar eine wichtige Gestalt gewesen. Hel und ihr Feuer-Jenseitstor wurden schließlich zu dem Bild der Feuerhölle – und sie selber zu des Teufels Großmutter.

Hel erscheint auch in einer längeren Szene in zwei um 1050 n.Chr. verfaßten altenglischen Versionen des Nikodemus-Evangeliums. Diese beiden Versionen waren aus dem lateinischen übersetzte, umgearbeitete und ergänzte Fassungen der „Pilatus-Akten", die um 350 n.Chr. verfaßt wurden und ausführlich die Gerichtsverhandlungen des Pilatus im Fall „Jesus v. Juden" beschreibt.

Nachdem Christus gekreuzigt und in die Unterwelt abgestiegen ist, beschreibt das Evangelium des Nikodemus ausführlich ein längeres Gespräch zwischen Hel, Satan, Jesus und den Heiligen bei der Ankunft von Jesus in der Unterwelt.

„Hel" ist in dem altenglischen Text manchmal weiblich und manchmal ein Neutrum. Dies entspricht der Auffassung der Germanen, für die „Hel" sowohl der Ort des Jenseits (Neutrum) als auch die Herrin des Jenseits (weiblich) war.

Und während alle Heiligen frohlockten, siehe, da sagte Satan, der Fürst und Herr des Todes zu Hel:

„Mache Dich bereit, Jesus zu empfangen, der sich selber damit gebrüstet hat, der Sohn Gottes zu sein, obwohl er ein Mensch war, der den Tod fürchtet und spricht: 'Meine Seele ist sorgenvoll bis zum Tod.'

Er ist mein arger Feind gewesen und hat mir viel Schaden zugefügt und viele, die ich blind, lahm, taub gemacht, mit Lepra und Besessenheit geschlagen hatte, hat er mit einem Wort geheilt: und manche, die ich zu den Toten gebracht hatte, die hat er Dir wieder fortgenommen!"

Hel antwortete dem Fürsten Satan und sprach: „Wer ist der, daß er so mächtig ist, wenn er ein Mensch ist, der den Tod fürchtet? Denn all die Mächtigen der Erde sind meiner Macht unterworfen, selbst die, die Du mir gebracht hast, nachdem Du sie Deiner Macht unterworfen hast.

Wie ist denn dieses: Wenn Du mächtig bist, welcher Art ist dann dieser Jesus, der, obwohl er den Tod fürchtet, sich Deiner Macht widersetzt?

Wenn er so mächtig in seinem Menschsein ist, wahrlich, dann sage ich Dir, daß er allmächtig in seinem Gottsein ist und daß ihm kein Mensch widerstehen kann.

Und wenn er sagt, daß er den Tod fürchtet, dann täuscht er Dich und Weh wird Dir sein für ewige Zeiten!"

Aber Satan, der Fürst des Tartarus sprach: „Warum zweifelst Du und fürchtest diesen Jesus zu empfangen, der Dein Gegner ist und auch meiner? Denn ich habe ihn versucht und ich habe mein altes Volk, die Juden in Eifersucht und Wut gegen ihn aufgebracht.

Ich habe einen Speer geschärft, mit er durchstoßen wurde; ich habe Galle und Essig gemischt, damit es ihm zu trinken gereicht wurde; ich habe ein Kreuz vorbereitet, damit er daran genagelt wurde; und Nägel, damit er mit ihnen durchschlagen wurde: Und sein Tod ist nahe und dann werde ich ihn Dir bringen, damit er Dir und mir untertan ist!"

Hel antwortete und sprach: „Du hast mir erzählt, daß er es war, der mir tote Männer fortgenommen hat. Aber es gibt viele, die mir, während sie auf der Erde lebten, tote Männer fortgenommen haben – jedoch nicht durch ihre eigene Kraft, sondern durch Gebete zu Gott und ihr allmächtiger Gott hat sie mir genommen.

Wer ist dieser Jesus, der durch sein eigenes Wort ohne Gebet tote Menschen von mir genommen hat? War es vielleicht er, der durch die Worte seines Befehls dem Lazarus das Leben wiedergab, als dieser vier Tage tot war und stank und faulte und den ich hier tot bei mir hatte?"

Satan, der Fürst des Todes, antwortete und sprach: „Das war dieser Jesus."

Als Hel das hörte, sprach sie zu ihm: „Ich beschwöre Dich bei der Deiner Stärke und meiner eigenen, daß Du ihn nicht zu mir bringst.

Siehe, zu der Zeit, als ich die Worte seines Befehls hörte, zitterte ich und war überwältigt von Furcht und alle meine Räte waren mit mir in Angst.

Und wir konnten Lazarus auch nicht halten. Er jedoch schüttelte sich wie ein Adler und schwang sich auf in aller Beweglichkeit und Schnelligkeit und verließ uns und auch die Erde, die den toten Leib des Lazarus hielt, gab ihn sofort lebend frei.

Daher weiß ich nun, daß jener Mann, der fähig war, diese Dinge zu tun, ein Gott ist, der stark in seinen Geboten und mächtig unter den Menschen ist und daß er der Erretter der Menschen ist.

Und wenn Du ihn zu mir bringst, wird er alle befreien, die hier in harten Gefängnissen verschlossen und durch die Ketten ihrer Sünden, die nicht zerbrochen werden können, gebunden sind. Er würde sie für immer wieder zum Leben seiner Gottheit bringen."

Und als Satan der Fürst und Hel dies miteinander sprachen, kam plötzlich eine

Stimme wie Donner und ein geistiger Schrei: „Öffnet, o Fürsten, eure Tore! Schwingt auf, ihr ewigen Türen! Der König der Herrlichkeit tritt ein!"

Als Hel dies hörte, sprach sie zu Satan dem Fürsten: „Gehe von mir und verlasse mein Haus! Wenn Du ein mächtiger Mann des Krieges bist, dann kämpfe gegen den König der Herrlichkeit! Aber was hast Du mit ihm zu tun?" Und Hel warf Satan aus ihrer Wohnstatt.

Da sprach Hel zu ihren heimtückischen Räten: „Verschließt die harten Bronzetore und legt die eisernen Balken vor sie und widersteht standhaft, sonst werden die, die wir gefangenhalten, zu deren Gefangenen."

Als jedoch die Vielzahl der Heiligen dies hörten, sprachen sie mit tadelnder Stimme zu Hel: „Öffne Deine Tore, damit der König der Herrlichkeit eintreten kann!"

Und David schrie laut und sprach: „Habe ich euch nicht, als ich auf Erden lebte, gesagt: 'Dankes dem Herrn, seiner Gnade und seinen Wundern, die er den Kindern der Menschen gewährte? Wer hat die Bronzetore zerbrochen und die eisernen Balken zerschlagen?' Er hat sie aus dem Weg ihrer Frevel genommen."

Danach sprach Jesaja in gleicher Weise: „Habe ich euch nicht, als ich auf Erden lebte, vorhergesagt: 'Die Toten werden auferstehen und die, die in den Särgen liegen, werden sich wieder erheben, und die, die in der Erde liegen, werden frohlocken, denn der Tau, der vom Herrn kommt, ist ihre Heilung!' ?
Und ein andermal sprach ich: 'O Tod, wo ist Dein Stachel? O Hölle, wo ist Dein Sieg?'"

Als sie dies von Jesaja hörten, sprachen alle Heiligen zu Hel: „Öffne Deine Tore: Nun wirst Du überwunden werden und schwach ohne Stärke sein!"

Und es erklang eine große Stimme wie Donner, die sprach: „Öffnet, o Fürsten, eure Tore! Schwingt auf, ihr ewigen Türen! Der König der Herrlichkeit tritt ein!"

Und als Hel hörte, daß sie zum zweiten mal so gerufen hatte, da sagte sie, als ob sie es nicht wüßte: „Wer ist der König der Herrlichkeit?"

Und David antwortete Hel und sprach: „Die Worte dieses Rufes kenne ich, denn durch seinen Geist habe ich dasselbe prophezeit und nun sage ich Dir das, was ich schon zuvor gesagt habe: 'Der Herr stark und mächtig, der Herr mächtig im Kampf: er ist der König der Herrlichkeit!' Und: 'Der Herr blickt nieder von den Himmeln, daß er das Stöhnen derer hören kann, die in Fesseln liegen und daß er die Kinder derer, die getötet worden sind, befreit.' Und nun, o Du am meisten faule und stinkende Hel, öffne Deine Tore, auf daß der König der Herrlichkeit hereinkomme!"

185

Und als David so zu Hel sprach, erschien der Herr der Majestät in der Gestalt eines Mannes und erleuchtete die ewige Finsternis und zerbrach die Fesseln, die nicht gelöst werden konnten: und die Hilfe seiner immer während Macht suchte uns heim, die wir in der tiefen Dunkelheit unserer Vergehen und in den Todesschatten unserer Sünden saßen.

Als Hel und der Tod und ihre heimtückischen Räte dies sahen, wurden sie von Furcht gepackt, sie und ihre grausamen Diener – vor Furcht vor dem Strahlen eines solch großen Lichtes in ihrem eigenen Reich. Als sie plötzlich Christus in ihrem eigenen Heim sahen, schrien sie und sprachen:

„Wir sind von Dir überwältigt worden!
Wer bist Du, der Du von dem Herrn zu unserer Verwirrung gesandt worden bist?
Wer bist Du, der ohne jedes Zeichen von Verwesung und mit den Zeichen der Macht Deiner makellosen Majestät in Deinem Zorn unsere Macht verdammt?
Wer bist Du, der Du so groß und so klein, so demütig und so erhaben, sowohl Soldat als auch Befehlshaber, ein wunderbarer Krieger in der Gestalt eines Gefolgsmanns und ein König der Herrlichkeit sowohl der Toten als auch der Lebenden bist, den als Toten das Kreuz getragen hat?
Du, der tot in der Kammer lag, bist lebend zu uns herangekommen. Bei Deinem Tod erzitterte die ganze Schöpfung und Sterne schwankten und Du bist wieder frei geworden unter den Toten und rottest unsere Legionen aus.
Wer bist Du, der die Gefangenen befreit, die von der Ursünde gefesselt waren, und der ihnen ihre frühere Freiheit wiedergab?
Wer bist Du, der sein göttliches und strahlendes Licht über denen scheinen läßt, die in der Dunkelheit ihrer Sünden mit Blindheit geschlagen waren?"

In derselben Weise wurden auch alle Legionen der Teufel von Furcht gepackt und schrien alle zusammen in ihrem Schrecken und ihrer Verwirrung auf und sagten:
„Woher kommst Du, Jesus, ein Mann so mächtig und von so strahlender Majestät, so hervorragend ohne einen Flecken und so rein von Sünde?
Denn die Welt der Erde, die uns bisher immer unterworfen war und uns immer zu unserem Vorteil Tribut zahlte, hat niemals einen toten Mann wie Dich gesehen noch uns jemals eine solche Gabe gesandt!
Wer bist Du, der Du furchtlos unsrer Grenzen überschreitest und nicht nur unsere Foltern nicht fürchtest, sondern zudem auch noch versuchst, alle Menschen aus unseren Fesseln zu reißen?
Vielleicht bist Du jener Jesus, von dem Satan, unser Fürst, sagte, daß Du durch den Tod am Kreuz die Herrschaft der Welt erlangen würdest?"

Da trat der König der Herrlichkeit in seiner Majestät den Tod nieder und ergriff den Fürsten Satan und lieferte ihn der Macht der Hel aus und zog Adam zu sich in sein eigenes Strahlen.

Da sagte Hel, als sie den Fürsten Satan ausgeliefert bekam, zu ihm: „O Fürst der Verdammnis und Herr der Zerstörung, Beelzebub, den die Engel verachten und auf den die Rechtschaffenden speien, warum hast Du dies getan?

Du wolltest den König der Herrlichkeit kreuzigen und Du hast uns versprochen, daß uns durch sein Dahinscheiden große Beute zufallen würde: Wie ein Narr wußtest Du nicht, was Du tatest!

Denn siehe, nun hat dieser Jesus durch das Strahlen seiner Majestät all die Dunkelheit des Todes fliehen lassen und er hat die starken Verliese unserer Gefängnisse aufgebrochen und die befreit, die gebunden waren. Und alle, die unter unseren Foltern gestöhnt haben, frohlocken nun gegen uns, und durch ihre Gebete lösen sich unsere Besitztümer auf und wird unser Reich erobert. Und nun fürchtet uns kein Volk der Menschen mehr!

Und außerdem triumphieren nun die Toten, die niemals stolz sein sollten, über uns, und die Gefangenen, die sich niemals freuen konnten, bedrohen uns nun!

O Fürst Satan, Vater aller Heimtückischen und Bösen und Aufständischen, warum hast Du dies getan!?

Die, die von Anbeginn an bis heute am Leben und an der Erlösung verzweifelt sind – von keinem von ihnen hören wir nun mehr ihr ersehntes Schreien, und auch kein Stöhnen von ihnen erfüllt mehr unsere Ohren und es ist kein Zeichen von Tränen mehr auf ihren Gesichtern zu sehen!

O Fürst Satan, Wärter der Schlüssel des Totenreichs, diese Deine Reichtümer, die Du Dir am Baum der Versuchung und durch den Verlust des Paradieses erworben hast, hast Du durch den Baum des Kreuzes verloren und all Dein Glück ist vernichtet!

Als Du Jesus Christus, den König der Herrlichkeit aufgehängt hast, hast Du gegen Dich selber und gegen mich gehandelt. Du wirst erfahren, welche ewigen Foltern und endlosen Schmerzen Du für alle Zeiten in meiner Gefangenschaft erleiden wirst!

O Fürst Satan, Erschaffer des Todes und Haupt allen Stolzes, Du hättest zuerst etwas Schlechtes in diesem Jesus suchen sollen: Warum hast Du Dich ohne Grund in das Abenteuer gestürzt, ihn ungerechtfertigt zu kreuzigen, ihn, an dem Du kein Fehl finden konntest – dadurch hast Du den Unschuldigen und Rechtschaffenden in unser Reich gebracht und all die Schuldigen und die Bösen und die Sünder aus der ganzen Welt verloren?"

Und nachdem Hel solcherart zu dem Fürsten Satan gesprochen hatte, sprach der König der Herrlichkeit zu Hel: „Satan der Fürst soll anstelle von Adam und seinen Kindern für alle Zeiten in Deiner Macht sein."

Die Stellung der Hel in diesem apokryphen Evangelium ist recht erstaunlich, da sie eine recht Christentum-untypische neutrale Position innehat.

Hel ist zudem die Vernunft, während Satan der gierige Narr ist.

Hel ist zwar auch die große Sadistin, die sich an den Schmerzen anderer labt, aber sie erscheint deshalb trotzdem nicht als die Böse – die Folter gehörte damals leider zum normalen Alltag …

Das Bild der zwei Bäume (Baum der Versuchung; Kreuz) könnten die damaligen Germanen durchaus an den Weltenbaum Yggdrasil erinnert haben, an dem statt Jesus Odin hing, ins Jenseits reiste und dann von dort zurückkehrte. Das Symbol dieser Reise war sein Ring Draupnir.

In der Beschreibung der Erweckung des Lazarus von den Toten wird deutlich zwischen der Seele in der Hel und dem Leib in der Erde unterschieden. Es ist wohl kein Zufall, daß die Seele des Lazarus die Gestalt eines Adlers hatte – der Adler ist das Bild des Seelenvogels des Tyr und später des Odin.

I 20. d) Zusammenfassung

Im Christentum ist Hel zu „des Teufels Großmutter" geworden. Sie erscheint allerdings nur selten in den offizielleren christlichen Texten.

In einem dieser Texte befreit sich Jesus aus eigener Kraft auf der Gefangenschaft bei Hel, d.h. aus der Unterwelt.

In dem anderen Text versucht der gierige Satan die als sehr vernünftig dargestellte Hel zu einer Allianz gegen Jesus zu überreden, was ihm jedoch nicht gelingt, da Hel erkennt, daß Jesus stärker ist als sie.

I 21. Jakob Grimm: Deutsche Mythologie

I 21. a) Hel

Niflheimr, wo Nîđhöggr und andere schlangen um den brunnen Hvergelmir hausen, ist der todesgöttin Hel, gothisch Halja grausenhafter wohnort (Sämingr bezeichnet ›or heljo‹, ›î heljo‹ klar das räumliche, unpersönliche), dunkel und schwarz wie sie selbst: darum Nebelheim, kaltes schattenland, aufenthalt der abgeschiednen, nicht aber ort der qual und strafe, nach christlicher ansicht, die sich selbst nur allmälich entwickelte.

Ulfilas gibt halja bloß für das griechische ἁδης (Hades) her. wo die vulgata (Bibel) infernus hat; wo aber der text γέεννα, die vulgata gehenna, bleibt auch ein gothisches gaiaínna; dieser letzten vorstellung entsprach kein gothisches wort.

Der althochdeutsche übersetzer gibt infernus durch hella, gehenna durch hellafiur (Höllenfeuer) oder hellawîzi und nur filium gehennae hella sun (Höllensöhne); richtiger die neulich aufgefundene ältere verdeutschung quâlu sunu.

Bei dem ›niđar steig zi helliu‹ (descendit ad inferna) des glaubensbekenntnisses dachte man sich nicht die wohnung der gepeinigten, strafe leidenden. von einem kranken heißt es Heliand ›fûsid an helsîd‹, nahe zu sterben, zur reise in die unterwelt gerüstet, ohne allen nebengedanken der pein oder strafe.

Daß die angelsächsichen gedichte noch den altpersönlichen begrif von Hel kannten, ist schon gelehrt worden, hier füge ich auch eine andere stelle aus Beovulf bei: Helle gemundon, metođ ne cuđon (Helam venerabantur, deum verum ignorabant Pagani).

Vom 4. bis 10. jahrhundert war also halja, hella unterwelt, todtenreich, der begrif von qual und peinigung wurde durch ein anderes wort, oder wenigstens eine zusammensetzung ausgedrückt; und dazu stimmt vollkommen, daß noch bei Widekind von Corvei sächsische dichter, einen sieg der Sachsen über die Franken besingend, wahrscheinlich kein anderes wort als hella vom aufenthaltsort der todten brauchten: ›ut a mimis declamaretur, ubi tantus ille infernus esset, qui tantam multitudinem caesorum capere posset‹

que vive dios, que ha de tener en cielo
pocos que aposentar, si considero
que estan ya aposentados con Lutero. (Breda)

Ein andres lateinisches lied auf bischof Heriger von Mainz, das im 10. jahrhundert verfaßt sein mag, schildert wie einer in die unterwelt entrückt wurde und erzählte,

›totum esse infernum accinctum densis undique silvis‹, womit deutlich nicht der strafort sondern die wohnung der todten gemeint ist.

Noch in einem gedicht des 12. jahrhunderts sagt Jacob: ›sô muoz ich iemer cholen, unze ich sô vare ze der helle‹, d. h. bis ich sterbe.

Im 13. jahrhundert hatte sich für helle bereits die heutige bedeutung festgesetzt: aufenthalt der verdammten, z. b. 1472 heißt ›got versperre dir die helle‹, er nehme dich in den himmel auf, nicht, er bewahre dich vor dem tod, da diese worte schon an einen todten gerichtet werden.

Die hölle wird als herberge, gasthaus, als Valhöll dargestellt, wo die sterbenden noch denselben abend einkehren: ›ver skulum â Valhöll gista î qveld‹; ›við munum î aptan Oðinn gista‹; merkwürdig Abbo: ›plebs inimica deo pransura Plutonis in urna‹. wol ist auch gesagt worden: heut abend werden wir in nobishaus einkehren! des heilands worte σήμερον μετ' εμοῦ ἔση εν τῶ παραδείσω haben heute nicht heut abend.

In gewissen gegenden, auf dem land, unter dem volk, behielt helle zuweilen seinen alten sinn bei. z. b. in Westfalen gibt es noch heute viele gemeine fahrwege, welche den namen hellweg führen, was gleichviel mit heerweg ist, ursprünglich aber todten-weg, den breiten weg, auf dem die leiche gefahren wird, bezeichnet. den ältesten beleg entnehme ich aus einer urkunde vom jahre 890: ›helvius sive strata publica‹. oberdeutsche fluren liefern dafür zuweilen die benennung todtenweg.

Nach der altnordischen dichtung reiten oder fahren die verstorbnen zur unterwelt, fara til heljar oder til Heljar, zur todesgöttin: nachdem Brynhildr verbrennt ist, fährt sie auf einem geschmückten wagen zur Hel, ›ôk með reiðinni â helveg‹, das ganze lied führt den namen helreið.

Bei Freidank bezeichnet aber ›zer helle varn‹ und ›drî strâze zer helle gânt‹ den christlichen begrif.

Übrigens muste die vorstellung hellweg von selbst auch die eines hellwagen herbei-führen, wie Wuotans weg und wagen sich begegnen. ja der große bär heißt nicht bloß himelwagen, herrenwagen, sondern in den Niederlanden hellewagen; ein Wolframus dictus hellewagen.

Anfangs behielten die Altsachsen, eben weil ihnen ihr hellia noch zu heidnisch vorkam, gern das biblische infern genitiv infernes bei, ja sie kürzten es in ein bloßes fern Hel. jener von Widekind angezogne dichter könnte wirklich infern statt hellia gesagt haben.

Die heidnische hellia lag tief unten nach Norden hin; als Hermôðr zu Baldr gesandt wurde, ritt er neun nächte lang durch dunkle, tiefe thäler (dökva dala ok diupa), das sind die von den dunkelelben bewohnten örter, und gelangte zu dem flusse Giöll (strepens), über den eine mit leuchtendem gold gedeckte brücke leitet; der brücke hütet eine jungfrau, Môðguðr genannt, sie sagte ihm, daß tags zuvor fünf fylki todter männer über die brücke gekommen wären, und daß der ›helvegr‹ von dieser brücke

190

an immer noch tiefer und nördlicher ziehe: ›niðr ok norðr liggr helvegr‹. Das verstehe ich von der eigentlichen halle und wohnung der göttin, wo sie selbst anzutreffen ist, denn die ganze region war schon ihr reich.

Diese halle umgeben große gitter (helgrindr). der saal heißt Eliuðnir (al Elvîðnir), die schwelle fallanda forad (das gitter fallanda forad, die schwelle þolmôðnir), der vorhang blîkjandi böl. vermutlich ist eine thür der unterwelt gemeint (nicht der Valhöll, welche 540 ungeheure thore hat), wenn Sämingr Brynhildr dem Sigurd darum in den tod folgen will, daß ihm die thür nicht auf die ferse falle: eine übliche formel bei dem eingang in verschloßne höhlen.

ne mes que une dame, qui dist une raison:
›hai enfer‹, dist ele, ›con vos remanez solz,
noirs, hisdoz et obscurs, et laiz et tenebrox!‹
a l'entrer de la porte, si con lisant trovon.
jusquau terme i sera, que jugerois le mont.

Dieser seltsamen sage quelle ist mir unbekannt.

Das reich der Hel aber führt den namen Niflheimr oder Niflhel, nebelwelt, nebel-hölle, es ist die neunte welt (der lage nach) und war lange zeiten vor der erde erschaffen: mitten in ihm liegt jener brunne Hvergelmir, und aus diesem rinnen zwölf flüsse, unter welchen Giöll zunächst an der göttin wohnung reicht.

Hieraus folgt klar was ich sagte: wenn Hvergelmir die mitte des Niflheimr bildet, wenn Giöll und die übrigen ströme lauter höllische sind, so kann die herschaft der Hel nicht erst an den helgrindum beginnen, sondern muß sich über jene dunkeln, tiefen thäler, die dichten wälder des lateinischen lieds, ausdehnen.

Doch habe ich auch nichts wider folgende vorstellung: diese dunkeln thäler sind, gleich den finstern Erebos der Griechen, ein durchgangsort, um des Aides, der Halja wohnung zu erreichen. Wie aus dem persönlichen Hades, dem römischen Orcus (ursprünglich uragus, urgus, und noch im mittelalter einem persönlich gedachten ungeheuer), wurde aus unsrer Halja, der göttin, allmälich die räumliche vorstellung eines aufenthalts der todten entwickelt. anfangs dachte man sich die verstorbenen bei ihr, hernach in ihr wohnend. In den zugängen hausten, schwebten die dunkelelbe.

Niflheimr, die Nebelwelt, war also ein unterirdischer, von ewiger nacht bedeckter kalter raum, welchen zwölf rauschende wasser durchströmen, leuchtendes gold, d. i. feuer, nur stellweise matt erhellte. die ströme zumal Giöll, gemahnen an Lethe und Styx, bei dessen heiligem wasser geschworen wurde. mit Hvergelmir läßt sich die brabantische Helleborne, aus der Hellebeke entspringt, vergleichen; mehrere örter führen den namen Helleput. Helvoetsluis wurde schon angeführt, der name Hellevoet soll noch heute in den Niederlanden auf schildern (uithangborden) vorkommen.

So traurig und freudenleer Niflheimr gedacht werden muß, ist doch von strafen und qualen seiner bewohner nie die rede; eigentlich sind es auch nicht böse menschen, die nach ihrem leben dahin versetzt werden, sondern alle und jede, selbst die edelsten und treflichsten, wie das beispiel der Brynhild und des Baldr lehren. Ausgenommen scheinen bloß die im kampf fallenden helden, welche Oðinn zu sich nach Vallhöll nimmt.

Hiermit in widerspruch steht eine andere. ich glaube spätere, bei Snorri vorgetragene ansicht: allvater, der höchste gott, hat allen menschen unsterbliche seele verliehen, obgleich ihr leichnam in der erde fault oder zu asche verbrannt wird; alle guten menschen (rêtt siðaðir) kommen zu ihm nach Gimill oder Vingôlf, alle bösen (vândir) nach Niflheimr oder in die hölle. Das ist schon christliche idee, oder eine ihr höchst ähnliche.

An die stelle der altheidnischen bleichen und düstern hölle setzten die Christen einen mit flammen und pech erfüllten pfuhl, worin die seelen der verdammten ewig brennen, zugleich pechschwarz und gluterhellt. gehenna wird erklärt hellafiuri, mittelhochdeutsch hellefiwer; da wo der dichter des Heliand diese schwarze und brennende hölle lebhaft schildern will, wandelt er das alte femininum in ein masculinum: an thene hêtan hel; an thene suartan hel. Ja bei andern althochdeutschen schriftstellern wird geradezu bëh (pix = Pech) für hölle gesetzt, ›in dem beche‹; ›diu pechwelle‹; eine weit in Europa verbreitete vorstellung; noch heute nennen die Neugriechen die hölle πίσσα, ein sprichwort des Alexander Negri lautet: ἔχει πίσσαν καὶ παράδεισον, hölle und himmel nebeneinander setzend.

Diese pechhölle mögen Slaven den Griechen zugebracht haben, das altslavische peklo bedeutete pech und hölle und so ist böhmisch peklo hölle, polnisch piekło, serbisch pakao, slovenisch pekel, dem geschlecht nach entw. neutral oder männlich. Litthauisch péklà (femininum) altpreußisch pickullis (im catechismus ist pickullien der accusativ), und der teufel selbst heißt litthauisch pyculas, altpreußisch pickuls. von den Slaven borgten die Ungern ihr pokol (hölle) wie von Griechen und Römern unsre vorfahren gaíaínna und infern. auch das smela (hölle) der lüneburgischen Wenden scheint zu dem böhmischen smola, smûla harz, pech gehörig. mit der heiße des siedenden pechs war zugleich unausstehlicher geruch verbunden; Reineke: ›it stank dâr alse dat helsche pek‹.

Seit der bekehrung zum christenthum hängt also an dem begrif der hölle zugleich der von strafe und pein. kvöllheimr (mundus supplicii = Qualenwelt) im sôlarliod ist unverkennbar christliche idee. das althochdeutsche hellawîzi, altsächsich helliwîti, angelsächsisch hellevîte drückt aus supplicium inferni, vergleiche wîzi, mittelhochdeutsch wîze; danach bildete sich das isländische helvîti, schwedisch helvete, dänisch helvede, was ganz einfach hölle bezeichnet; von den Schweden empfiengen die getauften Finnen ihr helwetti (orcus), die Lappen ihr helvete, von den Baiern die Slovenen in Krain und Steier ihr vize (purgatorium), die kirche hatte zweierlei feuer unterschieden, ein höllisches, und reinigendes (fegefeuer) im

192

mittelzustand zwischen hölle und himmel.

Gleichwol behielt aber auch die christliche vorstellung bei, daß die hölle tief im abgrund der erde, die menschenwelt also über der hölle liege. die hölle heißt darum abyssus und ›a coelo usque in abyssum‹ steht einander entgegen. aus diesem abyssus, spanisch abismo, französisch abîme ist das mittelhochdeutsche âbîs, (›in âbisses grunde‹) und später obis, nobis (en âbis, en obis, in abyssum) zu erklären.

Altsächsisch helligrund; in afgrunde gân. ir verdienet daz afgrunde. ›varen ter helle in den donkren kelre‹.

Angelsächsisch se neovla grund (imus abyssus); þät neovle genip (profunda caligo). diesem angelsächsischen neovel, nivel (profundus) verwandt sein mag ein ausdruck des friesischen asegaboks ›thiu niuent hille‹, wo ein mittelniederländischer text gibt ›de grundlose helle‹.

Dem in die höhe aufsteigenden himmel steht die zu boden sinkende hölle entgegen: ›der himel allez ûf gêt, diu helle sîget allez ze tal‹.

Es scheint, man dachte sich im grund der erde, gleichsam als decke und gitter der unterwelt, einen stein, der in mittelhochdeutschen gedichten dillestein (von dille, diele tabula, pluteus, althochdeutsch dil, dili, altnordisch þil, þili) genannt ist: ›grüebe ich ûf den dillestein‹; ›des hœhe vür der himele dach und durch der helle bodem vert‹; ›vür der himele dach dû blickest und durch der helle dillestein‹; ›wan ez kumt des tiuvels schrei, dâ von wir sîn erschrecket: der dillestein der ist enzwei, die tôten sint ûf gewecket‹.

Hierbei erinnere ich mich des ομφαλός zu Delphi, eines netzumwundnen kegelsteins und noch lebhafter des lapis manalis, der die grube des etruskischen mundus schloß und alljährlich an drei heiligen tagen abgenommen wurde, damit die seelen hinauf zur oberwelt steigen könnten.

Nicht bloß diese grube in der erde, auch der himmel hieß mundus, wie Niflheimr dennoch heimr, d. h. eine welt war. Jener höllenthür gleicht der descensus Averni, die fauces grave olentis Averni, die atri janua Ditis, wie sie von Virgil geschildert ist (vergleiche der helle învart); auch slavische märchen kennen den eingang in die unterwelt bei einer tiefen grube.

Vom mund oder rachen der hölle wurde schon geredet, Hel gähnt gleich ihrem bruder Fenrir und jeder abgrund ist gaffend, os gehennae; in Beda heißt ein flammenspeiender brunne (puteus), einer angelsächsischen glosse bedeutet mûđ (d. i. os = Mund) orcus. dieselbe glossensamlung verzeichnet seáđ (d. i. puteus = Brunnen, barathrum = Abgrund) für hölle, und cvis tartarus, cvishusle, wofür ohne zweifel zu lesen cvissusle. cvis kann ich durch nichts deuten, als das altnordische qvis (calumnia = Verleumdung), susl scheint tormentum, supplicium, die wörterbücher haben keinen grund, ihm den sinn von sulphur (angelsächsisch svefel = Schwefel) beizulegen; ›susle geinnod‹ verstehe ich: supplicio clausum.

Die vorstellung des brunnens stimmt besonders zu der fabel im Reinhart, wo dieser

193

in den brunnen gefallen ist und den wolf in den eimer lockt. er gibt vor da unten im paradis zu sitzen, in welches aber nur zu gelangen sei, daß man ›einen tuk in die helle‹ thue. der brunne führt leicht auf die vorstellung des bads: ze helle baden. es kann auch in feuer und schwefel gebadet werden.

Christlichheidnische vorstellungen von den strafen der unseligen vermischt finden sich im eddischen sôlarliođ. Schlangen, nattern, drachen wohnen in der christlichen hölle wie an des Hvergelmir wurzel. auffallend wird in dem gedicht von Oswald eine verstorbne heidin als wölfin dargestellt, der die teufel schwefel und pech in den hals gießen. Dante, in seinem purgatorio und inferno, mengt was ihm mittelalter und classische literatur überlieferten. man lese den schluß des Cædmon und im Barlaam Rudolfs kurze aber dichterische schilderung der hölle.

Daß die heidnische, im Norden liegende Nebelwelt nicht von feuer erfüllt war, folgt am deutlichsten aus einer ihr entgegengesetzten südlichen flammenwelt, welche in der edda Muspell oder Muspellsheimr genannt wird. sie ist licht und heiß, glühend und brennend, nur eingeborne können es in ihr aushalten, daher keine menschen aus unsrer welt in sie übergehen, wie in die kalte, nördliche. Ihrer hütet ein gott namens Surtr, träger des leuchtenden schwerts (Tyr).

Ein überraschender beweis für das vorhandensein altnordischer vorstellungen in dem übrigen Deutschland liegt wieder in jenem namen. nicht allein der sächsische Heliand hat mudspelli, mutspelli, auch ein hochdeutsches, wahrscheinlich in Baiern verfaßtes gedicht muspilli (dativ muspille). zugleich welch erwünschte bestätigung des alters der edda, und ihrer grundlage, aus sächsischen, bairischen handschriften des neunten, achten jahrhunderts.

Sonst überall ist der ausdruck erloschen, weder Isländer, noch die übrigen Scandinaven verstehen ihn; bei den Angelsachsen hat er sich noch nicht entdecken lassen, alle späteren hoch und niederdeutschen sprachdenkmäler kennen ihn nicht weiter. sicher ein uraltes, heidnisches wort.

Welchen sinn es im allgemeinen habe, wurde schon ausgesprochen, kaum einen andern als des feuers, der flamme. jene stellen des Heliand besagen: ›mudspelles megin obar man ferid‹, die gewalt des feuers fährt über die menschen; ›mutspelli cumit an thiustrea naht, al sô thiof ferid darno mid is dâdiun‹, das feuer kommt in der dunkeln nacht heimlich und plötzlich wie ein dieb geschlichen; und der althochdeutsche dichter sagt: ›dâr ni mac denne mâk andremo helfan vora demo muspille, denna daz preitâ wasal‹; ›allaz varprennit, enti viur enti luft allaz arfurpit‹, da kann kein freund dem andern helfen vor dem feuer, wenn der breite glutregen alles verbrennt, feuer und luft alles reinigen.

Es muß ein compositum sein, dessen zweiter theil spilli, spelli, spell sich etwa dem altnordischen spiöll (corruptio = Verderbtheit) spilla (corrumpere = verderben) angelsächsische spillan (perdere = zugrunde gehen) englisch spill, althochdeutsch spildan, altsächsisch spildian (perdere = zugrunde gehen) vergleichen ließe; altnor-

disch bedeutet mannspiöll clades hominum, læspiöll vielleicht bellum? was aber in mud, mu (mû?) stecke, ist zu rathen, entweder der begrif von erde, land, oder von holz, baum: im letzten fall ist mudspelli poetische umschreibung des feuers, das holzverderbende, baumverzehrende darf es heißen, wie sonst eddisch bani viđar (percussor, inimicus ligni) grand viđar (perditio ligni); die lex alamannorum gibt medela, medula im sinn von lancwitu, lancwit, die lex Rothar modula, wie es scheint für quercus, robur, altnordisch ist meiđr (vielleicht meyđr? wie seiđr für seyđr) arbor, litthauisch medis arbor, lignum. im ersten falle wäre es landverderb, weltverheerung, aber ich kenne noch weniger ein deutsches wort für land, erde was jenem mud oder mu gliche. man ist befugt, darin eine altverdunkelte, entstellte form zu finden; finnisch ist maa terra solum.

I 21. a) Zusammenfassung

In den Betrachtungen von Jakob Grimm findet sich nur wenig zu Hel als Göttin, sondern fast nur Informationen zu Hel als Ort, der in Band 49 ausführlich betrachtet wird.

Hel ist bei den Germanen ein zwar einsamer und trostloser Ort gewesen (eben die Grabkammer eines Hügelgrabes), aber sie ist kein Ort gezielter Bestrafungen und Qualen gewesen. Dieser Aspekt findet sich in den germanischen Schriften erst ab ca. 1250 n.Chr. und ist eine Vorstellung, die aus dem Christentum übernommen worden ist.

Die Bestrafung im Jenseits ist ein Aspekt der monotheistischen Religionen und ist eingeführt worden, da die Vorstellung des Einen Gottes, der absolut gerecht ist und über eine absolute Macht verfügt, die Annahme eines Jenseitsgerichtes erforderte – denn wie sollte man sonst die ungestraften Ungerechtigkeiten im Leben erklären?

Eine mythologisch-magische Religion, die einfach sagt „Es ist, wie es ist." und die das Schicksal als Bestimmung durch die Nornen auffaßt, braucht kein ausgleichendes Jenseitsgericht und somit auch keine Strafen im Jenseits für die im Diesseits begangenen und nicht geahndeten Untaten.

Das Feuer in der Hölle stammt vermutlich aus der Umdeutung der Bestattungsfeuer und der Hügelgrab-Feuer zu einer Form der Bestrafung.

Das Sternbild „Großer Bär", das auch als „Großer Wagen" bezeichnet wird, ist in den Niederlanden auch „Hel-Wagen" genannt worden. Der Wagen, auf dem man auf dem Helweg zur Hel fuhr, muß einst ein wichtiges Bild gewesen sein.

I 22. Gesamt-Zusammenfassung

Der Name „Hel"

Der Name „Hel" bedeutet „Höhle, Grabkammer, geschützter Ort". „Hel" ist sowohl die Bezeichnung der Unterwelt selber als auch der Herrin der Unterwelt, die als Riesin angesehen wurde.

Sehr wahrscheinlich ist „Hel" als Beiname der Freya als der Wiederzeugungs-Geliebten und der Wiedergeburts-Mutter des Toten (und des Tyr) in der Grabkammer des Hügelgrabes entstanden.

„Hel" ist der prägende Begriff in den gesamten Jenseitsvorstellungen in den neueren Überlieferungen nach 500 n.Chr.

Hels Aussehen

Hel selber ist halb schwarz-leichenfarben und halb von der hellen Farbe lebender Menschen. Sie trägt einen schwarzen ledernen Kittel.

Sie sitzt auf einem Thron, der auch „Stuhl der Nornen" genannt wird. Sie hält einen Seherinnen-Stab in ihrer Hand und berührt mit der anderen Hand den Weltenbaum. Neben ihr fliegen Seelenvögel. In der Gestalt der Huldar hat Hel zwei dieser Vögel dem Odin geschenkt – die Raben Hugin und Munin.

Hel reitet auch als Hyrrokkin („Rußgeschwärzte") auf dem Fenris-Wolf, den sie mit einer Schlange, die wohl Jörmungandr ist, gezäumt hat. In den Mythen sind dieser Wolf und diese Schlange die Geschwister der Hel.

Ihre schwarze Farbe hat Hyrrokkin-Hel dadurch erhalten, daß die Frauen, die getötet und zusammen mit ihren Männern verbrannt wurden, mit Hel gleichgesetzt worden sind.

Um 400 n.Chr. wurde sie als dreiköpfig dargestellt und vermutlich mit den drei Nornen assoziiert. Da die „3" von den Indogermanen als Adjektiv mit der Bedeutung „zum Sonnenzyklus gehörig" benutzt worden ist, ist Hel hier wohl auch als Wiederzeugungs-Geliebte und Wiedergeburts-Mutter des ehemaligen Sonnengott-Göttervaters Tyr anzusehen.

In einem Lied ist Hel eine Riesin (Jenseitswesen) und hat 900 Köpfe, d.h. sie ist das wichtigste („100") Wesen in der Unterwelt („9").

In einem anderen Lied hält sie eine Mistgabel in der einen Hand und einen Trog in der anderen Hand.

Hels Sippe

Hel war die Tochter des Loki und der Riesin Angrboda. Der Name von Hels Mutter, der „Angstbotin" bedeutet, zeigt, daß die Namen von Mutter und Tochter ursprünglich wohl nur zwei verschiedene Namen für den gefürchteten Aspekt der Jenseitsgöttin gewesen sind.

Die Auffassung der Hel als Tochter des Loki ist vermutlich nicht sehr alt, da die Jenseitsgöttin eine der ältesten mythologischen Vorstellungen überhaupt ist und bis weit vor die Entstehung des Fürsten- und Königtums zurückreicht. Daher wird sie ursprünglich eine eigenständige Göttin gewesen sein, die erst später einem Gott als Tochter untergeordnet wurde.

In demselben, vermutlich relativ neuen Stammbaum haben Angrboda und Loki noch zwei weitere Kinder: den Fenris-Wolf (ursprünglich Tyr als Wolfskrieger) und die Midgardschlange Jörmungandr (ursprünglich die Regenräuberschlange). Offenbar ist Loki zu der Zeit der Formung dieses Stammbaumes als Vater allen Übels angesehen worden – vor 500 n.Chr. ist er der Wintergott und daher der Feind des Sommergottes Tyr gewesen.

In den alten Mythen vor 500 n.Chr. ist Hel die Wiedergeburts-Mutter des Tyr und des Loki gewesen, die daher Brüder gewesen sind.

Himmel, Hel und Erde

Die Welt der Germanen war in drei grundlegende Bereiche eingeteilt: Himmel, Hel und Erde. Das Jenseits umfaßte wiederum drei Bereiche: die Welt der Riesen („Utgard"), die Welt der Götter („Asgard") und die Welt der Toten („Hel"). Das Totenreich wurde wieder in zwei Bereiche differenziert: das heiße Muspelheim im Süden im Himmel und das kalte Niflheim im Norden unter der Erde, das mit Hel identisch war. Wahrscheinlich war Muspelheim der Bereich, der in den Sagas der „todlose Acker" genannt wurde.

Hel befindet sich in Niflheim, seitdem Odin sie dorthin geworfen hat. Dies ist jedoch wohl eine neuere Vorstellung.

Das Jenseits war mit der Nacht und mit dem Winter verbunden – so wie das Diesseits mit dem Tag und dem Sommer. Aus diesem Grund nannte man die Hügelgräber im Gegensatz zur Sonnenwelt der Lebenden auch „Mondhügel".

Die Toten

Die Toten im Jenseits werden „Hels Volk", „Hels Leute", „Hels Gefolge" und „die, die in den Banden Hel sind" genannt. Sie haben in der Regel die Gestalt von Menschen, können aber auch als Seelenvögel erscheinen oder auch als Schlangen bzw. Drachen – daraus ist das Bild der Schlangen-Decke in Hels Halle entstanden. Der große Drache Niddhöggr („Natter in der Unterwelt") ist vermutlich die Seele des Tyr.

Die Halle der Hel ist nicht immer ein Ort des Jammers gewesen, denn Hels Heim wurde auch das „Herrenhaus der Göttin" genannt. Das Motiv des Qualen-Ortes „Hölle" ist erst ab 1250 n.Chr. unter christlichem Einfluß entstanden.

Der Seelenvogel

So wie der Ring Draupnir ist auch das Falkenhemd der Freya, das Falkenhemd der Frigg, die Schwanenhemden der Walküren, das Drachengewand der Hulda, der Unsichtbarkeits-Umhang der Frigg und des Zwerges Alberich Gaben der Unterwelt. Sie sind alle Symbole der Seele: Das Federkleid stellt ihre Fähigkeit der Seele zu fliegen dar („Astralreise") und der Unsichtbarkeits-Umhang ihre Unsichtbarkeit für alle, die nicht hellsichtig sind.

Huldas Drachengewand ist ein Symbol für die Jenseitsreise, da die Toten und auch der Schamanengott Odin auf dieser Reise die Gestalt von Schlangen bzw. Drachen annehmen.

Im Jenseits hatte der ehemalige Sonnengott-Göttervater Tyr und auch der neue Göttervater Odin einen Adler als Seelenvogel. Der Seelenvogel des Loki war ein Falke, die Seelenvögel der beiden Alcis-Söhne des Tyr waren zwei Raben und die Seelenvögel der normalen Menschen waren in der Regel Schwäne.

In der Halle der Hel sitzt ein schwarzroter Hahn – vermutlich als Stellvertreter für alle Seelenvögel. Der Seelenvogel des Tyr ist zu dem Hahn „Goldkamm" in Asgard geworden.

Das Hügelgrab

Die „steingestützten Häuser" der Hel sind die Grabkammern in den Hügelgräbern, die aus Steinplatten errichtet worden sind. Vermutlich wurde diese Bauweise „Gnipahellir", also „überhängende Höhle" genannt.

Hel wohnt in einem Hügelgrab. Dieses Hügelgrab wird auch „Höhle", „Felsen",

„Steinhaus" und „Waldwohnung" genannt. Man betritt die Grabkammer durch ein Steintor, das von einer Steinmauer verschlossen ist, die auch „Toten-Gitter" genannt wird.

Das Hügelgrab wurde auch als „eiserne Kiste mit neun Schlössern" bezeichnet, wobei „Kiste" der Name der Grabklammer ist, das Schloß das Tor der Grabkammer darstellt und die „9" und das „Eisen" Jenseitssymbole sind. Der immergrüne Mistelzweig in dieser Kiste ist die Hoffnung auf einen Sonnenaufgang und auf einen neuen Frühling.

Auf der Halle der Hel saß ein rotschwarzer Hahn, der ein Bild für die Seelenvögel der Toten und insbesondere für den Seelenvogel des ehemaligen Sonnengott-Göttervaters Tyr ist – er begrüßt das Erscheinen der Sonne, d.h. des Tyr am Morgen.

Die Decke der Halle der Hel bestand aus lebenden Schlangen, aus deren Mäulern Gift auf die Toten herabtropfte. Am deutlichsten findet sich dieses Motiv bei Loki, der an einen Felsen gefesselt unter einer Schlange liegt, der Gift auf ihn herabtropft und die meiste Zeit jedoch von seiner Frau Sigyn aufgefangen wird – die man als eine der vielen Gestalten der Jenseitsgöttin auffassen kann.

Ursprünglich sind die Schlangen die Totengeister in der Erde gewesen – diese Symbolik reicht bis mindestens zu den Tempeln von Göbekli Tepe um 10.000 v.Chr. zurück.

Vermutlich steht in der Halle der Hel der Stuhl der Nornen, von dem aus man alle Dinge in der Welt überblicken kann. Odins Thron Hlidskialf, der dieselbe Eigenschaft hat, ist ebenfalls ein solcher Seher-Stuhl.

Neben der Halle der Hel lag „Hels Obstgarten", in dem die Äpfel der Idun wuchsen. Dieser Apfelbaum und der Weltenbaum sind letztlich identisch. In später Zeit sind die lebengebenden Äpfel der Idun zu den todbringenden Äpfeln der Hel umgedeutet worden.

Wegen der Waberlohe rings um das Jenseits und wegen den „Geister-Flammen" auf den Hügelgräbern wird Hels Halle auch „Glut" genannt.

Das Umfeld der Hel

Vor dem Eingang zu Hels Halle wacht der blutbefleckte Hund Garm, der vermutlich mit dem Fenris-Wolf identisch ist.

Dort vor dem Eingang der Hel steht im Osten ein Baum, an dessen Zweigen die Mistel wuchs, aus der Loki den tödlichen Pfeil geschnitzt hat, mit dem Hödur ungewollt Baldur erschossen hat.

Das Reich der Hel ist ein Haus oder eine Halle, das von einer hohen Hecke oder Mauer umgeben ist, in dem sich ein steinernes Tor befindet, daß durch ein Gitter verschlossen ist. Dieses Tor erscheint manchmal auch als ein Höhleneingang, der „Gnipahellir", d.h. „überhängende Höhle" genannt wird. Dies wird das Tor zu der Grabkammer in einem Hügelgrab sein.

Odin ist manchmal nicht nur der Jenseitsfährmann, sondern bisweilen auch wie im Sonnenlied oder im Fiölswin-Lied der Wächter am Tor zu der Unterwelt. Möglicherweise hieß Odin in dieser Funktion einst „Helblindi" – ursprünglich ist dies ein Name des Tyr als „schwarze und blinde Sonne" in der Unterwelt gewesen.

Die Jenseitsreise war das wichtigste Motiv, das mit Hel verbunden war. Dies zeigen die vielen Redewendungen, die sich darauf beziehen: zur Hel fahren, zur Hel reiten, jemanden zur Hel senden, jemanden zur Hel schicken, jemanden zur Hel treiben, von Hel gerufen werden, von Hel geholt werden, Hel hat jemanden …

Das Hel-Mandala

In den vier Richtungen rings um den Mondhügel herum und somit auch rings um die Halle der Hel finden sich vier verschiedene Wesen:

- im Osten vermutlich der Adler des Göttervaters Tyr – er ist der Bote des Sonnenaufganges und somit der Wiedergeburt und er ist auch der Verursacher des Windes;

- im Süden der Sonnenhirsch des Tyr – er ist der Bote des Göttervaters und das Symbol der Blüte seiner Kraft am Mittag;

- im Westen die Drachen des Wahns (Tyr wird am Abend zum Sonnendrachen in der Unterwelt) – sie sind die Boten des Sonnenunterganges und somit des Todes;

- im Norden die Söhne der Nüchternheit (ursprünglich Tyr-Mimir mit dem Met-Horn) – sie sind vermutlich die Boten der Weisheit, die aus der Stille der Nacht heraus entstehen kann.

Der Weg zur Hel

Der Eingang zur Hel liegt zwischen den Wurzeln der Weltesche: man muß in den Brunnen der Nornen steigen – wie noch heute jeder weiß, der das Märchen „Frau Holle" kennt.

Nach dem Brunnen folgen in dem Märchen „Frau Holle" noch der Apfelbaum und die Waberlohe, die Flammenwand, die man durchreiten oder durchschreiten muß: Der Weltenbaum hat die Gestalt von Iduns Apfelbaum angenommen und das Jenseitsgrenze-Feuer erscheint in der gezähmten Form des Backofens.

Zu der Halle der Hel gelangt man, indem man neun Nächste durch die Finsternis abwärts reitet bis man im Hlymdalir („Lärmtal") auf den Gjallar („tosender Fluß") trifft, über den eine Brücke führt, die von der Walküre Modgud bewacht wird. Wenn man diese Brücke überquert hat, muß man noch eine Weile an dem jenseitigen Ufer des Gjallar nach Norden weiterreiten, wobei man den Fluß dann zu seiner Linken hat. Man muß sich bei seiner Reise ins Jenseits also zunächst nach Osten wenden und dann hinter der Brücke nach links Richtung Norden abbiegen.

Die „9" in den „neun Nächten" ist das bei den Indogermanen weitverbreitete mythologische Adjektiv mit der Bedeutung „zum Jenseits gehörend".

Hel ist auch eine der drei Welten unter den drei Wurzeln des Weltenbaumes – diese recht ungenaue Zuordnung (statt Erde in der Mitte, Himmel oben, Unterwelt unten) wird recht neu sein und stammt vermutlich aus der Zeit um 500 n.Chr.

Wenn ein Mensch gestorben ist, „hat Hel den Toten" und man ist „Hels Haus", in „Hels Halle", in „Hels Behausung" oder in „Hels Reich" und gehört dann zu „Hels Volk", zu „Hels Leuten" oder zu „Hels Gefolge".

Im Jenseits ist man „in den Banden der Hel", man wird „von Hel umarmt" und „vereint sich mit Hel".

Die Reise zur Hel

Um zu dem Hügelgrab (Hel) zu gelangen, muß man neun Nächte lang durch tiefe Dunkelheit ein Tal hinabreiten und dichte Wälder durchqueren – d.h. in das Innere des Hügelgrabes hinabsteigen. Anschließend muß man die Brücke über den Jenseits-fluß überqueren und durch eine Waberlohe schreiten.

Die Toten kommen auf verschiedene Weisen zur Hel – manche gehen zu Fuß, manche reiten auf einem Pferd, manche werden in einem Wagen gefahren und wie-der andere kommen mit dem Schiff Naglfar. Schließlich werden auch noch einige auf den Schwingen des Drachen Nidhöggr von ihren Hügelgräbern in die Unterwelt gebracht.

Das Sternbild „Großer Bär", das auch als „Großer Wagen" bezeichnet wird, ist in den Niederlanden auch auch „Hel-Wagen" genannt worden. Der Wagen, auf dem man auf dem Helweg zur Hel fuhr, muß einst ein wichtiges Bild gewesen sein.

Die Reise zu Fuß ist für die Armen – und für die Sonne, die in frühester Zeit der Himmels-Wanderer gewesen ist.

Diejenigen, die ins Jenseits reiten, nehmen meistens ein normales Pferd, aber manchmal auch Odins achtbeinigen Sleipnir oder Hels dreibeiniges Pferd Helhest. Später sah man das Erscheinen des dreibeinigen Helhest als ein Todesomen an.

Der Helwagen scheint von Hel gelenkt zu werden – aber das ist ungewiß. Vielleicht kommt er vor allem nach großen Schlachten oder bei Epidemien zum

Einsatz ... Jedenfalls scheint er nur selten benutzt zu werden.

Das Schiff Nagelfar bringt die Toten sowohl zur Hel als auch beim Ragnarök zur letzten Schlacht. Während bei den normalen Fahrten der Jenseitsbarke vom Diesseits ins Jenseits Odin der Jenseitsfährmann ist, wird Nagelfar bei seiner Fahrt vom Jenseits ins Diesseits beim Ragnarök von Loki gesteuert.

Auch die Sonne kommt am Abend in die Unterwelt, wo sie dann die „Sonne der Hel" genannt wird. Ebenso stirbt der ehemalige Göttervater Tyr am Abend und der neue Göttervater Odin bei seiner Einweihung sowie Baldur vor dem Ragnarök – auch diese erscheinen daher manchmal oder auch regelmäßig in der Halle der Hel.

Für die Rückkehr der Sonne aus der Unterwelt am Morgen wurde in früherer Zeit jeden Morgen von den Priestern ein Sonnenlied gesungen – die Strophe zu der Man-Rune und das Sonnenlied aus der Edda enthalten möglicherweise noch Verse aus diesem Lied.

Ein Teil der Beschreibung der Unterwelt bzw. des Weges dorthin stammt vermutlich aus den Traumreisen bzw. Visionen, da sie die Erlebnisse bei solchen Reisen treffend beschreiben. Dazu gehört vor allem die dunkle, neblige Wolke, durch die man gehen muß, das Waten durch Rauch, dann das allmähliche Deutlicher-werden der Vision, das Fehlen von Schatten, und schließlich noch das ständige Scheinen der Sonne (es ist niemals ganz dunkel).

Aus diesen Motiven könnte sich auch der Name „Niflheim" („Nebelheim") gebildet haben – aber das ist unsicher.

Die „Seelenweg-Säulen" („öndvegis-sula") in an den Tempeleingängen und hinter den Hochsitzen waren die Tore im Diesseits, die zu den Ahnen und Göttern führen. Am anderen Ende dieser Verbindung zwischen den beiden Welten befand sich das Tor zur Halle der Hel im Jenseits.

Die Verbindung zwischen den beiden Welten findet sich in den Mythen auch als Säule, Leiter, Turm und Weltenbaum (siehe auch den Band 53).

Die Vorstellung, daß die Toten in einem Schiff ins Jenseits gelangten, war bei den Germanen weit verbreitet.

Auch der ehemalige Sonnengott-Göttervater Tyr fuhr in einem Schiff über das Himmelsmeer und durch die Wasserunterwelt (siehe den Band 3 über Tyr). Man mußte auch in einem Schiff über ein Meer zu der Höhle, d.h. zu dem Hügelgrab des Utgardloki (Tyr in der Unterwelt) fahren.

Odin setzte die Toten in seinem Nachen über den Jenseitsfluß hinüber – der Schamanengott Odin ist auch der Jenseitsfährmann. (Später baute man eine Brücke über diesen Fluß – seitdem wurden auch die Runensteine für die Toten auch „Brücke" genannt.)

Das Schiff, in dem die Toten ins Jenseits fuhren, hieß „Naglfar". Dieser Name bedeutet „Gefährt aus den Finger- und Fußnägeln der Toten". In der Überlieferung ist daraus schon ein Bild des Schreckens geworden, dem man kaum noch anmerkt, daß dieses Schiff einst die Sonnenbarke des Tyr gewesen ist.

Auch der Runen-beschriebene, magische Knochen des Ullr (siehe den Band 11 über Ullr) und das magische Schiff Skidbaldnir des Freyr bzw. Odin sind dieses Jenseitsschiff (siehe den Band 15 über Freyr).

Wenn man stirbt, wird man „von Hel gerufen", „von Hel geholt", „fährt man zur Hel" oder „reitet zur Hel". Der Pfad, der zu ihr führt, wird „Helweg" genannt.

Wenn man ermordet wird, wird man „zur Hel gesandt", „zur Hel geschickt", „zur Hel gestoßen" oder „zur Hel getrieben".

Die Asen versuchen mit Hel über die Rückgabe des Baldur zu verhandeln, aber sie können die Forderung der Hel, daß dafür alle Wesen um Baldur weinen müssen, nicht erfüllen.

Die Jenseitsreise ist der Zusammenhang, in dem Hel am häufigsten erscheint. Unter anderem reisen Tyr („Hadding"), Odin und Hermod, der Sohn und Schamanen-Priester des Odin, in das Jenseits.

Der Schamanengott Odin erscheint des öfteren am Jenseitstor, am Jenseitsfluß (Harbard-Lied) und als Wächter an der Wegscheide (Jenseitsgrenze).

Das Gold auf der Gjallarbrücke stammt vermutlich daher, daß die goldene Sonne am Morgen und am Abend die Grenze zwischen Diesseits und Jenseits (Horizont, Gjallarbrücke) überquert.

Helhest

Das dreibeinige Hel-Pferd ist nur aus Dänemark und Schleswig bekannt, also von dem dänischen, südlichen Teil der Nordgermanen. Helhest hat drei Beine, ist das Reittier der Hel, zieht den Wagen der Hel und holt die Toten ins Jenseits.

Die Begrüßung der Toten durch Hel

Hel empfängt die Toten, wenn sie im Jenseits ankommen, mit einem Horn voll Met. Diesen Met bewahrt sie in einem Kessel auf, der mit einem Schild bedeckt ist. Vermutlich ist dies einer der Sonnenschilde, wie sie auf den frühen Runensteinen abgebildet sind. Diesen Met reichte sie auch Baldur, als er nach seiner Ermordung an dem Tor zu Hels Halle pochte und um Einlaß bat.

Auch die wolfsreitende Riesin Hyndla ist die Besitzerin des Met und ebenso die Riesin Gunnlöd in dem Berg, der eigentlich ein Hügelgrab ist. Auch der Kessel stammt von den Riesen – die Götter haben sich später sowohl den Met als auch den Kessel von den Riesen geholt.

Dieser Met ist letztlich dasselbe wie Iduns Äpfel, die die ewige Jugend geben. In germanischen und keltischen Gräbern hat man sowohl Gefäße mit Met als auch Äpfel gefunden.

Der Göttermet

Als Jenseitsgöttin, die u.a. die drei Aspekte der Wiederzeugungs-Geliebten, der Wiedergeburts-Mutter und der Wiederstillens-Amme hat, ist Hel auch im Besitz des Göttermets, der an die Stelle der Milch der Göttin getreten ist.

Auf den Runensteinen ist sie als Frau im Jenseits mit einem Met-Horn zu sehen, die einen Reiter (einen Toten) empfängt. Neben ihr befindet sich ein Hrungnir-Herz (Sonne, Tyr).

Der Göttermet wird auch als „Met des guten Gottes" bezeichnet – mit dem „guten Gott" wird Tyr-Heimdall, Tyr-Mimir oder Baldur gemeint sein.

Der Met für Baldur befindet sich in der Hel in einem Kessel, der mit einem Schild bedeckt ist, der Tyrs Sonnenschild sein könnte.

In der Gunnlöd-Mythe wird der Met in drei Gefäßen verwahrt: in Odrörir, Son und Bodn.

Der Kessel und der Kelch sind wichtige Ritualgegenstände gewesen, die sich auch in einigen germanischen Tempeln gefunden haben.

Im Ritual hatte der Met auch die Symbolik der Stärkung der Erinnerungsfähigkeit.

Draupnir

Die Toten, die zur Hel kamen, und auch die Schamanen bei ihrer Einweihung sowie die Könige bei ihrer Krönung hielten einen (Hals-)Ring (mit sechs kleinen Kugeln in gleichem Abstand auf ihm) in ihrer Hand, wenn sie zu Hel kamen. Das Urbild dieses Ring ist Odins Draupnir, den er seinem Sohn Baldur auf seiner Reise ins Jenseits mitgegeben hat.

Dieser Jenseitsreise-Ring war auch eng mit der Jenseitsgöttin verbunden: der goldene Draupnir und Freyas goldener Brisingamen sowie Fullas goldener Haarreif sind letztlich dasselbe Symbol der Sonne, die durch ihren morgendlichen Aufgang immer wieder aufs Neue verspricht, daß ihr abendlicher Untergang nicht das Ende sein wird.

Wiederzeugung, Wiedergeburt und Wiederstillen

Im Jenseits vereinten sich die Toten bei ihrer Wiederzeugung mit der Liebesgöttin Freya, von der sie dann anschließend wiedergeboren wurden. Diese Symbolik findet sich auch bei Hel, die wohl anfangs nur ein Beiname der Göttinnen Frigg und Freya gewesen ist: „die in der Höhle der Unterwelt".

Die Gespräche zwischen der Göttin Freya und der Riesin Hyndla, deren Name „Hündlein" wohl eine ironische Anspielung auf den Fenris-Wolf ist, sind voller sexueller Zweideutigkeiten und schließlich auch sexueller Beleidigungen. In einem Lied heißt es, daß „Lokis Schwester", mit der wohl Hel gemeint sein wird, die ansonsten Lokis Tochter ist, den toten König zur Liebe verführt. Auch Freya soll schon mit allen Asen und auch mit den Zwergen, also mit den Totengeister ihr Lager geteilt haben. Schließlich hat sich noch die Riesin mit Namen „rauhe Else" („Hel") durch den Jungbrunnen („Jenseits-Eingang") in die schönste der Frauen („Freya"), d.h. in die Jenseitsgöttin als die Geliebte bei der Wiederzeugung verwandelt – ein auch in den nordischen Sagas häufiges Thema.

Im Bestattungsritual der germanischen Fürsten vereinigten sich die „Freunde des Fürsten mit einer Dienerin des Fürsten, die dann anschließend getötet und mit dem Fürsten verbrannt wurde. Dies ist die rituelle Seite der Wiederzeugung im Jenseits. Auch Baldurs Frau Nanna wurde mit ihm verbrannt – sie starb allerdings aus Kummer über seinen Tod (was wohl eine Verharmlosung der Witwenverbrennung sein wird).

Die Zeugungskraft der Toten wurde dadurch gesichert, daß man für sie bei der Bestattung ein Herdentier tötete und dessen Zeugungskraft auf den Toten übertrug, wodurch dieser die Gestalt dieses Tieres erhielt. So entstanden die gehörnten Männer, die Zentauren, der Minotaurus und andere mehr, die dann im Christentum schließlich zu dem gehörnten Teufel wurden.

Das Hügelgrab hieß wegen diesem Brauch auch Hindinhügel („Hindarfjell") – in ihm lag der Tote, der teilweise die Gestalt z.B. eines Hirsches angenommen hatte, sowie die Riesin, die dann die Gestalt einer Hindin hatte. Die Toten in der Halle der Hel werden also meistens Hörner getragen haben – falls sie sich nicht mit Freya in deren Wildschweingestalt vereint und daher selber die Gestalt eines Keilers angenommen hatten.

Da Freya als die Wiederzeugungs-Geliebte des Sommergottes Tyr, des Wintergottes Loki und allgemein der Toten letztlich mit Hel identisch ist, sind Freya-Hel, Tyr und Loki Geschwister. Daher kann auch Hel selber als „Schwester des Loki" bezeichnet werden und als die Wiederzeugungs-Geliebte des Baldur und der Könige erscheinen.

Hel die Zauberin

Hel ist zauberkundig und kennt die Zauberlieder, denn alle Magie kommt aus dem Jenseits, d.h. aus dem Bereich der Seelen und der Lebenskraft – der das Reich der Hel ist. Hel ist als Zauberin auch eine Seherin und trägt daher einen Stab in ihrer Hand.

Auch die Runen auf dem Halfter des Wolf-Reittieres der Hel zeugen von Hels Magie-Kenntnissen. Das Halfter, mit dem Hel ihren Bruder Fenrir lenkt, ist ihr Bruder Jörmungandr, die Midgardschlange. Hel erscheint möglicherweise auch selber als Wölfin

Die „Runen-beschriebene Schlange" ist ein gut bekanntes Motiv – sie erscheint auf fast allen Runensteine als Umrahmung des Bildes. Sie ist sozusagen der Postbote, der die Inschrift auf ihr ins Jenseits bringt – man kann sich mit einiger Berechtigung vorstellen, daß dort in der Unterwelt Hel diese Briefe in Empfang nimmt und sie dann an die Toten weitergibt.

Als Jenseitsgöttin, bei der sich alle Tote befinden, ist Hel auch die Spezialistin für die Stammbäume der Menschen.

Auf den Brakteaten erscheint sie als Frau auf einem Thron, als Frau mit einem Seherinnenstab und als Frau mit einem Sonnensymbol (drei Punkte = Hrungnirherz). Vor ihr steht oft ein Mann mit einem Ring (Sonne, Draupnir, Andvarinaut, Brisingamen).

Vorstellungen über Hel

Das Bild der Hel wandelte sich im Laufe der Zeit – insbesondere unter dem Einfluß des Christentums.

Eine mythologisch-magische Religion, die einfach sagt „Es ist, wie es ist." und die das Schicksal als Bestimmung durch die Nornen auffaßt, braucht kein ausgleichendes Jenseitsgericht und somit auch keine Strafen im Jenseits für die im Diesseits begangenen und nicht geahndeten Untaten.

Aus dem allgemeinen Jenseits wurde zunächst das Reich, in die diejenigen eingingen, die an einer Krankheit oder an hohem Alter starben. Die in der Schlacht gestorbenen Krieger kamen jedoch in Odins Walhalla. Diese Entwicklung begann vermutlich um ca. 500 n.Chr., als Odin zum nordgermanischen Göttervater wurde. Um nach Walhalla zu gelangen, ließen sich die todkranken und sterbenden Menschen oft mit einem Speer ritzen, um trotz ihres Todes im Bett wie Verletzte auszusehen und auf diese Weise dennoch zu Odin zu gelangen.

Anfangs gehörten die Toten vermutlich noch ganz der Göttin Freya. Später teilten sich Odin und Freya die Krieger. Schließlich kamen jedoch alle gefallenen Krieger nach Walhalla.

Dann wurde das Jenseits ab 1250 n.Chr. unter christlichem Einfluß noch einmal umgedeutet: Die bösen Menschen kamen nun zur Hel nach Niflheim, während die guten Menschen nach Muspelheim zu den Alben und zu dem Göttervater gelangten.

Schließlich wurde Hel zu einer Qualenhölle, in der der Drache Nidhöggr von einem Bild für die Toten selber über einen Träger der Toten ins Jenseits nun zu einem Ungeheuer wurde, das die Leichen aussaugt.

Das Feuer in der Hölle stammt vermutlich aus einer Umdeutung der Bestattungs-feuer und der Hügelgrab-Feuer, die zu einer Form der Bestrafung umgedeutet wor-den sind. Durch dieses Motiv hat Hel auch ihren Beinamen „Hyrrokkin" (Rußge-schwärzte") erhalten.

Im Christentum ist Hel zu „des Teufels Großmutter" geworden. Sie erscheint allerdings nur selten in den offizielleren christlichen Texten.

In einem dieser Texte befreit sich Jesus aus eigener Kraft aus der Gefangenschaft bei Hel, d.h. aus der Unterwelt.

In dem anderen Text versucht der gierige Satan die recht vernünftige Hel zu einer Allianz gegen Jesus zu überreden, was ihm jedoch nicht gelingt, da Hel erkennt, daß Jesus stärker ist als sie.

Namen der Hel

Die früheste Erwähnung der Hulda findet sich um 200 n.Chr. auf römischen-germanischen Dankesstelen am Niederrhein, die der Göttin Hludana gewidmet sind. Aus ihr wurde dann später im Märchen Frau Holle.

Hel ist wie Frigg-Freya die Göttin als die Wiederzeugungs-Geliebte, die Wiedergeburts-Mutter und die Wiederstillens-Amme (Göttermet) im Hügelgrab. Als Wiederzeugungs-Geliebte wird sie als strahlend schön geschildert: als die Weißbraug-Goldschöne und als Schneeweiße sowie dann später in den Märchen als Schneewittchen, Schneeweißchen und Goldmarie.

Hel-Freya erscheint auch als die Walküre Modgud, die die Brücke über den Jenseitsfluß bewacht. Hel erscheint auch als Tod-Bringerin und als Kriegerin, d.h. allgemein als Walküre. In einem Traum erscheint Hel zusammen mit Raben (Aasfresser = Schlacht-Omen) auf dem Vordersteven eines Drachenschiffes, und kündigt eine Schlacht sowie den Tod des Königs an.

„Hel" ist einer der vielen Namen der Herrin des Jenseits, der im Laufe der Zeit zunehmend zur Bezeichnung des gefürchteten Jenseits verwendet wurde.

„Hyrrokkin" ist die rußgeschwärzte Frau, die bei der Bestattung des Fürsten mitverbrannt wurde. In späten Texten wurde sie als eine von vielen Riesinnen (Hel) und Riesen (Tyr) von Thor getötet.

Unter dem Namen „Sinmara" ist sie die „Große Stute".

Als die leichenhungrige Hexe Hrimgerd ist nach dem Bestattungsfeuer benannt worden: Ihr Name bedeutet „Ruß-Heim".

Als Riesin ist die eine „Braut aus den Felsen". Hel wurde auch als „Atlis Mutter" und als „Schlangenbett-Göttin" (Hügelgrab-Göttin) umschrieben.

Als Grendels Mutter ist sie gefürchtete Herrin des Jenseits tief unten unter den Jenseits-Wassern.

Als Zauberweib im Eisenwald im Osten ist die die Mutter der Wölfe.

Als Zauberin, Drache und Seherin ist sie die Göttin Huld.

Bei der Wiederzeugung ist sie die Göttin Freya, die Göttin Frigg und die Riesin, die die „rauhe Else" genannt wird – und manchmal ist sie auch als Hel selber die Geliebte der Toten.

Als Norne und als Dise („Göttin") bestimmt sie das Schicksal und als Walküre, als „Tochter der Hel" verkündet sie es und holt sie die Menschen in ihr Reich.

Als das Alter und wohl auch als der Tod wurde sie Elli, die Amme des Riesen Utgardloki benannt.

Als Frau Holle bleib Hel die fürsorgliche Muttergöttin.

Hel wurde auch mit dem Namen ihrer römischen „Schwester" als „Proserpina" benannt.

Im Christentum blieb „Königin Hel" zunächst noch eine Weile recht neutral einfach die Herrin der Unterwelt, bevor sie schließlich zu des Teufels Großmutter wurde.

Hel ist eine „hinterlistige Frau". Diese Eigenschaft stammt offensichtlich aus der Furcht vor dem Tod. Als die gefürchtete Jenseitsherrin erscheint Hel auch als die Mutter des Tyr-Grendel in der Halle auf dem Grund eines Moores – Friggs „Fensalir" („Sumpf-Saal").

„Jemandem die Äpfel des Hel-Obstgartens reichen" bedeutet, jemandem den Tod zu wünschen. Hier sind die lebengebenden Äpfel der Idun zu Äpfeln zu todbringenden Äpfeln der Hel umgedeutet worden.

Siehe zu den vielen Gestalten und Namen auch den Band 28 über die unbekannteren Jenseitsgöttinnen.

Das schöne Jenseits

Das Jenseits wird manchmal auch als ein Land voller Blumen und mit Flüssen von Honig geschildert. Das wird vermutlich nicht nur von dem christlichen Paradies inspiriert worden sein, da sich Ansätze dazu auch in den Jenseitsnamen „Laufey", d.h. „Laubinsel" (siehe „Laufey" in Band 28) und „Grün-Quellenland" (siehe „Huldar" in Band 28") finden.

Auf jeden Fall ist dieses Blumen-Land nicht das Grabkammer-Jenseits, nach dem die Jenseitsgöttin als „Hel" benannt worden ist.

Sonstiges

Die Bedeutung der schwarzen 'Hel-Haut' ist unklar. Sie könnte das Bestattungsfell sein, aber auch das Fell, das einen Zweikampfplatz markiert hat. Es könnte auch mit einem 'gefährlichen Sprung' in ein Hügelgrab hinein assoziiert worden sein. Schließlich könnte noch ein Zusammenhang zu den Wechselbälgern, also zu von Trollen u.ä. ausgetauschten Babys bestehen.

Sicher ist lediglich, daß die 'Hel-Haut' nichts Gutes gewesen ist, sondern etwas, was man lieber vermieden hat.

Manchmal ist 'Hel' in 'Hel-Haut' auch einfach die Farbbezeichnung 'dunkel' (germanisch: 'blauschwarz') gewesen.

Die mehrfach auftretende Schilderung, der zufolge die Toten in der Hel auf der einen Seite von Frost und auf der anderen Seite von Feuer gequält werden, ist vermutlich auf das unbequeme Übernachten an einem Feuer in der Wildnis zurückzuführen.

II Hel in den indogermanischen Religionen

Die folgende Tabelle zeigt den Stammbaum der Indogermanen. Die Namen für die gemeinsamen Vorfahren der verschiedenen Völker wie „Tocharo-Romanen" sind künstliche Bezeichnungen, da nicht bekannt ist, wie sich die betreffenden Völker selber genannt haben. Die Differenzierung dieser Völker fand in etwa zwischen 2800 v.Chr. und 1800 v.Chr. statt.

Indo-germanen	West-Indo-germanen	Balto-Slawen				Balten
						Slawen
		Tocharo-Germanen	Tocharo-Romanen	Kelto-Romanen		Kelten
						Römer
						Tocharer
						Germanen
	Süd-Indo-germanen					Lyder
		Hethito-Luwier	Hethito-Palaer			Hethiter
						Palaer
						Luwier
	Ost-Indo-germanen	Gräco-Thraker				Thraker
						Griechen
		Indo-Skythen				Skythen
			Indo-Armenier			Armenier
				Indo-Mitanni		Mitanni
					Indo-Perser	Perser
						Inder

Im Folgenden sind nur die Völker aufgeführt, von denen etwas über das hier betrachtete Thema bekannt ist.

Außer von den Germanen ist keine Göttin mit dem Namen „Hel" bekannt, aber es gibt mehrere Göttinnen, die Ähnlichkeit mit Hel haben.

II 1. West-Indogermanen

II 1. a) Kelten

Bei den Kelten gibt es zumindestens zwei Göttinnen, bei denen schon ihr Name zeigt, daß sie in zumindestens einem Aspekt mit Hel oder einer der anderen germanischen Jenseitsgöttinnen übereinstimmen:

Der Name der Göttin „Scathach" bedeutet „die aus der Schattenwelt" und entspricht ungefähr der Göttin Hel („Höhle").

Der Name der Göttin „Epona" bedeutet „Pferdegöttin" und entspricht der Jenseitsgöttin Sinmara („Große Stute").

Der Göttin Aericura entspricht als Apfelgöttin der germanischen Idun – bei den Kelten, den Slawen und bei den Germanen wurden die lebengebenden Äpfel auch mit der todbringenden Jenseitsgöttin assoziiert (was der Umdeutung der Äpfel der Eva in der Bibel entspricht).

Die verschiedenen keltischen Krähengöttinnen wie z.B. Morrigan erinnern an die Raben-Seelenvögel der beiden Alcis-Söhne des Tyr, die nach 500 n.Chr. zu Odins Raben geworden sind.

Auf dem Kessel von Gundestrup, der um ca. 400 v.Chr. von den Thrakern für die Kelten hergestellt, aber von den Germanen verwendet worden ist, ist die Mutter der Seelenvögel abgebildet:

keltische Göttin: Mutter der Seelenvögel

Links und rechts von ihr ist eine Priesterin zu sehen, unten ein Jenseitsreisender, auf ihrer rechten Hand vermutlich der Seelenvogel des Jenseitsreisenden, links und rechts oben zwei weitere Seelenvögel, sowie unten links und oben links der Hund, der den Jenseitsreisenden begleitet.

Táin Bó Cúailgne

Der „Stierraub von Cúailgne" ist der längste zusammenhänge alte Text aus Irland. Im Folgenden sind nur wenige Stellen aus dieser Mythe angeführt, da die vollständige Fassung schon ohne Kommentare ca. 80 Seiten beanspruchen würde.

Die eine der beiden Hauptgestalten der Sage war Medb, die Königin von Connacht, Tochter des Eocheid Feidlech, Hochkönig von Irland. Sie hatte mehrere Geliebte hintereinander und auch gleichzeitig, von denen die meisten Könige waren – sie ist also ursprünglich einmal die Erdgöttin und Wiedergeburtsgöttin bei der Könung der Könige gewesen:

- Conchobar mac Nessa, König von Ulster;
- Tinni mac Conri, König von Ulster;
- Conchobar, ihr Ex-Mann, König von Ulster, vergewaltigte Medb und ein Krieg begann zwischen dem Hochkönig und Ulster;
- Eochaid Dala, König von Connacht;
- Affäre mit Ailill mac Máta, dem Anführer ihrer Leibgarde; Eochaid wurde von ihm im Zweikampf getötet; Ailill wurde König von Connacht;
- Ailill war reicher als sie: genau um einen Stier; deshalb begann sie den Rinderraub von Connacht, um die Reichere von beiden zu sein;
- Fergus, ehemaliger König von Ulster, war neben Ailill während des „Rinderraubes" Medbs Geliebter; es heißt in den Texten: „sie brauchte sieben Männer, um sie zu befriedigen – oder einmal Fergus":
- Ailill tötete Fergus aus Eifersucht; danach zog sich Medb auf eine Insel zurück;
- Medb ließ Ailill töten, da er auch anderen Frauen nachsah;
- daneben hatte sie noch viele weitere Liebschaften.

Der Name Medb bedeutet „Met". Medb ist nicht nur aus der irischen Provinz Ulster, sondern auch von Tara, dem Sitz des irischen Hochkönigs bekannt, an dem eine rituelle Hochzeit ein Teil der Krönung war. Dort trug Medb den Beinamen „Letherg", d.h. „Rotseite". Sie war die Frau von neun aufeinanderfolgenden Hochkönigen.

Ursprünglich war Medb eine Göttin, mit der sich der Hochkönig und die Provinz-könige bei der Krönung vereinen mußten, um König werden zu können. Dies ist eine

Erweiterung der Wiederzeugungssymbolik auf das Königtum. Durch dieses Ritual, das letztlich eine Jenseitsreise wie die der Cernunnos-Schamanen, der Druiden und der Sonne ist, erhielten die Könige ihre Verbindung zu der Göttin und zu den Göttern, die sie für ihre Herrschaft benötigten. Da die Götter im Jenseits leben, zu dem entweder Gewässer oder Hügelgräber der Eingang sind, zog sich Medb am Ende auch auf eine Insel („Avalon") zurück.

Diese Krönungssymbolik hat auch in hohem Maße die Geschichten des walisischen Mabinogion geprägt.

Medb ist eine keltische Jenseitsgöttin, die Aspekte der germanischen Idun (Äpfel), der Skadi (Braut des Königs), der Gerdr (Beschützerin), der Hel (Met), der Freya (Wiederzeugung) usw. enthält.

Die zweite Hauptperson in der Geschichte ist neben Medb der junge Cú Chulainn von Ulster. Seine Geburt war von besonderen Umständen umgeben:

Cathbad war der Ari-Druide von Ulaid und der Berater von Conchobar, dem König von Ulster, der Nordprovinz Irlands. Er heiratete Maga und hatte drei Töchter. Eine von Ihnen, die Deichtine hieß, verschwand eines Tages zusammen mit 50 Gefährtinnen. Mehrere Jahre lang suchte ihr Vater, der Ari-Druide Cathbad, seine Tochter und ihre Gefährtinnen vergeblich.

Eines Tages fanden Conchobar, der König von Ulster, sein Onkel Fergus und einige Jagdbegleiter auf der Jagd nach einem Schwarm magischer Vögel Deichtine und ihre Gefährtinnen in einem Haus im Wald. Deichtine erzählte ihnen, daß der Sonnengott Lugh Lamhfada sie hierher gebracht habe und daß sie zusammen mit Lugh ein Kind habe, das Setana genannt worden war. Gleichzeitig mit Setana waren Zwillingsfohlen geboren worden.

Am nächsten Morgen erwachte der König mit seinem Gefolge nicht in dem Haus im Wald, in dem er sich schlafen gelegt hatte, sondern auf dem Grabhügel von Newgrange. Der Junge und die beiden Fohlen waren jedoch bei ihnen. Der König beschloß, sich selber um das Kind zu kümmern und übergab es Deichtines Schwester Findchaem zur Obhut. Fergus, der Onkel des Königs, wurde zu dem Ziehvater des Jungen.

Sowohl das Waldhaus als auch der Grabhügel entsprechen den germanischen Hügelgräbern, die auch „Waldwohnungen" genannt wurden.

Der Junge war schon mit sieben Jahren ein großer Krieger und erhielt seinen Namen Cú Chulainn dadurch, daß er mühelos den furchterregenden Hund des Culann tötet. Cú Chulainn bedeutet „Hund des Culann".

Cú Chulainn beschloß, die Kriegskunst bei der Kriegerprinzessin und Unterwelts-göttin Scáthach zu erlernen. Nachdem er die Aufnahmeprüfungen bestanden hatte, die aus einer Reise mit scheinbar unüberwindlichen Hindernissen bestand, nahm die Göttin ihn als Schüler an – was nur wenigen je gelungen war. Sie lehrte ihn viele Kampftechniken, die nur sie kannte und beherrschte. Bei ihr erlernte er auch die „Berserker"-Kampfeswut, durch die sich seine Kräfte vervielfachten. Diese Kampfkunst war bei den Männern von Ulster gut bekannt. Während der Ausbildung war Scáthachs Tochter Uatach seine Geliebte.

Scathach entspricht der Hel; ihre Tochter Uatach der Freya.

Gegen Ende seiner Ausbildung forderte Scáthachs Schwester Aiofe Scáthach zum Kampf heraus. Da sich Scáthach ihrer Schwester unterlegen fühlte, nahm Cú Chulainn den Kampf an und besiegte sie durch eine List. Cú Chulainn nahm ihr das Versprechen ab, daß sie seine Lehrerin nie wieder angreifen würde. Nach dem Kampf wurde sie seine Geliebte. Sie hatten einen gemeinsamen Sohn, dem Cú Chulainn einen Ring schenkte.

Als er einmal in Ulster bei einem Kampf in die Kampfeswut geriet und nicht wieder aus ihr zurückkehren konnte und sich dem Königssitz von Ulster näherte, befahl Conchobar allen schönen Frauen der Stadt, sich nackt vor das Stadttor zu stellen. Das lenkte Cú Chulainn soweit ab, daß man ihn in ein Faß mit eisigem Wasser stecken konnte. Nachdem das Wasser in zwei Fässern sofort verdampfte, brachte ihn das dritte schließlich wieder zur Ruhe.

Eines Tages hatte Cú Chulainn einen Traum, in dem ihn zwei Frauen mit Gerten schlugen, während er an eine steinerne Säule gebunden war. Als er erwachte, war er ganz schwach, was ein ganzes Jahr lang anhielt. Um geheilt zu werden, reiste er ins Jenseits, wo er der Göttin Fand, der Frau von Manannan Mac Lir half, drei Dämonen zu besiegen, die sie bedrohten. Fand wurde zum Dank dafür seine Geliebte. Cú Chulainns Frau Emer wurde eifersüchtig auf sie und nach einer heftigen Auseinandersetzung beschlossen beide Frauen, Cú Chulainn der anderen zu überlassen, sodaß Cú Chulainn beide verlor. Der Schmerz der drei darüber war so heftig, daß sich Manannan Mac Lir schließlich ihrer erbarmte und seinen magischen Mantel um sie legte, wodurch sie sich gegenseitig vergaßen.

Das Motiv der Jenseitsreise und der Vereinigung mit der Göttin findet sich hier gleich mehrmals: Die Vereinigung der Mutter des Cú Chulainn mit dem Sonnengott Lugh fand im Jenseits statt; die Prüfung, die die Göttin Scáthach dem Cú Chulainn stellt, ist eine solche Reise; und die Heilung von seiner Schwäche-Krankheit erhält er auch durch eine Reise in die Wasserunterwelt des Manannan Mac Lir zu dessen Frau Fand. Cú Chulainn hat sich im Laufe seines Lebens mit vier Göttinnen vereint:

Uatach, Scáthach, Aiofe und Fand. Dies entspricht der Weihe zum König bzw. dem Leben eines Helden, der diese Symbolik mit dem König teilt.

Man kann vermuten, daß es dieselbe Symbolik auch bei der Druidenweihe gab, da es auch dort der Kontakt zu den Göttern durch eine Jenseitsreise hergestellt wird. Bei den Druidinnen sollte man dann statt der Vereinigung des Druiden/Königs/Helden mit der Jenseitsgöttin die Vereinigung der Druidin mit dem Sonnengott erwarten – so wie es bei Cú Chulainns Mutter Deichtine und Lugh der Fall war.

Deichtine war die Tochter des Ari-Druiden Cathbad. Ihr „Verschwinden" zusammen mit 50 Gefährtinnen wir ursprünglich wohl der Rückzug an einen einsamen Ort während der Ausbildung zur Druidin gewesen sein, bei der sie Lugh begegnete. Schließlich ist es die Hauptaufgabe der Druiden und Druidinnen, den Kontakt zu den Göttern herzustellen.

Die Bezeichnung „Ari-Druide" bedeutet wörtlich in etwa „edler Seher". „Ari" stammt vom indogermanischen „ar", daß „richtig, gut zusammengefügt, wahr, edel", das auch ein Bestandteil des indischen Begriffes „Rita" ist, der dem keltischen Begriff „Fhirinne" entspricht. Der Ari-Druide ist somit der Erhalter und Lehrer der Fhirinne.

Das Erwachen des Königs und seines Gefolges auf dem Hügelgrab statt in dem Waldhaus wird ein Symbol für die Jenseitsreise sein, da die Hügelgräber Eingänge in die Unterwelt sind. Symbolisch gesehen kam Setana, der spätere Cú Chulainn, zusammen mit dem König aus dem Jenseits zurück.

Dazu paßt es auch, daß in der Geschichte betont wird, daß der König auf der Jagd nach einem Schwarm von „magischen Vögeln" war. Man kann wohl davon ausgehen, daß es sich hier um Seelenvögel handelt, was bedeutet, daß es die Absicht des Königs war, ins Jenseits zu reisen.

Die Fohlenzwillinge scheinen in diesem Zusammenhang ebenfalls ein Symbol des Königtums bzw. Heldentums zu sein, da sie zusammen mit Setana aus dem Jenseits ins Diesseits zurückkehrten.

Der Mantel des Vergessens, den Manannan Mac Lir besitzt, bezieht sich wohl auf die „Bewußtlosigkeit" des Schlafes, die hier auf den Tod und die Erinnerung ausgedehnt worden ist.

Die Hitze der Kampfeswut erinnert sehr an die tibetische Tummo-Meditation, bei der im Körper ebenfalls eine so große Hitze entsteht, daß damit Eiswasser verdampft werden kann.

Die Erklärung des Namens „Cú Chulainn" durch das Töten eines großen Hundes ist möglicherweise eine Umdeutung eines früheren Zusammenhanges. Bei den Indogermanen waren der Wolf und der Hund das Symbol der Beschützer der Herden und auch das Symbol der Ekstase-Krieger. Dies Krieger hießen z.B. bei Germanen „Ulfhedinn" („Wolfsfell-Männer"). Bei den Slawen entwickelte sich diese Tradition zu der Vorstellung von Werwölfen weiter. Vor diesem Hintergrund erscheint es wahrscheinlich, daß mit der Name des Cú Chulainn ihn ursprünglich vor allem als das

„Urbild" der keltisch-irischen Ekstasekrieger bezeichnen sollte.

Auf den Männern von Ulster lag der Fluch, daß sie dann, wenn die Not am größten ist, fünf Tage lang keine Kraft haben. Lediglich Cú Chulainn ist von diesem Fluch nicht betroffen, sodaß er Ulster fünf Tage lang ganz alleine verteidigen muß. Dieser Fluch wurde von der Göttin Macha („die aus der Ebene") ausgesprochen, die zusammen mit Badb („Kampfeswut") und Nemain („Vergelterin") die Göttinnendreiheit bildet, die Morrigan („Königin der Geister") genannt wird. Wie die Namen zeigen, handelt sich ihnen um Jenseitsgöttinnen.

Zu diesem Fluch kam es wie folgt:

Crunniuc war ein wohlhabender Bauer in Ulster. Eines Tages erschien Macha in seinem Haus und kümmerte sich um den Haushalt, während Crunniuc auf dem Acker war. Nach einer Weile heirateten beide und sie wurde schwanger. Als er an den Hof des Königs zu einem Fest gehen wollte, legte Macha einen Bann auf ihren Mann: Er durfte niemandem dort ihren Namen verraten.

Crunniuc brach sein Versprechen und gab damit an, daß seine Frau schneller laufen konnte als das schnellste Pferd. König Conchobar ließ ihn in den Kerker werfen und Macha vor sich bringen.

Macha bat um Aufschub, da sie schwanger war, aber niemand achtete darauf und der König drohte ihr damit, ihren Mann zu töten. So begann das Wettrennen, bei dem Macha den Pferden davonlief, aber kurz vor dem Ziel Wehen bekam und Zwillinge gebar. Diese Wehen erfaßten auch alle Männer, die bei dem Wettrennen zugegen waren und sie krümmten sich vor Schmerzen.

Da sprach sie über die Männer von Ulster den Fluch aus, daß sie jedesmal fünf Tage und Nächte lang diese Schmerzen spüren und schwach sein sollten, wenn die Not für Ulster am größten ist.

Die Königin Medb von Connacht kannte natürlich diesen Fluch und nahm an, daß sie mit den Männern von Ulster leichtes Spiel haben würde.

Das Wettrennen der Göttin mit den Pferden erinnert an die beiden Fohlen, die zusammen mit Setana (Cú Chulainn) geboren wurden. An einigen Heiligen Orten der Kelten, die diese z.T. von der früheren Bevölkerung übernommen hatten wie z.B. Stonehenge, gibt es neben dem Heiligtum auch eine Pferderennbahn. Es wäre gut denkbar, daß durch das Rennen das Pferd ausgewählt wurde, das dann für die Jenseitsreise geopfert wurde. Auch der Kampf der beiden Stiere, mit dem „Der Rinderraub von Cuailgne" endet, könnte ursprünglich solch ein Auswahlverfahren für den stärksten und daher richtigen Opferstier gewesen sein.

Zwei Fohlen in einer Mythe, die mit dem Sonnengott Lugh zu tun hat, können nur die Pferdesöhne des Sonnengott-Göttervaters sein, die seinen Streitwagen zeihen und

216

die von den Germanen „Alcis", von den Indern „Ashvins", von den Griechen „Dioskuren", von den Slawen „Lol und Polel", von den Römern „Kastor und Pollux" usw. genannt worden sind.

Die vollständige Geschichte findet sich zusammen mit einer ausführlichen Betrachtung in meinem Buch „Cernunnos".

II 1. b) Römer

Die Nornen der Germanen entsprechen den Parzen der Römer und den Moiren der Griechen sowie den römisch-keltisch-germanischen Matronen und sind wie die Nornen mit der Hel, d.h. mit der Unterwelt und der Unterweltsgöttin assoziiert worden.

Sowohl Römer als auch die Etrusker haben eine Totengöttin mit dem Namen „Mania" verehrt, deren Name sich von dem indogermanischen Substantiv „men" für „Bewußtsein, Geist, Leben, Denken" verehrt. Mania ist also die Göttin der Totengeister.

Eine zweite römische Totengöttin ist „Dea Tacita", die „schweigsame Göttin" gewesen. Sie half auch bei Orakeln und bei Rache.

II 1. c) Germanen

Hel ist die Jenseitsgöttin. Ihr Name bedeutet „Höhle" und bezieht sich auf die Grabkammer in einem Hügelgrab.

II 1. d) Slawen

Bei den Slawen ist Babajaga eine den Schicksalsgöttinnen ähnliche Gestalt. Ihr Name bedeutet „die alte Kriegerin". Sie wird auch „Baba Roga", d.h. „die alte Gehörnte", sowie „Baba Zima", d.h. „die alte Kalte" genannt. Sie trägt manchmal den Beinamen „Kostjanaja Noga" („Knochenbein").

Baba Jaga ist folglich eine Totengöttin („Knochen"; „die Kalte"; „alt"), die zudem noch gehörnt ist, d.h. in deren Beschreibung sogar noch das alte Motiv der Wiedergeburts-Mutter im Jenseits in der Gestalt einer Kuh, Hindin oder Ziege erhalten geblieben ist.

Ihre Tochter ist die schöne Waldfrau, die wie Baba Jaga zauberkundig ist. Die alte Baba Jaga ist wie Hel der gefürchtete Totenherrin-Aspekt der Jenseitsgöttin und die Waldfrau ist wie Freya die ersehnte Wiederzeugungs-Geliebte.

Baba Jaga erscheint auch als drei Schwestern, die alle drei „Babajaga" heißen. Wenn eine von ihnen durch Schwert oder Feuer stirbt, heilen die beiden anderen sie durch das „Wasser des Todes", worauf hin sie wieder lebendig wird und alle ihre Wunden heilen. Auch hier findet sich somit die Verdreifachung der Schicksalsgöttin.

II 1. e) West-Indogermanen
(die gemeinsamen Vorfahren der Kelten, Römer, Tocharer, Germanen, Balten und Slawen)

Bei den Kelten, Römern, Germanen und Slawen gibt es eine Totengöttin, die zumindest bei den Germanen und den Slawen zu einer Schreckensgestalt geworden ist. Sie wurde lose mit drei Schicksalsgöttinnen assoziiert.

II 2. Süd-Indogermanen

Von den Südgermanen, der Mythen vor allem durch die Hethiter bekannt sind, ist keine Göttin überliefert worden, die der Hel gleichen würde, auch wenn die Hethiter verschiedene Jenseitsgöttinnen gekannt haben.

II 3. Ost-Indogermanen

II 3. a) Perser

Bei den Persern hat der weibliche Dämon mit dem Namen „Drug" Ähnlichkeiten mit der germanischen Hel. Er wird gewissermaßen als die Mutter aller Übel angesehen.

Die überlieferte persische Religion ist jedoch schon so sehr durch das Motiv des Kampfes der Rechtschaffenen gegen die Dämonen umgeformt worden, daß sich kein klares Bild einer Jenseitsgöttin mehr finden oder rekonstruieren läßt.

II 3. b) Inder

Im Rig-Veda wird in der 133. Hymne des 1. Buches der Donnergott Indra angerufen, damit er eine Zauberin vernichtet. Es ist allerdings nicht klar, wer diese Zauberin, deren Name nicht genannt wird, ist. Die Szene erinnert an den germanischen Donnergott Thor, der die zauberkundigen Riesinnen und u.a. auch Hel-Hyrrokkin tötet.

In der 75. Hymne des 6. Buches wird der Pusan, der Schwiegersohn der Sonne, angerufen, um Hilfe gegen eine Zauberin zu erlangen. Ihre Schilderung erinnert an Hel:

Beschütze uns vor dem Übek, Pusan, beschütze uns, die wir die Richtigkeit stärken:
Laß nicht zu, daß die Übeltäterin uns sich unterwirft!
Ihre Zähne sind wie ein Hirsch, sie ist in Adlerfedern gekleidet, mit einem Kuhfell
bekleidet – sie stürmt voran, sie flieht davon!

Indra öffnet auch das Hügelgrab in den Bergen, in dem die Riesenschlange Vritra den Regen und die Rinder gefangenhält. Diese Szene wird in sehr vielen Hymnen des Rig-Veda beschrieben.

In der späteren indischen Religion ist die nackte, schwarze Göttin Kali, die eine Totenschädel-Kette trägt und deren Lippen blutverschmiert sind, eine recht genaue Entsprechung zu der gefürchteten Version der germanischen Hel.

II 3. c) Griechen

Hekate ist die griechische Göttin, die Hel am ähnlichsten ist. Sie ist die Göttin der Magie, des Kultes, der Orakel und der Totenbeschwörungen sowie die Göttin der Frauen und der Geburten. Sie ist die Wächterin am Tor zwischen Diesseits und Jenseits – daher gehören zu ihr auch Schwellen und Wegkreuzungen. Sie wird fast immer mit bloßen Brüsten dargestellt.
Ihre wichtigsten Symbole sind zwei Schlange und Schlüssel sowie Hund und Eule. Auf einem ungefähr um 320 v.Chr. gefertigten Vasenbild tanzt Hekate mit zwei Fackeln vor einem Altar.
Hekate wird mehrfach dreifach dargestellt, was sie mit den drei Moiren (Nornen) verbindet. Auch das dreibeinige Triskelis, also das Gesicht der Unterweltsgöttin Gorgo mit drei Beinen (= Hrungnir-Herz) wird mit ihr assoziiert worden sein.
Sie ist die Göttin, die am schnellsten bereit ist, den Menschen zu helfen und ihnen

alles zu bringen, was sie brauchen.

Hekate ist um ca. 700 v.Chr. aus der West-Türkei nach Griechenland gekommen. In der Türkei ist sie die Große Mutter auf dem Thron, die von zwei Löwen begleitet wird, gewesen. Diese Löwen/Thron-Göttin läßt sich über die Tempel von Çatal Höyük um 7000 v.Chr. bis zu den Tempeln von Göbekli Tepe um 10.000 v.Chr. zurückverfolgen, wo sie noch eine Panthergöttin gewesen ist.

Bei ihrer Übersiedlung nach Griechenland sind erst ihre Löwen und später dann auch ihr Thron fortgelassen worden. In dieser Zeit ist sie zu einer jungen Göttin geworden.

Sie wurde als Titanin (Riesin) aufgefaßt – sie war die einzige der Titanen, die unter der Herrschaft des Zeus eigenständig geblieben ist und die wie Zeus alle Wünsche gewähren und verweigern konnte. Diese Macht haben üblicherweise nur Muttergöttinnen und Schicksalsgöttinnen – was in der Regel dasselbe ist.

Durch ihre Verbindung mit dem Jenseits wurde Hekate zunehmend zu einer dunklen Göttin. Ihr Kult wurde fast immer in der Dunkelheit durchgeführt – vorzugsweise bei Neumond, manchmal jedoch auch bei Vollmond. Als Jenseitsgöttin hilft sie auch Demeter, ihre Tochter Persephone im Reich des Hades wiederzufinden.

Schließlich wurde Hekate bei den Philosophen zur Allgöttin und zur Weltenseele – was wieder zeigt, daß sie einst eine Muttergöttin gewesen sein muß.

Als Jenseitsgöttin wurde sie „Melana" („die Schwarze"), „Chthonia" („die aus der Erde") und „Skotia" („die des dunklen Ortes") genannt.

Als Göttin des Helweges zwischen den beiden Welten war sie „Enodia" („die am Wege"), „Propolos" („Führerin"), „Propylaia" („Torhüterin") und „Kleidukos" („Schlüsseltragende").

Hekate war die Göttin, die den Menschen hilft: „Ourania" („Himmlische"), „Kourotrophos" („Pflegerin"), „Perseis" („Licht"), „Phosphoros" („Lichtbringer"), „Atropaia" („die das Böse Fernhaltende") und „Soteira" („Heilerin").

Aufgrund ihrer dreifachen Gestalt wurde sie auch als „Triformis" („Dreifaltige") und „Trioditis" bzw. „Trivia" („Dreiwege") bezeichnet.

Die Bedeutung des Namens „Hekate" ist nicht sicher geklärt – die Deutung als „Hundert" ist recht unwahrscheinlich, da dieser Name nicht viel Sinn ergibt. Auch die Herleitung von der ägyptischen Göttin Heqat, die eine Geburtsbeschützerin war, ist recht zweifelhaft, da Hekate von Kleinasien aus und nicht von den Ägyptern her zu den Griechen gekommen ist, wie u.a. die frühen kleinasiatischen Namen, die mit „Hekat-" gebildet worden sind, zeigen. Möglicherweise bedeutet Hekate „Wollende", aber es ist auch denkbar, daß ihr Name aus einer inzwischen verlorengegangen Sprache stammt.

In der Odyssee findet sich im 13. Kapitel ab Vers 103 die Schilderung einer Höhle, die an Hel erinnert:

Eine Grotte, nicht fern von dem Ölbaum, lieblich und dunkel,
Ist den Nymphen geweiht, die man Najaden benennet.
Steinerne Krüge stehn und zweigehenkelte Urnen
Innerhalb; und Bienen bereiten drinnen ihr Honig.
Aber die Nymphen weben auf langen steinernen Stühlen
Feiergewande, mit Purpur gefärbt, ein Wunder zu schauen.
Unversiegende Quellen durchströmen sie. Zwo sind der Pforten:
Eine gen Mitternacht, durch welche die Menschen hinabgehn;
Mittagwärts die andre geheiligte: diese durchwandelt
Nie ein sterblicher Mensch; sie ist der Unsterblichen Eingang.
Jene lenkten hinein, denn sie kannten den Hafen schon vormals.

In den Homerischen Hymnen findet sich in den Strophen an den Gott Hermes die Schilderung der Göttin Maia, die in einer Höhle lebt und daher ebenfalls an Hel erinnert – die Höhle könnte einst die Grabkammer eines Hügelgrabes gewesen sein.

Ich singe über den kyllenischen Hermes, den Töter des Argus,
den Herrn von Cyllene und Arkadien, die reich an Herden sind,
den glücksbringenden Boten der unsterblichen Götter.
Er wurde von Maia geboren, der Tochter des Atlas,
nachdem sie sich mit Zeus vereint hatte – sie ist eine scheue Göttin.
Sie vermied stets das Gedränge der gesegneten Götter
und lebte in einer schattigen Höhle,
in der der Sohn des Kronos um Mitternacht oft bei der reich-bezopften Nymphe lag,
während die weißarmige Hera in süßem Schlummer weilte
– und weder die Götter noch die sterblichen Menschen wußten davon.
Heil Dir, Sohn des Zeus und der Maia
– mit Dir habe ich begonnen, nun will ich mich einem anderen Lied zuwenden!
Heil Hermes, Spender des Gnade, der Führung und Geber der guten Dinge!

II 4. Indogermanen

Bei den Indogermanen hat es von Anfang an eine Jenseitsgöttin gegeben, in deren Mythen die Wiederzeugung und die Wiedergeburt wichtig gewesen sind. Sie läßt sich bis zu den früh-jungsteinzeitlichen Tempeln von Göbekli Tepe zurückverfolgen. Dort ist sie die Muttergöttin und Jagdgöttin auf dem Thron in den Schwitzhüten-ähnlichen Tempeln gewesen.

Vermutlich hat es bei den Indogermanen keine explizite Hügelgrab-Göttin gegeben, obwohl sich die Hügelgräber schon früh aus den Schwitzhütten-ähnlichen Tempeln im ersten Drittel der Jungsteinzeit entwickelt haben. Stattdessen war das Hügelgrab aufgrund der Wiederzeugungs-Symbolik das Heim der Jenseitsgöttin.

Die germanische Hel hat am meisten Ähnlichkeit mit der griechischen Hekate – aber man wird von einer Parallelentwicklung ausgehen können, da „Hel" recht sicher ein Beiname der Freya ist und vermutlich erst nach 500 n.Chr. eigenständig und nach und nach zu einer Schreckensgestalt geworden ist.

III Hel in anderen Religionen

III 1. Finnen

Die Finnen und die Germanen haben seit 1800 v.Chr. als Nachbarn in Skandinavien gelebt und Handel miteinander getrieben, wodurch es reichlich Gelegenheit zur Vermischung der mythologischen Motive gegeben hat. Daher wundert es nicht, daß sich bei den Finnen im Kalevala eine der Hel recht ähnliche Jenseitsgöttin findet.

Im 6. Kapitel macht sich Wäinämöinen ab Vers 1 auf dem Weg ins Totenreich, das wie beiden Germanen im Norden liegt (Niflheim):

Wäinämöinen alt und wahrhaft
Schickt sich an um aufzubrechen
Nach dem Dorfe voller Kälte,
Nach dem nimmerhellen Nordland.

Ab dem 191 Vers im 7. Kapitel will Wäinämöinen seine tote Geliebte aus der Unterwelt zurückholen:

Sprach die Wirtin von Pohjola,
Sprach und redet' solche Worte:
„ O Du alter Mann voll Thorheit,
Bist in fremdes Land geraten!"

Pojohla = Hel (Ort)
Pojohlas Wirtin = Hel (Göttin)

Wäinämöinen alt und wahrhaft
Hebt sein Haupt da in die Höhe,
Redet Worte solcher Weise:
„ Weiß das selber zur Genüge,
Daß ich bin in fremdem Lande,
Auf ganz unbekannten Strecken;
In der Heimat war mir wohler
Und zu Hause stand ich höher."

223

Louhi, sie, Pohjola's Wirtin,
Redet Worte solcher Weise:
„Möchte gern von Dir erfahren,
Und erlaubt sei es zu fragen,
Wer denn bist Du von den Männern,
Wer wohl aus der Zahl der Helden?"

Auch die Finnen benutzten die „9" als mythologisches Adjektiv mit der Bedeutung „zum Jenseits gehörend", wie ab Vers 119 in Kapitel 20 zu lesen ist. Auch der Hahn auf dem Dach und der Hund vor der Tür fehlen nicht.

Eine Stube war im Nordland,
Eine breite, große Stube,
Hatte neun der Klafter Länge,
In die Breite sieben Klafter,
Kräht ein Hahn auf ihrem Dache,
Hört man unten nicht die Stimme,
Bellt ein Hündlein in dem Grunde,
Hört man's schwerlich bis zur Türe.

Die Jungfrau/Braut bei der Jenseitsgöttin Louhi (Hel) entspricht Freya, der Wiederzeugungs-Geliebten in der germanischen Mythologie. Sie erscheint ab Vers 103 in Kapitel 19:

„Werde dann die Tochter geben,
Dir die Jungfrau dann verleihen,
Wenn Du Tuoni's Bären bringest,
Wenn Manala's Wolf zu zügelst
Aus dem Hain des Totenreiches,
Von den Grenzen von Manala;
Hundert gingen ihn zu zügeln,
Keiner ist zurückgekehret."
Selbst der Schmieder Ilmarinen
Gehet in des Mädchens Stube,
Redet Worte solcher Weise:
„Ist ein Werk mir auferlegt,
Zügeln soll den Wolf Manala's,
Ich den Bären Tuoni's holen

Aus dem Hain des Totenreiches,
Von den Gränzen von Manala."
Von der Braut ward ihm da Hilfe,
Solchen Rat gab ihm die Jungfrau:
„O Du Schmieder Ilmarinen,
Du, der ew'ge Schmiedekünstler!
Schmied aus Stahl Dir gute Zügel,
Mache Riemen Du aus Eisen
Dir auf einem Stein im Wasser,
In dem Schaum von dreien Strömen,
Damit bringst den Bären Tuoni's,
Zügelst Du den Wolf Manala's."
Ilmarinen drauf der Schmieder,
Er, der ew'ge Schmiedekünstler,
Schmiedet sich von Stahl erst Zügel,
Machet Riemen dann aus Eisen
Sich auf einem Stein im Wasser,
In dem Schaum von dreien Strömen.
Ging die Tiere dann zu zügeln,
Redet selber diese Worte:
„Terhenetär, Nebeltochter,
Siebe mit dem Sieb den Nebel,
Streue nebelreichen Schatten,
Wo die wilden Tiere weilen,
Daß sie mich nicht kommen hören,
Nicht vor mir die Flucht ergreifen!"
Zügelt dann des Wolfes Rachen,
Fesselt mit der Kett' den Bären
Von den Fluren von Tuoni,
Aus des blauen Haines Innerm,
Spricht, als er zurückgekommen:
„Gieb mir, Alte, deine Tochter,
Hab' gebracht den Bär Tuoni's,
Zügelte den Wolf Manala's."
Selbst die Wirtin von Pohjola
Redet Worte solcher Weise:
„Gebe Dir erst dann das Entlein,
Gebe Dir das blaue Vöglein,
Wenn den großen Hecht gefangen,
Du den fetten Fisch mir bringest

Aus dem Flusse von Tuoni,
Aus den Tiefen von Manala,
Ohne daß ein Garn Du stellest,
Ohne daß ein Netz Du ziehest;
Hundert wollten ihn schon fangen,
Keiner ist zurückgekehret."
Schon verdrießlich ward der Schmieder
Und geriet in große Drangsal,
Gehet in des Mädchens Stube,
Redet selber solche Worte:
„Ist ein Werk mir auferleget,
Immer besser als das frühre:
Soll den großen Hecht nun fangen,
Ihn, den fetten Fisch, erhaschen
Aus dem schwarzen Fluß Tuoni's,
Aus den Tiefen von Manala
Ohne Garn und ohne Netze,
Ohne Werkzeug andrer Weise.
Von der Braut ward ihm da Hilfe,
Solchen Rat gab ihm die Jungfrau:
„O Du Schmieder Ilmarinen,
Sei doch nimmer solcher Stimmung!
Schmiede einen Aar aus Feuer,
Einen großen Flammenvogel!
Dieser wird den Hecht dir fangen,
Dir den fetten Fisch erhaschen
Aus dem schwarzen Fluß Tuoni's
Aus den Tiefen von Manala."

Der Feuervogel, der in den slawischen Mythen eine große Rolle spielt, ist wie der ägyptische Bennu-Vogel („Phönix") aus der Kombination des Seelenvogels mit der Sonne bzw. mit dem Morgenrot-Sonnenfeuer entstanden.

Bei den Germanen ist der Adler-Seelenvogel des Tyr nicht mit dem Feuer assoziiert worden – lediglich aus dem Hügelgrab des Tyr schlugen (wie aus allen Hügelgräbern) Flammen empor.

Selbst der Schmieder Ilmarinen
Er, der ew'ge Schmiedekünstler,
Schmiedet einen Aar aus Feuer,
Einen großen Flammenvogel,

Bildet Klauen ihm aus Eisen,
Macht aus hartem Stahl die Krallen,
An die Flügel Bootesränder,
Hebt sich selber auf die Flügel,
Setzt sich auf des Vogels Rücken,
Auf des Adlers Flügelknochen.
Solchen Rat gibt er dem Adler,
Warnet so den Flammenvogel:
„Adler, Vogel, den ich liebe,
Fliege nun, wie ich dich heiße,
Nach dem schwarzen Fluß Tuoni's,
Nach den Tiefen von Manala,
Pack' den großen Hecht Tuoni's,
Fange mir der Fische fettsten!"
Rasch entfliegt der schöne Adler,
Er, der stattlichste der Vögel,
Um den großen Hecht zu fangen,
Diesen Fisch mit grausen Zähnen
Aus dem Flusse von Tuoni,
Aus den Tiefen von Manala,
Streift die Flut der eine Flügel,
Reicht der andre bis zum Himmel,
In das Meer schlägt er die Krallen,
Wetzt den Schnabel an den Klippen.
Darauf gehet Ilmarinen,
Geht der Schmieder zu durchsuchen
Tuoni's Fluß mit schwarzen Wogen,
Geht der Aar um dort zu spähen.
Aus dem Wasser stieg ein Unhold,
Packte fest den Ilmarinen,
In den Nacken greift der Adler,
Wendet um den Kopf des Unholds,
Stößt denselben in die Tiefe,
Drängt ihn in den Schmutz des Schlammmes.
Schon erscheint der Hecht Tuoni's,
Kommt der Wasserhund geschlichen,
War nicht von den kleinsten Hechten,
Nicht gehört er zu den größten;
Zwei der Beile lang die Zunge,
Wie der Harkenstiel die Zähne,

Wie drei Ströme breit der Rachen,
Sieben Böte breit der Rücken,
Wollte nach dem Schmieder schnappen,
Ilmarinen gleich verzehren.
Kam der Adler nun geschwinde,
Senkte sich der Lüfte Vogel,
Nicht gehört er zu den kleinsten,
Keineswegs auch zu den größten:
Hundert Klafter maß sein Schnabel,
Wie sechs Ströme war die Öffnung,
Sechs der Speere lang die Zunge,
Fünf der Sensen lang die Krallen,
Spähet nach dem großen Hechte,
Nach dem flinken, fetten Fische,
Schießt herab nach diesem Fische,
Eilet zu dem großen Hechte.
Darauf drückt der Hechte größter,
Er, der flinke, fette Schwimmer,
Stark der Adlers große Krallen
In des klaren Wassers Tiefe,
In die Höhe hebt der Adler,
Hebt sich in die freien Lüfte,
Rühret auf des Schlammes Schwärze
Auf des Wassers blauen Rücken.
Fliegt ein Weilchen, hält dann inne,
Will es noch einmal versuchen,
Schlägt die eine seiner Klauen
In des Hechtes grause Schulter,
In des Wasserhundes Seite,
Schlägt die andre seiner Klauen
In den Berg von hartem Stahle,
In den Fels von festem Eisen,
Von dem Steine prallt die Klaue,
Prallte ab vom Eisenfelsen,
In die Tiefe taucht der Hecht schon
Zieht sich in des Wassers Gründe
Aus den Klau'n des großen Adlers,
Aus den Krallen dieses Vogels,
Hatte Spuren an den Seiten,
Starke Spalten an den Schultern.

Darauf stürzt mit Eisenklauen
Noch einmal der Aar von oben,
Feurig strahlten seine Flügel,
Feurig funkelten die Augen,
Packt den Hecht mit seinen Klauen,
Packt den Wasserhund gar kräftig,
Holt den Schuppenhecht zum Vorschein,
Rafft das Ungetüm des Wassers
Aus der Fluten großer Tiefe
Auf des Meeres klaren Rücken.
So erhascht der starke Adler
Bei dem dritten Male endlich
Tuoni's Hecht, der Fische ärgsten,
Ihn, den flinken, fetten Schwimmer,
Aus dem Fluß des Totenreiches,
Aus den Tiefen von Manala,
Nicht erkannte man das Wasser
Vor des großen Hechtes Schuppen,
Schwer konnt' man die Luft erkennen
Vor des großen Adlers Federn.

Es ist denkbar, aber unsicher, daß dieser Hecht etwas mit der Hecht-Gestalt des Tyr-Zwerges Andvari zu tun hat.

Trug der Aar mit Eisenklauen
Nun den Fisch mit starken Schuppen
In der Eiche hohe Zweige,
Auf die starkbelaubte Tanne,
Machte sich daran zu schmecken,
Schlitzte auf den Bauch des Hechtes,
Rupfte durch die Brust des Fisches,
Reißet ab den Kopf vom Rumpfe.
Sprach der Schmieder Ilmarinen:
„Adler, Du, o schlimmer Bursche,
Was bist Du denn für ein Vogel,
Was bist Du denn für ein Flattrer,
Daß Du jetzo schon geschmecket,
Aufgeschlitzt den Bauch des Hechtes,
Ganz zerrauft die Brust des Fisches,
Durchgebissen ihn am Kopfe!"

Doch der Aar mit Eisenklauen
Eilte hitzig nur noch weiter,
Hob sich höher in die Lüfte,
An den Rand der langen Wolke,
Wolken bebten, Himmel brausten
Schief geriet des Himmels Decke,
Mitten brach des Ukko Bogen,
Selbst des Mondes Hörner brachen.
Selber trug nun Ilmarinen,
Trug der Schmied den Kopf des Fisches
Als Geschenk zur Schwiegermutter,
Redet Worte solcher Weise:
„Dieser wird für immer dienen
Als ein Stuhl in Nordlands Stube."
Sprach dann Worte solcher Weise,
Ließ auf diese Art sich hören:
„Hab' das Schlangenfeld gepflüget,
Hab' das Natterland durchfurchet,
Zügelte den Wolf Manala's,
Fesselte Tuoni's Bären,
Fing den Hecht mit starken Schuppen,
Ihn, den flinken, fetten Schwimmer,
Aus dem Fluß des Totenreiches,
Aus den Tiefen von Manala;
Wirst die Tochter Du mir geben,
Mir die Jungfrau Du verleihen?"
Sprach die Wirtin von Pohjola:
„Schlecht hast Du die Sach' gemachet,
Daß den Kopf Du abgetrennet,
Aufgeschlitzt den Bauch des Hechtes,
Durchgerupft die Brust des Fisches,
Daß Du von dem Fleisch geschmecket."
Selbst der Schmieder Ilmarinen
Gibt zur Antwort solche Worte:
„Nie erlangt man ohne Schaden
Beute von dem besten Orte,
Habe sie aus Tuoni's Flusse,
Aus Manala sie geholet;
Ist die Jungfrau jetzo fertig,
Derentwegen ich gewachet?"

Sprach die Wirtin von Pohjola,
Redet' selber diese Worte:
„Fertig ist anjetzt die Jungfrau,
Derentwegen Du gewachet,
Gebe Dir mein liebes Entlein,
Rüste aus das nette Vöglein
Für den Schmieder Ilmarinen
Als Gefährtin für das Leben,
Als Genossin Deiner Tage,
Als ein heißgeliebtes Hühnchen."
Auf dem Boden saß ein Knabe,
Von dem Boden sang ein Kindlein:
„Schon erschien in diesen Stuben,
Kam in unser Schloß ein Vogel,
Flog von Osten her ein Adler,
Durch die Lüfte her ein Habicht,
Einen Flügel an den Wolken,
An den Wogen mit dem andern,
Kehrt die Fluten mit dem Schweife,
Mit dem Kopf reicht er zum Himmel;
Blicket um sich in die Runde,
Fliegt ein Weilchen, hält dann inne,
Flieget auf das Schloß der Männer,
Lärmet mit dem großen Schnabel;
Eisern ist das Dach der Männer,
Kann nicht in das Innre dringen."
„Blicket um sich in die Runde,
Fliegt ein Weilchen, hält dann inne,
Flieget auf das Schloß der Weiber,
Lärmet mit dem großen Schnabel;
Kupfern ist das Dach der Weiber,
Kann nicht in das Innre dringen."
„Blicket um sich in die Runde,
Fliegt ein Weilchen, hält dann inne,
Flieget auf das Schloß der Mädchen,
Lärmet mit dem großen Schnabel;
Leinen ist das Dach der Mädchen,
Kann bald in das Innre dringen."
„Flieget auf des Schlosses Rauchfang,
Läßt herab sich zu der Decke,

Stößet fort das Brett am Fenster,
Setzt sich auf des Schlosses Fenster,
Auf die Wände grünbefiedert,
Reich an Federn auf die Balken."
„Schauet auf die Schöngelockte,
Blicket auf die Schönbehaarte,
Auf die Beste von den Mädchen,
Auf der Schöngelockten Schönste,
Auf der Perlgeschmückten Nettste,
Auf der Blumenreichen Wertste."
„Mit den Klauen packt der Adler,
Greifet rasch der Habichtsvogel,
Schießet auf des Schwarmes Beste,
Auf die netteste der Enten,
Auf die weichste, auf die zartste,
Auf die flinkste, auf die weißte,
Diese packt der Lüfte Vogel,
Diese ritzt die lange Klaue,
Die ihr Köpfchen hoch emporträgt,
Die am schönsten an dem Körper,
Mit den schönsten Bürzelfedern,
Mit dem zärtsten, weichsten Flaume.
Sprach die Wirtin von Pohjola,
Redet' Worte solcher Weise:
„Woher wußtest Du, Geliebter,
Hörtest Du, o goldner Apfel,
Daß die Jungfrau hier gewachsen,
Daß der Flachs des Hauptes flattert,
Glänzte wohl des Mädchens Silber,
Ward gerühmt das Gold des Mädchens,
Schien von uns zu euch die Sonne,
Leuchtete der Mond von hieraus?"

Hier erscheint auch noch der goldene Apfel der Idun, der auch aus den Mythen der Kelten, Slawen und Griechen gut bekannt ist.

Sprach der Knabe von dem Boden,
Lärmte so der junge Sprößling:
„Daher wußte es Dein Liebling,
Fand den Weg des Glückes Maulwurf

Nach dem Haus der Ruhmerfüllten,
Nach dem Hof der schönen Jungfrau:
Guten Ruf genoß der Vater,
Der das große Schiff entsandte,
Bessern Ruf noch hatt' die Mutter,
Die das dicke Brot gebacken,
Weizenbrot zurechtgeknetet,
Um die Gäste gut zu speisen."
„Also wußte es Dein Liebling,
So erfuhr's der weite Fremde,
Daß die Jungfrau aufgewachsen,
Daß das Mädchen sich erhoben,
Kam einst auf den Hof gegangen,
Zu der Kammer hingeschritten,
In des Morgens erster Frühe,
Zu der Zeit der ersten Dämmrung,
Wirbelnd stieg der Ruß in Streifen,
Dick erhob sich Rauchgewölke
Aus dem Haus der schönen Jungfrau,
Aus dem Hof der schlankgewachsnen,
Selber mahlte da die Jungfrau,
Schwang die Hölzer an dem Mühlstein,
Diese lärmen gleich dem Kuckuck,
Entengleich die Seitenlöcher,
Heimchengleich ertönt der Mehlsieb,
Perlengleich die Steine selber."
„Ging dann noch zum zweiten Male,
Schreitet an dem Rand des Feldes,
Auf der Wiese war die Jungfrau,
Schaukelt' auf dem Blumenanger,
Färbte rot in Eisengraupen,
Kocht' in Kesseln gelbe Farbe."
„Ging nun noch zum dritten Male
Zu der schönen Jungfrau Fenster,
Hörte dort die Jungfrau weben,
Hört den Weberkamm sich rühren,
Hört das Schifflein munter schlüpfen
Gleich dem Hermelin durch Steine,
Hört des Kammes Zähne lärmen
Gleich dem Spechte in dem Baume,

Hört den Weberbaum sich wenden
Gleich dem Eichhorn in den Zweigen."
Sprach die Wirtin von Pohjola,
Redet selber diese Worte:
„Siehe da, geliebtes Mädchen!
Habe ich's nicht stets gesaget:
Singe Du nicht in den Fichten,
Lärme nicht in Talesgründen,
Wölbe nicht so sehr den Nacken,
Zeige nicht so sehr die Arme,
Nicht des jungen Busens Anmut,
Nicht die Stattlichkeit des Wuchses!"
„Sprach im Lauf des ganzen Herbstes,
Trieb Dich an in diesem Sommer,
Spornt' Dich an in diesem Frühjahr,
Schon zur Zeit des zweiten Säens:
Laß Du ein Versteck uns bauen,
Kleine Fenster daran zimmern,
Wo die Jungfrau weben könne,
Und die Schäfte dort bewegen,
Ungehört vom Suomivolke,
Von den Freiern aus Suomi."
Sprach der Knabe von dem Boden,
Er, der zwei der Wochen zählte:
„Ist gar leicht ein Pferd zu bergen
In dem Haus das schöngeschweifte,
Schwer ist's eine Jungfrau bergen,
Im Versteck die langgelockte;
Tue Du ein Schloß von Steinen
In die Mitte selbst des Meeres,
Halte dort Dein liebes Mädchen
Und erziehe dort Dein Hühnchen,
Nicht verborgen bleibt das Mädchen,
Wächst auch so nicht in die Höhe,
Daß sie ohne Freier bliebe,
Ohne Freier und Bewerber,
Männer, die mit Hüten gehen,
Stahlbeschlagen ihre Rosse."
Selbst der alte Wäinämöinen
Kopfgesenket, schlechtgelaunet

234

Wanderte den Weg nach Hause,
Redet Worte solcher Weise:
„Ärmster ich, der Zeit verloren,
Der ich dieses nicht gemerket,
Daß in junger Zeit man freien,
Eine Frau sich suchen müsse!
Alles muß fürwahr den reuen,
Welchen frühe Heirat reuet,
Daß als Jüngling er schon Kinder,
Jung schon eine Wirtschaft hatte."
So verbot es Wäinämöinen,
Nicht erlaubt's der Freund der Wogen,
Daß ein Alter sich bewerbe,
Eine schöne Jungfrau freie,
Er verbot voll Trotz zu schwimmen,
Um die Wette hinzurudern,
Um ein Mädchen so zu freien
Mit dem jungen Mann zusammen.

Wie in der Hel finden sich auch in Pojohla Schlangen, d.h. Totengeister. Dies wird im 19 Kapitel ab Vers 51 geschildert:

Von der Braut ward ihm da Hülfe,
Solchen Rat gibt ihm die Jungfrau:
„O Du Schmieder Ilmarinen,
Du, der ew'ge Schmiedekünstler!
Schmiede eine goldne Pflugschar,
Schmück sie aus mit schönem Silber!
Wirst das Schlangenfeld dann ackern,
Wirst das natterreiche pflügen."
Ilmarinen, er, der Schmieder,
Leget Gold drauf in die Esse,
Läßt das Silber dort zerschmelzen,
Schmiedet daraus eine Pflugschar,
Schmiedet Schuhe sich aus Eisen,
Beinbedeckungen von Stahl sich,
Ziehet diese an die Beine,
Deckt die Waden mit denselben,
Legt sich an ein Hemd von Eisen,

Einen Gurt von bestem Stahle,
Große Handschuh, die von Eisen,
Holt sich Handschuh, die von Steinen,
Schaffet sich ein Roß voll Feuer,
Schirrt das schöngewachsne Füllen,
Gehet um das Feld zu pflügen,
Um den Acker zu durchfurchen.
Schaute Köpfe, die sich drehten,
Schädel, die beständig zischten,
Redet Worte solcher Weise:
„Schlange, die von Gott geschaffen,
Wer erhob wohl deinen Rachen,
Wer entsandte wohl und machte,
Daß den Kopf Du aufrecht haltest,
Du den Hals nach oben streckest;
Weiche fort nun aus dem Wege,
Gehe in die Stoppeln, Arge,
Schlüpfe Du in dichtes Buschwerk,
Schwinge Dich auf gras'ge Plätze!
Hebest Du den Kopf von daher,
Wird Dir Ukko ihn zerbrechen,
Mit den Pfeilen, die gestählet,
Mit den eisenreichen Schlossen."
Pflügte dann das Feld voll Schlangen
Und durchfurcht' das Land voll Nattern,
Hebt die Schlangen bei dem Pflügen,
Hebt die Nattern bei dem Ackern,
Spricht, als er zurückgekommen:
„Hab' gepflügt das Feld voll Schlangen,
Hab' durchfurcht das Feld voll Nattern,
Umgewandt das schlangenreiche,
Gib mir deine Tochter, Alte,
Und gewähre mir die Teure!"

Ab Vers 369 im 12. Kapitel wird der Hund am Jenseitstor beschrieben:

Als der muntre Lemminkäinen
Nun zu diesem Hof gekommen,
Sprach er Worte solcher Weise,

Ließ auf diese Art sich hören:
„Stopf, o Hiisi, Du dem Hunde,
Stopfe, Lempo, ihm die Schnauze,
Schließe Du das Maul dem Kläffer,
Zügle Du des Hundes Zähne,
Daß er nicht die Stimm' erhebe,
Wenn der Mann vorübergehet!"
Als er auf den Hof getreten,
Schlug er mit der Peitsch' die Erde,
Aus dem Boden stieg ein Nebel,
In dem Nebel stand ein Männlein,
Löste rasch die Brustbedeckung,
Senkte dann die Deichselstangen.
Selbst der muntre Lemminkäinen
Lauschte dann mit offnen Ohren,
Ohne daß es jemand merket,
So daß niemand es gewahret,
Höret auf dem Hofe Lieder,
Durch die moos'gen Fugen Worte,
Durch die Wände hört er spielen,
Durch die Bretter hört er singen.
Wirft dann einen Blick nach innen,
Lauert heimlich in die Stube,
Voll von Zaubrern war die Stube,
Angefüllt von lauter Sängern,
An den Wänden waren Spieler,
Seher an der Türe Mündung,
Kund'ge saßen auf den Bänken,
Böse Zaubrer an dem Ofen,
Sangen lauter Lappenlieder,
Schrillten lauter Hiisi-Weisen.
Selbst der muntre Lemminkäinen
Sucht sich anders zu gestalten,
Wandelt sich in andre Größe,
Gehet durch die Eck' ins Innre,
Dringt hinein in das Gebäude,
Redet selber solche Worte:
„Schön ist der Gesang, der endet,
Gut ein Lied, das voller Kürze,
Besser ist's die Weisheit sparen,

Als zur Hälfte abzubrechen."
Selbst die Wirtin von Pohjola
Wird beweglich auf dem Boden,
Eilet auf des Bodens Mitte,
Redet selber diese Worte:
„Früher war ein Hund vorhanden,
War ein Welp von Eisenfarbe,
Freund von Fleisch, ein Knochenbeißer,
Schlürfte gern von frischem Blute;
Wer denn bist Du von den Männern,
Wer wohl aus der Zahl der Helden,
Daß Du in die Stub' gekommen,
In die Wohnung eingedrungen,
Von dem Hunde ungehöret,
Von dem Bläffer nicht gewittert!"

III   Das Aussehen der Hel

Im folgenden werden die wichtigsten Vorstellungen über die Göttin-Riesin Hel in einem Bild zusammengefaßt, daß man dann als Grundlage für Imaginationen, Traumreisen, Meditationen, Ritualen u.ä. benutzen kann.

Im Zentrum des Bildes ist ein großes Hügelgrab zu sehen – sein Eingang weist wie üblich nach Süden, d.h. man blickt nach Norden hin auf dieses Bild. Daher ist über dem Hügelgrab am Himmel der Polarstern zu sehen.

Oben auf dem Hügelgrab lodern Flammen empor und man kann an vielen Stellen Glut durch die Grasnarbe schimmern sehen.

Der Eingang des Hügelgrabes steht offen – man kann in die Grabkammer hineinblicken. Die Tor-Steinplatte, das „Hel-Gitter" ist geöffnet.

Dort auf der Schwelle des Hügelgrabes sitzt die Göttin-Riesin Hel auf einem Hochsitz – der Nornenstuhl. Die beiden hinteren Pfosten dieses Hochstuhls sind reich mit Göttern und mit mythologischen Szenen beschnitzt und an ihrem oberen Ende mit einem nach oben hin geschwungenen Querbalken verbunden. Dieses Seelenweg-Tor ist das Jenseits-Ende des Helweges, dessen anderes Ende die Seelenweg-Tore in den Tempeln und an der Rückseite der Hochsitze der Fürsten, Priester und Seherinnen sind.

Hels Haut ist auf ihrer rechten Seite ganz schwarz und auf ihrer linken Seite von normaler, heller Farbe. Auf ihrer dunklen Seite ist auch ihr Haar schwarz, während es auf ihrer hellen Seite golden ist.

Sie ist mit einem schwarzen Lederkittel bekleidet.

In der einen Hand hält sie einen eisernen Seherinnen-Stab, der sich oben in vier Zweige aufspaltet, die sich dann in einer Kugel weiter oben wieder treffen. Die vier Zweige symbolisieren die vier Richtungen der Welt und die Kugel stellt die Sonne, d.h. den Sonnengott Tyr dar.

In ihrer anderen Hand hält Hel einen Halsreif, an dem sich in gleichem Abstand sechs kleine Kugeln befinden. Dies ist Freyas Brisingamen, Odins Draupnir, Andvaris Ring und Fullas Haarreif.

Der Stab und der Ring zeigen, daß Hel auch eine Priesterin, eine Seherin und eine Zauberin ist.

Neben ihrem Hochsitz hockt links und rechts eine große Katze – die Begleiterinnen der Muttergöttin, die ursprünglich zwei Panther gewesen sind.

Rechts neben Hel steht ein Kessel mit Met, der mit einem goldenen Sonnenschild bedeckt ist – Baldurs Trank.

Links neben Hel steht ein eiserner Kasten mit neun Schlössern, in dem eine Mistel liegt – Baldurs Tod.

Etwas weiter außen ist rechts ein großer gold-roter Drache zu sehen – Tyr in der nächtlichen bzw. winterlichen Unterwelt.

Etwas weiter außen sind links eine große Zahl von Schlangen zu sehen – die Toten im Jenseits.

Vor Hel liegen in einer großen Schale Schwanen-Hemden für die Walküren, ein Adler-Hemd für Tyr/Odin, ein Falken-Hemd für Loki, zwei Raben-Hemden für die beiden Alcis und viele andere Vogel-Hemden für die Toten.

Vor der Schale liegt der Hel-Hund Garm auf der Erde, der den Eingang zur Unterwelt bewacht.

Weiter nach links hin liegt Hels Bruder Fenrir; weiter nach rechts hin liegt Hels Bruder Jörmungandr.

Neben dem Hügelgrab sind vier Steinplatten zu sehen:

links ein von einer Runenschlange eingerahmtes Bild der drei Nornen auf einem Runenstein – dahinter ein Bildstein mit der dreiköpfigen Jenseitsgöttin;

rechts ein von einer Runenschlange eingerahmtes Bild der neun Schwestern auf einem Runenstein – dahinter ein Bildstein mit der neunhundertköpfigen Jenseitsgöttin.

Links im Hügelgrab, auf der dunklen Seite der Hel, ist in dem Hügelgrab der gefesselte Tyr zu sehen, neben dem die Erdgöttin Skadi sitzt – wenn Tyr in der Hel gefangenliegt, ist es Winter.

Rechts im Hügelgrab, auf der hellen Seite der Hel, ist in dem Hügelgrab der gefesselte Loki zu sehen, neben dem die Jenseitsgöttin Sigyn sitzt – wenn Loki in der Hel gefangenliegt, ist es Sommer.

Hinter dem Hügelgrab ragt der Weltenbaum Yggdrasil empor, der golden leuchtendes Laub hat und deshalb auch „Glasir" („Glänzender") genannt wird. Dieser Baum ist auch Iduns Apfelbaum, an dem ihre lebengebenden Äpfel wachsen.

Da er genau am Nordpol steht, berührt sein Wipfel den Polarstern. Neben seinem Wipfel ist das Sternbild „Große Bär" („Großer Wagen") zu sehen, das auch „Hel-Wagen" genannt wird.

Zwischen dem Weltenbaum und dem Hügelgrab ist ein See, der von der Quelle zwischen den Wurzeln des Weltenbaumes gespeist wird. Auf ihm schwimmen mehrere Schwäne – die Gestalt der Walküren und die Seelenvögel der Toten.

Auf dem Weltenbaum sitzt oben der Adler-Seelenvogel Hraesvelgr des Tyr, der

Falken-Seelenvogel des Loki, die beiden Raben-Seelenvögel der Alcis, die später zu Hugin und Munin geworden sind, der goldene Hahn Gullinkambi, der eine neuere Version des Seelenvogels des Tyr ist, sowie viele andere, verschiedene Seelenvögel.

Auf dem Hügelgrab sitzt ein rotschwarzer Hahn, der der Seelenvogel des Tyr in seinem Hügelgrab ist – schwarz wie die Dunkelheit im Hügelgrab und rot wie die Flammen des Bestattungsfeuers und die Glut des Morgenrots.

Links vorne in dem Bild ist der Jenseitsfluß Gjallar zu sehen, über den die goldbedeckte Jenseitsbrücke führt. Sie wird gerade von dem Schamanen-Priester Hermodr, der auf dem dreibeinigen Pferd Helhest der Hel reitet, überquert.

Auf der Jenseits-Seite der Brücke wartet der einäugige Schamanengott Odin, der auch der Wächter am Jenseitstor ist. Neben ihm steht sein Sohn Baldur, der Sommergott. Auf der Diesseits-Seite der Brücke wartet Hödur der blinde Wintergott.

Im Norden, also bei dem Weltenbaum, ist der Tyr-Riese Mimir in der Nacht an seiner Quelle zu sehen.

Im Osten, also rechts außen, ist der am Morgen vom Jenseitstor aus am Himmel emporkreisende Adler des Sonnengott-Göttervaters Tyr zu sehen.

Im Süden, also vorne im Bild, steht der Sonnenhirsch des Tyr mit der goldenen Sonne in seinem Geweih.

Im Westen, also links außen, ist der Sonnendrache auf der Jenseitsinsel Walaskialf zu sehen, in die sich Tyr am Abend verwandelt.

Abbildungen einiger Gegenstände der Hel

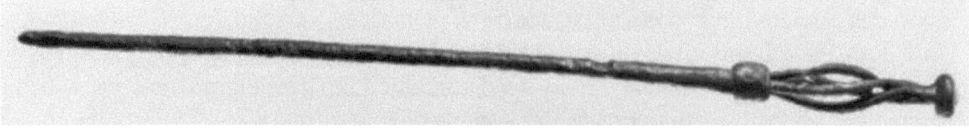

eiserner Zauberstab aus dem Frauengrab von Fuldby

Ring auf dem Brakteat von Inderöy

die dreiköpfige Göttin auf dem kleineren Goldhorn von Gallehus

der thrakisch-keltisch-germanische Kessel von Gundestrup

die Sonnenscheibe des Sonnenwagens von Trundholm

ein Sonnenschild aus den südschwedischen Steinritzungen

IV Hymne an Hel

Dieser Text ist eine Neudichtung und kein traditioneller Text und er ist in erster Linie „Gebrauchslyrik", d.h. er kann bei Traumreisen, in Anrufungen, in Ritualen, im Kult usw. verwendet werden. Man sollte ihn ganz nach Bedarf so kürzen, umgestalten und ergänzen, daß er den eigenen Ansichten und Bedürfnissen entspricht, denn nur dann kann man den Text wirkungsvoll benutzten: Die Form sollte stets aus der Absicht heraus entstehen.

IV 1. Eine Reise zu Hel

Diese lyrische Zusammenfassung der Motive aus den Hel-Mythen ist als Jenseits-reise geschrieben worden.

Jede der zwölf Gruppen von je vier Strophen beschreibt ein Thema aus den Hel-Mythen. Auf eine solche Strophen-Gruppe folgt jedesmal ein Refrain.

Die letzte Zeile der Strophen aus den Vierergruppen enthält jedesmal ein Bild der Hel mit drei Stabreimen. Im Refrain steht dieses Bild in der zweiten Zeile. Der Refrain hat Endreime, die übrigen Strophen nicht.

Alle Strophen haben in den ungeraden Zeilen mindestens zwei Stabreime und in der auf sie folgenden Zeile mindestens einen Stabreim, der zu der vorigen Zeile paßt.

In der ersten Zeile aller Strophen in den Vierergruppen steht ein Gegensatz. Diese Versform wurde von den Germanen „Fuchskehre" genannt und dient dem Aufbau einer Spannung – was bei dem Thema „Tod" naheliegend ist.

In der ersten Zeile jedes Refrains steht ein Superlativ – er unterstreicht die große Wichtigkeit des Themas „Tod" für die Menschen und daher auch der Wichtigkeit aller Dinge, die mit Hel zusammenhängen. Diese Versform wurde von den Germanen „Trollfrau-Form" genannt.

Die erste Zeile des Refrains faßt das vorangegangenen Thema in seiner Bedeutung für den Zuhörer zusammen; die zweite Zeile des Refrains enthält eine Hel-Kenning; die dritte und vierte Zeile enthalten die immer gleichen Fragen an die Zuhörer.

Das Versmaß ist weitgehend ein Wechsel zwischen betonten und unbetonten Silben. Jede Zeile hat ungefähr fünf betonte Silben, d.h. insgesamt neun bis zwölf Silben.

Diese in vielen Aspekten formal festgelegte Struktur des Hel-Liedes dient dazu, den Text zum Schwingen zu bringen – ähnlich der Melodie eines Liedes. Ein gut schwingender Text hat, wenn man ihn vorträgt, eine deutlich andere Wirkung als ein reiner Prosa-Text – er baut wie ein Mantra oder ein Chant eine Schwingung auf, nur das er nicht immer wieder denselben Text wiederholt, sondern lediglich die Form und nur im Refrain auch denselben Text.

Dieses Schwingen fördert wie das Singen die Konzentration und das innere Fließen und erleichtert dadurch den Kontakt zu dem Thema des Textes, hier also den Kontakt zu der Göttin-Riesin Hel.

1. Die Vision

Durch die Wolken zur Sonne führt der Weg,
weiter durch Rauch, durch Nebel[1] nach Niflheim;
dort sind keine Schatten, ständig scheint die Sonne[2]
im fernen Sumpf-Saal[3] in Sinmaras[4] Land.

Meine Blindheit endet, ich beginne zu sehen:
über die Brücke, am Brunnen, am Teich;
jenseits des Gjallar[5], jenseits des Flusses
in Jarngerdr Grotte in Jarnsaxas Jötunheim.

Garm[6] grüßt mich bellend, Helhest[7] wendet sein Haupt,
Fenrir grollt und Jörmungandr öffnet das Maul:
Modgud[8] wies mir den Weg ins Mistel-Land[9],
zum Mond-Hügel[10] in Menjas Moor[11].

---

1 Rauch, Nebel, Wolken = die anfangs unklaren Bilder auf der Traumreise
2 keine Schatten, überall Licht = Beschreibung der Wahrnehmung auf einer Traumreise
3 Sumpf-Saal („Fensalir") = Friggs Halle
4 Sinmara = „Große Stute" = Jenseitsgötin
5 Gjallar = „Tosender" = Jenseitsfluß
6 Garm = Höllenhund
7 Helhest = „Hel-Roß" = dreibeiniges Pferd der Hel
8 Modgud = Wächterin-Walküre an der Brücke über den Jenseitsfluß
9 Mistel-Land = Jenseits
10 Mond-Hügel = Hügelgrab
11 Menja = Freya; ihr Moor = Sumpf-Unterwelt

Ich stehe vor Sinmaras Sitz[12] im Hügelgrab,
sehe die Seelenweg-Säulen[13] hinter ihrem Thron;
Ich höre das Raunen der Toten in den Hügelgräbern
in Huldars Heim[14] auf Sagas Halbinsel[15].

    Willst Du das größte Geheimnis sehen
    und in Grendels Haus in Gymirs Gärten gehen?
    Willst Du es wissen? Willst Du es wagen?
    Ich werd' es Dir zeigen, ich werd' es Dir sagen.

2. Die Hel-Fahrt der Toten

Scharen wandern auf dem einsamen Helweg herbei,
kommen auf dem schwarzen Helwagen gefahren;
Scharen versammeln sich vor Sinmaras[16] Thron
in Sagas[17] Saal im Land der schwarzen Sonne[18].

Über die Schwelle[19], unter den Stein[20]
steigen die von den Walküren Gesandten[21] –
Vom Schamanen begleitet, von Odin auf Sleipnir
nach Svivörs Stein[22] in Surturs Tal[23].

---

12 Sinmara = „Große Stute" = Jenseitsgöttin; ihr Sitz = Hochsitz, Thron
13 Seelenweg-Säulen = Jenseitstor (u.a. die beiden hinteren Pfosten eines Hochsitzes)
14 Huldar = Jenseitsgöttin; ihr Heim = Hügelgrab
15 Saga = Jenseitsgöttin; ihre Halbinsel = Jenseits
16 Sinmara = „Große Stute" = Jenseitsgöttin
17 Saga = Jenseitsgöttin
18 schwarze Sonne = tote, erloschene, blinde Sonne (Tyr) in der Unterwelt
19 Schwelle = Schwelle am Tor der Halle der Hel (Hügelgrab)
20 Stein = aus Felsplatten errichtete Grabkammer = Hügelgrab
21 die von den Walküren Gesandten = Tote
22 Svivör = Jenseitsgöttin; ihr Stein = Hügelgrab
23 Surtur = Tyr-Riese; sein Tal = Jenseits

Näher kommen sie Nastrand[24], fern ist die Heimat;
Naglfar[25] legt an Niflheims[26] Ufer an;
Hels Volk[27] versammelt sich hier am Ufer
am Hlodyn-Hügel[28] in Huldas Reich[29].

Sie fürchten Hel und warten auf ihre Hilfe,
sie kamen durch Hlymdalir[30] eine Heimat zu finden;
Sie wollen Iduns Äpfel mit dem Segen der Asen essen
am alten Alfen-Hügel im Ahnenheim.

 Diesen längsten Weg wirst auch Du einst gehen durch die Tann'
 zur Waldhöhle[31] in Vardruns Wall[32] ... ... wann?
 Willst Du es wissen? Willst Du es wagen?
 Ich werd' es Dir zeigen, ich werd' es Dir sagen.

3. Die Hel-Fahrt der Seherin

Die Seherin verschließt beide Augen und öffnet das Dritte[33],
reist zur Wolfs-Schwester[34], zur Freundin der Wala[35];
Hel berührt ihren Stab – hell scheint er auf
in der Schlangengrube[36] in Sinmaras Senke[37].

---

24 Nastrand = „Leichenstrand" = jenseitiges Ufer des Jenseitsflusses
25 Naglfar = „Fingernagel-Gefährt" = Schiff, das die Toten über den Jenseitfluß bringt
26 Niflheim = „Nebelheim" = Jenseits
27 Hels Volk = die Toten
28 Hlodyn = Jenseitsgöttin; ihr Hügel = Hügelgrab
29 Huldar = Jenseitsgöttin; ihr Reich = Jenseits
30 Hlymdalir = „Lauterthal" = Tal, durch das Jenseitsfluß Gjallar („Tosender, Lauter") fließt
31 Waldhöhle = Hügelgrab
32 Vardrun = Jenseitsgöttin; ihr Wall = Wall rings um das Jenseits = Hügelgrab-Wand = Jenseits
33 das Dritte = Drittes Auge (Stirnchakra), mit dem man hellsieht
34 Wolf = Fenrir; dessen Schwester = Hel
35 Wala = „Stabträgerin" = Priesterin-Seherin
36 Schlange = Totengeist; dessen Grube = Grabkammer im Hügelgrab
37 Sinmara = Jenseitsgöttin; ihre Senke = Jenseits

Sie fragt Hyndla[38] um Rat und bittet um Hilfe –
und Hel singt den Galdr[39], beginnt nun den Seidr[40];
reicht ihr den Ring[41], den Runenknochen des Ullr[42]
in stillen Raum der Zwerge[43] im Riesen-Reich[44].

Sie lehrt sie, den leeren Kessel mit Met zu füllen,
ihn zu brauen, mit dem Schild der Sonne zu decken:
den Jungbrunnen-Trank[45], Thiazis Labsal[46]
im Tyr-Tempel[47] in Thoras Tal[48].

Hel hält die Mistel[49], legt das Adlerhemd[50] nieder,
hebt empor das Schwanengewand[51], das Walküren-Gefieder[52];
gibt alles der Zauberin, die kostbare Gabe,
in Gerdrs Halle[53] im Grünquellen-Land[54].

---

38 Hyndla = „Hündchen" = Hel
39 Galdr = Kultgesang, Zaubergesang
40 Seidir = „Sudkunst" = Kunst, Zaubertränke und insbesondere den Göttermet zu brauen
41 Ring = goldener Jenseitsreise-Ring = Brisingamen, Draupnir, Andvarinaut, Fullas Haarreif
   (Sonnenssymbol)
42 Runenknochen des Ullr = Runen-beschriebener Knochen des Ullr (Tyr in der winterlichen
   Unterwelt), den dieser als Schiff (über den Jenseitsfluß und durch die Wasser der
   Unterwelt) benutzen kann
43 stiller Raum der Zwerge = Grabkammer im Hügelgrab
44 Riesen-Reich = Jenseits
45 Jungbrunnen-Trank = Wiedergeburts-Met
46 Thiazi = Tyr als Riese im Jenseits; sein Labsal = Wiedergeburts-Met
47 Tyr-Tempel = hier: Hügelgrab des Tyr
48 Thora = Jenseitsgöttin; ihr Tal = Jenseits
49 (immergrüne) Mistel = Symbol der Wiedergeburt
50 Adlerhemd = mit ihm kann sich Tyr (und Odin) in einen Adler-Seelenvogel verwandeln
51 Schwanengewand = mit ihm können sich die Walküren in Schwan-Seelenvögel
   verwandeln
52 Walküren-Gefieder = Schwanengewand
53 Gerdr = Jenseitsgöttin; ihre Halle = Hügelgrab
54 Grünquellen-Land = Jenseits (voller Wasser und Pflanzen)

Die größte Verwandlung in dieser Welt: die Reise[55]
in das Wildnis-Waldhaus[56] auf Walaskialf[57] – das ist weise.
Willst Du es wissen? Willst Du es wagen?
Ich werd' es Dir zeigen, ich werd' es Dir sagen.

4. Die Helfahrt der Könige

Der Priester leitet den hohen König in die kalte Tiefe[58]
bei seiner Krönung, in seinem Todes-Ritual[59];
Der tapfre Fürst wird zum Sohn des Tyr[60]
im Troll-Berg[61] im tiefen Tal des Thiazi[62].

Durch den Tod[63] findest Du Leben bei Laufey[64],
Mann der Menglöd[65], Gatte der Erde[66] –
das Kind der Jörd[67], der Sohn des Kymir[68]
in der Katzen-Kammer[69] in Kolfrostas Wäldern[70].

———————————

55 Reise = Jenseitsreise
56 Wildnis-Waldhaus = Hügelgrab
57 Walaskialf = „Toten-Schäre" = Jenseitsinsel
58 kalte Tiefe = Unterwelt, Niflheim
59 Todes-Ritual: Die Krönung ist ein symbolischer Tod, d.h. eine Jenseitreise gewesen, bei
   der sich der König zusammen mit der Jenseitsgöttin wiederzeugt und dann von ihr
   wiedergeboren wird, wodurch er zu ihrem Mann und Sohn wird.
60 Sohn des Tyr: Die bis ca. 500 n.Chr. das Heer paarweise leitenden zwei Heerführer wurden
   als die beiden Alcis-Söhne des Tyr angesehen.
61 Troll-Berg = Hügelgrab
62 Thiazi = Tyr; dessen Tal = Unterwelt
63 Tod = Jenseitsreise
64 Laufey = Jenseitsgöttin
65 Menglöd = Jenseitsgöttin
66 Gatte der Erde: Duch die symbolische Wiederzeugung und die anschließende symbolische
   Wiedergeburt wurde der König bei seiner Krönung zu dem Gatten und zu dem Sohn der
   Erde.
67 Jörd = Erdgöttin
68 Kymir = Tyr-Riese
69 Katzen = Freyas Katzen, die auf die Panther der Jagdgöttin-Muttergöttin von Göbekli Tepe
   (10.000 v.Chr.) zurückgehen; Katzen-Kammer = Hügelgrab, das auf die Schwitzhütten-
   förmigen Tempel von Göbekli Tepe zurückgeht
70 Kolfrosta = Jenseitsgöttin; ihre Wälder = Jenseits

Sinmara[71] singt dem stummen Fürsten in der Hel
seinen Stammbaum[72] von Ask und Embla[73] an:
Er hört hier jetzt die Reihe seine Ahnen
im Hindin-Hügel[74] auf der Holle-Wiese[75].

Rindr die Weite[76] reicht dem hohen König
den Schlangentrank[77] im Runen-Kelch:
das hohle Horn mit dem kostbaren Met
in der Höhle des Drachen[78] in Huldars Heide[79].

> Das höchste Ziel: Werd' Dein eigner König – schon bald
> im Drachenhügel im dämmrigen Düsterwald!
> Willst Du es wissen? Willst Du es wagen?
> Ich werd' es Dir zeigen, ich werd' es Dir sagen.

---

71 Sinmara = Jenseitsgöttin
72 Stammbaum: Da die Toten im Jenseits sind, kennt Hel die Stammbäume der Menschen am besten.
73 Ask und Embla = die beiden ersten Menschen
74 Hindin = Gestalt der Jenseitsgöttin bei der Wiederzeugung – der Tote ist dann ein Hirsch
75 Holle = Jenseitsgöttin
76 Rindr = Erdgöttin; die Weite = Erdoberfläche
77 Drachentrank: Man erhielt den Met im Jenseits und dort wurden die Toten und auch Tyr als Sonne und auch andere Jenseitsreisende zu einem Drachen.
78 Drache = Schlange = Totengeist; dessen Höhle = Hügelgrab
79 Huldar = Jenseitsgöttin; Heide = Ort, an dem die Hügelgräber stehen; Huldars Heide = Jenseits

5. Sommer und Winter

Baldur[80] wurde von Hödur[81] zur Hel gesandt,
von Hermod gesucht in Hyndlas Behausung[82];
Wali[83] hat Hödur ins Eisen-Land getrieben[84],
in die Höhle der Perchta[85] im Hrimthursen-Heim[86].

Baldur trug den blanken, gold'nen Sonnenring[87],
Hermod brachte ihn heim zu Asgards Hüter[88];
Er geht endlos den Weg über den Gjallar[89]
zwischen Midgard und Groas Grab[90] in Gerdrs Garten[91].

Wer hat die Äpfel[92]? Wer hat den Met[93]?
Hödur im Winter, Wali im Sommer –
der andre der beiden Asen liegt
in Angurbodas Anhöhe[94] im Alfen-Land[95].

---

80 Baldur ist der Nachfolger des Tyr als Sommergott

81 Hödur ist der Nachfolger des Loki als Wintergott

82 Hyndla = „Hündchen" = Hel; ihre Behausung = Jenseits, Hügelgrab

83 Wali ist der Nachfolger des wiedergeborenen ehemaligen Sonnengott-Göttervaters Tyr – er ist somit auch der wiedergeborene Baldur. In den Mythen nach 500 n.Chr. ist er der Rächer des Baldur – der zurückkehrende Sommer.

84 Eisen: Das Eisen war ein Jenseitssymbol, da man seit spätestens der frühen Jungsteinzeit die eisenhaltigen Meteorite für herabgefallene Teile des Himmel hielt. Das „Eisen-Land" ist somit das Jenseits.

85 Perchta = Jenseitsgöttin; ihre Höhle = Hügelgrab

86 Hrimthrusen = Riesen; deren Heim = Jenseits

87 Wenn der Sonnenring Draupnir bei Baldurs Bestattung zusammen mit dem Gott in die Hel reist, wird es Winter.

88 Wenn der Sonnenring Draupnir mit Hermod aus der Hel zurück nach Asgard/Midgard reist, wird es Sommer.

89 Gjallar = „Tosender" = Jenseitsfluß

90 Groa = „Grünende" = Jenseitsgöttin und Pflanzengöttin; ihr Grab = Hügelgrab

91 Gerdr = „geschützter Bereich" = Jenseitsgöttin; ihr Garten = Jenseits

92 Äpfel = die lebengebenden Äpfel der Idun

93 Met = den lebengebenden Met der Jenseitsgöttin

94 Angurboda = Hel; ihre Anhöhe = Hügelgrab

95 Alfen = Totengeister; deren Land („Alfheim") = Jenseits

Helhest[96] trägt den Scheidenden[97] zur Halle der Hel[98],
Sleipnir[99] holt den jungen Strahlenden[100] zu Midgards Mitte[101];
Gold liegt auf der Gjallarbrücke[102] – das sind Sonnenspuren –
auf dem Weg zu Gunnlöds Halle[103] im Gefilde von Gillings Frau[104].

Kannst Du im Einklang mit dem ewigen Wechsel handeln
im Wissen um Ellis Kiste[105] in Emblas Einöde[106] wandeln?
Willst Du es wissen? Willst Du es wagen?
Ich werd' es Dir zeigen, ich werd' es Dir sagen.

---

96 Helhest = „Hel-Roß" = dreibeiniges Pferd der Hel, das wie Sleipnir den Jenseitsweg laufen kann

97 Scheidender = Sterbender (der Sommergott Tyr-Baldur im Herbst; der Wintergott Loki-Hödur im Frühling)

98 Halle der Hel = Hügelgrab, Jenseits

99 Sleipnir = das achtbeinige Roß des Schamanengottes Odin, das den Weg ins Jenseits laufen kann

100 junger Strahlender = der wiedergeborene Gott (Tyr-Baldur im Frühjahr; Loki-Hödur im Herbst)

101 Midgards Mitte = Diesseits; In der Mitte von Midgard steht der Weltenbaum Yggdrasil, der der Weg zwischen den beiden Welten ist.

102 Gold auf der Gjallarbrücke: Auf der Brücke über den Jenseitsfluß Gjallar liegt Gold, weil die goldene Sonne an jedem Abend und an jedem Morgen diese Brücke (= Horizont-Tore im Osten und im Westen) überquert.

103 Gunnlöd = Jenseitsgöttin; ihre Halle = Hügelgrab

104 Gilling = Tyr als Riese in der Wasserunterwelt; seine Frau = Jenseitsgöttin; deren Gefilde = Jenseits

105 Elli = „Alter" = Jenseitsgöttin, Jenseitsriesin; ihre Kiste = Grabkammer des Hügelgrabes

106 Embla = Jenseitsgöttin; ihre Einöde = Jenseits

6. Die Jenseitsgöttin

Modgud wacht am Tor[107], Garm an der Tür[108],
Helhest[109] trabt herbei, Myrkvid[110] türmt sich finster auf;
Walgrind[111] trieft von Blut, die Waberlohe[112] flackert tückisch
am Toten-Haus[113] im Tal der Loki-Tochter[114].

Schwarzes Haar und schwarzer Kittel,
Schlangenstab und Schlangenthron[115]:
Hel in Huldars Drachengewand[116]
in der Hludana-Höhe[117] in Hyrrokkins Dunkel[118].

Angst – weiche! Panik – wandle Dich!
Herz – schlag' weiter! Seele – erfülle mich!
Schau, was hier unten ist in der Halle der Hel,
im hohen Hügelgrab im Huldumanna-Land[119]!

---

107 Modgud = Walküre auf der Gjallarbrücke; ihr Tor = Jenseitstor
108 Garm = Hund am Jenseitstor; seine Tür = Tor der Halle der Hel (Eingang zum Hügelgrab)
109 Helhest = das dreibeinige Pferd der Hel
110 Myrkvid = „Düsterwald" = der Wald auf dem Weg zum Jenseits oder das Jenseits selber
111 Walgrind „Totengitter" = das Gitter am Tor zur Hel (die Felsplatte, mit der ein Hügelgrab nach der Bestattung verschlossen wird)
112 Waberlohe = „flackernde Flamme" = ursprünglich das Bestattungsfeuer = Feuerwall rings um ein Hügelgrab oder rings um das Jenseits
113 Toten-Haus = Hügelgrab
114 Loki-Tochter = Hel
115 Dies ist eine Beschreibung der blauschwarzen, finsteren Seite der Hel. Die Schlangen sind die Totengeister – sie sind hier ein Hinweis darauf, daß Hel die Herrin des Totenreiches ist.
116 Huldar = Jenseitsgöttin; Drachengewand = technisierende Umdeutung der Drachen/Schlange-Gestalt der Jenseitsgöttin als Mutter aller Toten, die auch die Gestalt von Schlangen haben
117 Hludana = Hel; deren Höhe = Hügelgrab
118 Hyrrokkin = Hel; deren Dunkel = Jenseits
119 Huldar = Jenseitsgöttin; Huldar-Männer = Tote; Totenland = Jenseits

Ich sehe die Schneeweiße, schaue die Goldschöne[120],
staune über die Verwandlung der schwarzen Hel:
Sie ist nun Goldhaar, die Sonnen-Glänzende[121]
in Gerdrs Geheimnis[122] in Groas Garten[123].

    Willst Du bald Deiner größten Angst begegnen
    und sie dann im blanken Berg in Barri[124] segnen[125]?
    Willst Du es wissen? Willst Du es wagen?
    Ich werd' es Dir zeigen, ich werd' es Dir sagen.

7. Wölfe und Schwäne

Du reitest den Wolf[126] in der Wildnis,
Du wandelst die dunklen Pfade;
Du bist die Norne auf Niflheims Thron[127]
im Nerthus-Hügel[128] in den Nordland-Niederungen[129].

Du bist die Freundin des Fenrir,
Die Vertraute des Jörmungandr;
Du herrschst in Hrim-Heim[130] bei den Thursen[131],
im Hleidir-Hafen[132] in Holles Reich[133].

---

120 Schneeweiß-Goldschöne = die Jenseitsgöttin als die ersehnte Wiederzeugungs-Geliebte, aus der dann später im Märchen Schneewittchen, Schneeweißchen und Goldmarie wurden

121 Sonnen-Glänzende: Die Jenseitsgöttin ist auch die Sonnenmutter (siehe auch den Band 22 über Freya).

122 Gerdr = Jenseitsgöttin; ihr Geheimnis = Hügelgrab

123 Groa = „Grünende" = Jenseitsgöttin, Pflanzengöttin; ihr Garten = Jenseits

124 Barri = „Nadelwald" = Jenseitswald, Jenseits

125 Der Jenseitsreisende segnet seine Angst, d.h. er heilt sie.

126 Hel wird oft als Reiterin ihres Bruders Fenrir dargestellt, wobei sie als Zaumzeug ihren zweiten Bruder, die Midgardschlange Jörmungandr benutzt.

127 Niflheim = Jenseits

128 Nerthus = Jenseitsgöttin; ihr Hügel = Hügelgrab

129 Nordland = Niflheim im Norden = Jenseits; Niederung = Unterwelt; Nordland-Niederungen = Jenseits

130 Hrim-Heim = „Ruß-heim" = finsterer Ort = Grabkammer im Hügelgrab = Jenseits

131 Thursen = Riesen

132 Hleidir = Jenseitsgöttin (Huldar); ihr Hafen = Hügelgrab

133 Holle = Jenseitsgöttin (Huldar); ihr Reich = Jenseits

Du sendest die Walküren in das weite Midgard,
Du öffnest die Kiste[134] an den Wurzeln des Weltenbaums,
Du hast die Vogel-Hemden[135] in Deinem Heim
in Hyndla-Haus[136] im Holle-Wald[137].

Du fütterst die Schwäne[138] auf Deinem See[139],
die schönen, weißen Walküren-Vögel[140] –
sie bringen Botschaft[141] den Menschen
aus Bryngerds Bau[142] im Bergdisen-Land[143].

    Hel ist unentrinnbar, wenn sie als Hyndla Wölfe reitet
    und uns den Met in Holles Hof[144] in Hrimgerdrs Reich[145] bereitet
    Willst Du es wissen? Willst Du es wagen?
    Ich werd' es Dir zeigen, ich werd' es Dir sagen.

8. Die Wiedergeburt

Hel bringt den Helden den Tod –
sie holt alle Menschen, alle Tiere;
niemand kann vor Fenrirs Herrin[146] flüchten –
alle gelangen in Fafnirs Festung[147] in Fornjots Ferne[148].

---

134 Kiste: Die Germanen bezeichneten die Grabkammer als „Kiste".

135 Vogel-Hemd: Die Toten sind im Jenseits Seelenvögel, d.h. sie haben sozusagen „Vogel-Hemden" angezogen.

136 Hyndla = Hel; ihr Haus = Hügelgrab

137 Holle = Jenseitsgöttin; ihr Wald = Jenseits

138 Schwäne = Walküren ins Schwan-Gestalt

139 See = der Nornen-See (auch: „Nornen-Quelle", „Nornen-Brunnen") zwischen den Wurzeln des Weltenbaumes, der der Eingang in die Unterwelt ist

140 weiße Walküren-Vögel = Schwäne

141 Botschaft der Walküren = in der Regel die Todesbotschaft

142 Bryngerd = Jenseitsgöttin; deren Bau = Hügelgrab

143 Dise = Göttin; Berg = Hügelgrab; Hügelgrab-Göttin = Jenseitsgöttin; deren Land = Jenseits

144 Holle = Jenseitsgöttin; Hof = Tempel; Holles Tempel = Hügelgrab

145 Hrimgerd = Jenseitsgöttin; deren Reich = Jenseits

146 Fenrir = Wolf; seine Herrin (Reiterin) = Hel

147 Fafnir = Drache (Tyr als Sonnendrache); seine Festung = Hügelgrab

148 Fornjot = Riese (Tyr-Ymir); seine Ferne = das „ferne" Jenseits

Die Wiederzeugung[149]: der Tote mit Freya[150] am Weißen Meer[151],
als Widder mit Schaf[152], als Bock mit Ziege in Gandvik[153],
als Hirsch mit Hindin, als Stute mit Hengst in Niflheim[154],
als Stier mit Kuh im Haus der Zwerge[155] in Huldars Heide[156].

Wiedergeboren als Lamm[157], als Zicklein im windigen Utgard,
Auf den Wiesen der Freya als Kitz, als Fohlen, als Kalb;
Als Ferkel von Eber und Sau, als Frischling von Keiler und Bache:
ein neues Leben im feuchter Fensalir[158] in Fenjas Finsternis[159].

Und wiedergestillt von der weißen Audhumbla[160],
mit wundersüßer Milch, mit Honig und Met:
der Trank des Vertrauens und der Geborgenheit
im Troll-Haus[161] in den Tod-losen Feldern[162].

---

149 Der Wiedergeburt im Jenseits ging eine Wiederzeugung im Jenseits des Toten mit der Jenseitsgöttin voraus, die bei der Bestattung rituell dargestellt wurde.

150 Der Ursprung der Auffassung der Freya als Liebesgöttin ist ihre Funktion als Wiederzeugungs-Geliebte bei der Wiederzeugung.

151 Weißes Meer: An diesem Meer zwischen Finnland und Rußland wohnen in den Wikinger-Sagas die Tyr-Riesen und die Jenseitsgöttin-Riesinnen.

152 Zur magischen Absicherung der Zeugungskraft des Toten und der Fruchtbarkeit der Göttin nahmen diese beiden bei der Wiederzeugung die Gestalt von zwei Herdentieren an.

153 Gandvik = „Magie-Bucht" = Weißes Meer = Jenseits

154 Niflheim = Jenseits

155 Zwerge = Totengeister; deren Haus = Hügelgrab

156 Huldar = Jenseitsgöttin; Heide = Ödland, in dem die Hügelgräber stehen; Huldars Heide = Jenseits

157 Da der Tote und die Jenseitsgöttin (Freya) bei der Wiederzeugung die Gestalt von zwei Herdentieren annahmen, hat der Wiedergeborene die Gestalt eines Jungtieres der betreffenden Herdentier-Art.

158 Fensalir = „Sumpf-Saal" = Friggs Halle (in der Wasserunterwelt) = Hügelgrab

159 Fenja = Frigg als Jenseitsriesin (Fenja = Ableitung von „Fensalir"); ihre Finsternis = Jenseits

160 Audhumbla = Urkuh = die Muttergöttin und Jenseitsgöttin in Kuh-Gestalt

161 Troll = Riese = Totengeist; dessen Haus = Hügelgrab

162 todlose Felder, todloses Gefilde = Jenseits

Was kann Dich noch mehr und liebevoller laben
als im Laufey-Lager[163] im Lopthoena-Land[164] der Freya Gaben[165]?
Willst Du es wissen? Willst Du es wagen?
Ich werd' es Dir zeigen, ich werd' es Dir sagen.

9. Das Hel-Mandala

Im Osten[166] des Yggdrasil[167] erhebt sich Tyrs gewaltiger Adler[168],
dort brennt das Feuer auf dem alten Hügelgrab –
und der Priester singt die Sonnenhymne[169]
am stillen Stein[170] im Schneeweiß-Land[171].

Im Süden der Irminsul[172] erhebt der Sonnenhirsch[173] sein Haupt,
dort zieht die Surturs Barke[174] auf der Himmelsbahn dahin –
und Andvaris Goldring[175] leuchtet im alten Gimle[176]
auf Amgerdrs Anhöhe[177] inmitten der Apfelbaum-Wiese[178].

---

163 Laufey = „Laubinsel" (Jenseitsinsel) = Jenseitsgöttin; deren Lager = (Grabkammer im) Hügelgrab
164 Lopthoena = „Luft-Huhn" = Jenseitsgöttin; deren Land = Jenseits
165 Freyas Gaben = die Wiederzeugung, die Wiedergeburt und das Wiederstillen
166 Die Himmelsrichtungs-Bilder aus den folgenden vier Strophen stammen bis auf den Adler aus dem „Sonnenlied".
167 Yggdrasil = Weltenbaum
168 Adler: Der Göttervater hat als stärkster Gott auch den stärksten Seelenvogel.
169 Sonnenhymne: Die Indogermanen riefen wie viele andere Völker auch morgens die Sonne an, um sie aus dem Jenseits zurückzurufen und um sie zu begrüßen.
170 Stein = Hügelgrab
171 Schneeweiß = Freya = Jenseitsgöttin; ihr Land = Jenseits
172 Irminsul = Weltensäule = Weltenbaum
173 Sonnenhirsch = der ehemalige Sonnengott-Göttervater Tyr in Hirsch-Gestalt
174 Surtur = Tyr; seine Barke = Drachenschiff-Sonnenbarke des Sonnengott-Göttervaters Tyr
175 Andvari = Tyr als Zwergenkönig; sein goldener Ring = Sonne
176 Gimle = Halle der Sonne bzw. des Tyr und der Alfen am südlichen Himmel
177 Amgerdr = Jenseitsgöttin; ihre Anhöhe = Hügelgrab
178 Apfelbaum-Wiese = Jenseits (Anspielung auf Iduns Apfelbäume)

Im Westen des Weltenbaums erhebt sich der Sonnendrache[179],
dort läßt er sich nieder auf Walaskialfs[180] weißem Strand –
und Niddhöggr[181] nimmt den Weg in das Dunkel,[182]
in das Nest der neun Schwestern[183] im naßkalten Nidr[184].

Im Norden des Glasir[185] erhebt Mimir[186] sein Horn voll Met,
geschöpft aus Menglöds Schatz[187] in Odrörir, Son und Bodn[188]:
und Geirröd[189] liegt wartend in seiner Gruft[190], in Gunnlöds Bauch[191],
in der Grabkammer der Goldschönen[192] in Grids Wäldern[193].

> *Willst Du dem Feuer-Weg der Sonne folgen*
> *und Dich wandeln im Friedens-Felsen[194] in Menglöds Ferne[195]?*
> *Willst Du es wissen? Willst Du es wagen?*
> *Ich werd' es Dir zeigen, ich werd' es Dir sagen.*

---

179 Tyr verwandelt sich in der Unterwelt in einen Sonnendrachen.
180 Walaskialf = „Toten-Schäre"; Schäre = eine bei Flut überspülte Insel; Walskialf = Jenseitsinsel im Westlichen Meer, auf der die Sonne in das Jenseits eingeht (diese Insel wurde auch „Hlidskialf", d.h. „Tor-Insel" im Sinne von „Totentor-Insel" genannt)
181 Nidhöggr = „Unterwelt-Natter" = Tyr als Drache im Jenseits
182 Dunkel = Jenseits
183 neun = „zum Jenseits gehörend"; neun Schwestern = Jenseitsgöttin; deren Nest = (Grabkammer im) Hügelgrab
184 Nidr = „das Niedere, Untere" = Unterwelt; naßkalt = eine Anspielung auf „Niflheim" („Nebelheim")
185 Glasir = „Glänzender" = der Weltenbaum mit golden leuchtenden Blättern
186 Mimir = Tyr als Jenseits-Riese
187 Menglöd = Freya; ihr Schatz = der Met der ewigen Jugend
188 Ödrörir, Son und Bodn = die drei Gefäße, in den Gunnlöd den Met aufbewahrt
189 Geirröd = Tyr (Sonne)
190 Gruft = Grabkammer im Hügelgrab
191 Gunnlöd = Jenseitsgöttin, Erdgöttin; ihr Bauch = die Erde, die Grabkammer des Hügelgrabes (die Grabkammer entspricht der Schwitzhütte und den frühen Tempeln in Göbekli Tepe, die alle den Mutterbauch der Göttin darstellen)
192 Gold = Goldhaar oder der goldene Halsreif Brisingamen (Sonne); Goldschöne = Freya; ihre Grabkammer = Hügelgrab
193 Grid = Jenseitsgöttin; ihre Wälder = Jenseits
194 Friedens-Felsen = Hügelgrab
195 Menglöd = Freya = Jenseitsgöttin; ihre Ferne = fernes Land = Jenseits

10. Tyr und Loki

Tyr[196] tötet Loki[197] im Frühjahr, sperrt in ihn die Kiste[198],
dann trägt Loptr[199] Freyas Falkenhemd[200] –
Geirröd[201] liegt bei Grendels Mutter[202]
in der Grube der Knochen[203] im Grabhöhlen-Gefilde[204].

Loki tötet Tyr im Herbst, legt Fenrir[205] in feste Bande,
dann trägt Alberich[206] Friggrs Adlerhaut[207] –
Loptr[208] liegt bei Grid[209], der dunklen Göttin
in Groas Gebäude[210] im Garten der Hel[211].

---

196 Tyr = Sommergott

197 Loki = Wintergott

198 Kiste = Grabkammer eines Hügelgrabes

199 Loptr = Loki

200 Falke = Lokis Seelenvogel; Frigg-Freya ist die Wiedergeburts-Mutter und daher auch die Mutter aller Seelenvögel („Falkenhemd")

201 Geirröd = Tyr

202 Grendel = Tyr-Riese in der Wasserunterwelt; dessen Mutter = Jenseitsgöttin

203 Knochengrube = Hügelgrab

204 Grabhöhlen-Gefilde = Jenseits

205 Fenrir = Wolf, ursprünglich Tyr als Wolfskrieger

206 Alberich = „Alfenkönig" = Toten-König = Tyr in der Unterwelt

207 Adler = Tyrs Seelenvogel; Frigg-Freya ist die Wiedergeburts-Mutter und daher auch die Mutter aller Seelenvögel („Adlerhaut")

208 Loptr = Loki

209 Grid = Jenseitsgöttin

210 Groa = „Grünende" = Erdgöttin, Jenseitsgöttin; ihr Gebäude = Hügelgrab

211 Garten der Hel = Jenseits

Tyr tötet Loki im Frühjahr, fesselt ihn in der Hel,
Sigyn trägt das Schlangengift[212] nach draußen –
ein rotschwarzer Hahn[213] kräht laut in Huldar-Heim[214],
auf dem Hruga-Ort[215] im Heiligtum der Holden[216].

Loki tötet Tyr im Herbst, sendet ihn zu Hyndla[217],
Skadi[218] trägt heilende Salben auf Thiazis Hand[219] –
ein golden-heller Hahn[220] kräht laut im Hel-Haus[221],
auf dem Hilfe-Berg[222] in Hlodyns Heimat[223].

> *Hel gibt Atem-Leben und Atem-Geist[224] in diesem Land[225],*
> *in der glimmenden Glut[226] an Gandviks Strand[227].*
> *Willst Du es wissen? Willst Du es wagen?*
> *Ich werd' es Dir zeigen, ich werd' es Dir sagen.*

---

212 Über Loki hängt eine Schlange, deren Gift auf Loki herabtropft und das von Lokis Frau Sigyn aufgefangen wird – wenn sie das Gift ausschüttet und das Schlangengift in dieser Zeit auf Lokis Gesicht tropft, windet sich Loki vor Schmerzen so heftig, das ein Erdbeben entsteht.

213 rotschwarzer Hahn = hier ein anderes Bild für den der Seelenvogel des Loki

214 Huldar = Jenseitsgöttin; ihr Heim = Jenseits

215 Hruga = Jenseitsgöttin; ihr Ort = Hügelgrab

216 Holde = Holle = Huldar = Jenseitsgöttin; ihr Heiligtum (Tempel, Tempelbereich) = Jenseits

217 Hyndla = Hel

218 Skadi = Ergöttin, Jenseitsgöttin, Mutter/Frau/Tochter des Tyr

219 Thiazi = Tyr; seine Hand wurde ihm bei seinem Tod im Herbst bzw. am Abend von Loki abgeschlagen (später von Fenrir abgebissen) – sie wuchs ihm in der Nacht wieder nach

220 goldener Hahn („Gullinkambi" = „Goldkamm") = hier ein anderes Bild für den Seelenvogel des Tyr

221 Hel-Haus = Hügelgrab

222 Hilfe-Berg = Hügelgrab, an dem man (beim Utiseta) von den Göttern und Ahnen Hilfe erhält (wie bei den Totenbeschwörung und bei den Familienaufstellungen)

223 Hlodyn = Ergöttin, Jenseitsgöttin; ihre Heimat = Erde, Jenseits

224 Atem: Der Atem war das Symbol für das Leben und auch für den Geist bzw. die Seele. Tyr als Totengott und somit auch als der Gott der Seelen wurde auch „Atem-König" genannt und auf seinen Darstellungen weht aus seinem Mund der „Seelen-Wind".

225 Hels Land = Jenseits

226 glimmende Glut = Hügelgrab, aus dem Flammen emporschlagen

227 Gandvik = „Magie-Bucht", deren Strand = Jenseits;

11. Das Gespräch des Lebensmüden mit Hel[228]

Hel, Du bist meine letzte Hoffnung, mein letzter Halt:
Wo ist der Hort der Freude? Wo sind die Tempel des Tyr?
Die Bäume werfen die Blätter ab – soll nicht auch ich
zu Brynhilds Heim[229] auf der Bauminsel[230] gehen?

Lebe Dein Leben, genieße den Tag, die Liebe!
Laufeys Abend[231] wird auch für Dich kommen –
doch bis dahin kämpfe, horte nichts und fließe,
bis Hludanas Hang[232] in Hjötras Heide[233] Dich ruft.

Hel, gibt es das Vergessen? Das Vergehen?
Muß mein Seelenvogel weiterwandern?
Was ist das Leben hier auf Hlodyns Weite[234]?
Wie ist der Tod in Herthas Hütte[235] in Hörns Heimat[236]?

Folge hier stets dem, was Dein Herz 'richtig' nennt!
Der Tod ist Dir gewiß, doch das Leben muß Du hüten;
sonst nahst Du mir[237] mit leeren Händen hier in Nidr[238],
sonst bist Du arm in Nidhöggrs Nest[239] in Niflheim[240].

---

228 Diese fünf Strophen sind durch das um ca. 1900 v.Chr. verfaßte „Gespräch eines
   Lebensmüden mit seiner Seele" aus dem alten Ägypen inspiriert worden.
229 Brynhild = Walküre; ihr Heim = Hügelgrab
230 Bauminsel („Tholley") = Jenseitsinsle = Jenseits
231 Laufey = Jenseitsgöttin; ihr Abend = Abend des Lebens = Tod
232 Hludana = Erdgöttin, Jenseitsgöttin; ihr Hang = Hügelgrab
233 Hjötra = Jenseitsgöttin; Heide = Ödland, in dem die Hügelgräber standen; Hjötras Heide =
   Jenseits
234 Hlodya = Erdgöttin, Jenseitsgöttin; ihre Weite = Erde, Erdoberfläche, Midgard, Diesseits
235 Hertha = Jenseitsgöttin; ihre Hütte = Hügelgrab
236 Hörn = Freya = Jenseitsgötin; ihre Heimat = Jenseits
237 mir = Hel
238 Nidr = „Niederes, Unteres, Unterwelt" = Jenseits
239 Nidhöggr = „Unterwelt-Natter" = Tyr als Sonnendrache im Jenseits; sein Nest =
   Hügelgrab
240 Niflheim = Jenseits

Sei Du selbst und strahle in diesem und in jenem Land –
in Midgard[241] und in Sinmaras Saal[242] an Surturs Strand[243]!
Willst Du es wissen? Willst Du es wagen?
Ich werd' es Dir zeigen, ich werd' es Dir sagen.

12. Rückkehr aus der Hel

Danke, Zauberfrau im Zauberwald[244]!
Dank für alles, was Du mir zeigtest!
Im Hindinhügel[245], in der Trollfrau-Halle[246],
in der Höhle der Holden[247] in Hels Heide[248].

Weißbraue[249] verblasst, Goldschöne[250] vergeht,
doch die Weise[251] schwindet nur in meinen Augen ...
Sie bleibt Freya die Schöne, sie bleibt Friggr die Große,
sie bleibt die Königin in Berthas Berg[252] im Bödhild-Tal[253].

---

241 Midgard = Erde, Welt, Diesseits

242 Sinmara = Jenseitsgöttin; ihr Saal = Hügelgrab

243 Surtur = Tyr als Riese im Jenseits; sein Strand = Jenseits

244 Zauberfrau im Zauberwald = Hel im Jenseits; Alle Magie geht vom Jenseits aus, das auch der Bereich der Lebenskraft und der Seelen und der Götter ist.

245 Hindin = die Jenseitsgöttin bei der Wiederzeugung in Hirschkuh-Gestalt, ihr Hügel = Hügelgrab

246 Trollfrau = Totengeist, Jenseitsgöttin; ihre Halle = Hügelgrab

247 Holde = Holle = Huldar = Jenseitsgöttin; ihre Höhle = Hügelgrab

248 Hel = Jenseitsgöttin; Heide = Ödland, in dem die Hügelgräber standen; Hels Heide = Jenseits

249 Weißbraue = Freya

250 Goldschöne = Freya (Anspielung auf ihr goldenes Haar oder auf ihren goldenen Halsreif Brisingamen)

251 Weise = Freya, Hel

252 Bertha = Jenseitsgöttin; ihr Berg = Hügelgrab

253 Bödhild = Walküre, Jenseitsgöttin; ihr Tal = Jenseits

Nebel hüllt mich ein, Wolken ziehen auf,
Rauch umgibt mich, Dämpfe umwabern mich[254] –
Aus der Ferne[255] kehre ich zurück, aus Fullas Höhle[256],
aus Fenjas Frauenhaus[257] in den feuchten Wiesen von Niflheim[258].

Weiser öffne ich meine Augen Midgards[259] Winden,
dem weiten Wäldern, den Auen und Bergen ...
Freundlich ist die Herrin im einsamen Eisland[260]
in Eiks Einöde[261] im Nordlicht-Land[262] von Elivagar[263]!

    Was könnte besser sein als ein Willkommen in Midgard,
    und ein Willkommen in Ulfruns Unterkunft[264] in Utgard?
    Willst Du es wissen? Willst Du es wagen?
    Ich werd' es Dir zeigen, ich werd' es Dir sagen.

---

254 Die Vision wird undeutlicher.
255 Ferne = Jenseits
256 Fulla = Göttin der Fülle, Freya, Jenseitsgöttin; ihre Höhle = Hügelgrab
257 Fenja = Frigg; ihr Frauenhaus = Hügelgrab
258 Niflheim = Jenseits
259 Midgard = Diesseits
260 Eisland = Norden = Niflheim = Jenseits; dessen Herrin = Hel
261 Eik = Jenseitsgöttin; deren Einöde = Jenseits
262 Nordlicht-Land = Norden = Niflheim = Jenseits
263 Elivagar = „Eiswogen" = Gletscher = Nordland = Nifelheim = Jenseits
264 Ulfrun = Jenseitsgöttin; ihre Unterkunft = Hügelgrab

V Traumreise zu Hel

Ein Traumreise ist ein „bewußter Traum". Das ist nicht so exotisch, wie es zunächst einmal vielleicht klingen mag. Es ist im Grunde nur die Koordination von Wachbewußtsein und Traumbewußtsein (Unterbewußtsein).

Manchmal kommt man vom Wachbewußtsein aus in diesen Zustand, wenn man z.B. bei einer langen Eisenbahnfahrt einen lebhaften Tragtraum hat.

Man kann auch vom Traumbewußtsein aus dorthin gelangen, wenn man z.B. morgens aufwacht und der Traum noch zehn Sekunden weiterläuft und man ihn bewußt wie einen Kinofilm anschaut.

Diesen Zustand kann man auch absichtlich erreichen: entweder vom Traum aus, was dann „luzides Träumen" genannt wird (im Traum erwachen) – oder vom Wachzustand aus, was dann „Traumreise" genannt wird.

Koordination von Wachbewußtsein und Traumbewußtsein		
	vom Traum aus	*vom Wachen aus*
unabsichtlich	nach dem Erwachen weiterträumen	Tagtraum
absichtlich	luzides Träumen	Traumreise

Um eine Traumreise hervorzurufen, legt man sich bequem hin und stellt sich entweder innerlich ein Symbol vor, das das Thema, zu dem man eine Traumreise machen will, darstellt, und geht dann durch dieses Symbol wie durch eine Tür hindurch, oder man spricht das Thema innerlich direkt an und lauscht dann auf die Antwort.

Manche Menschen können ohne jede Übung und Hilfe von außen solche Traumreisen durchführen; den meisten Menschen fällt es jedoch am leichtesten, solche Traumreisen dadurch zu lernen, daß sie ein paarmal zusammen mit jemanden, der in solchen Traumreisen schon geübt ist, solche Reisen durchführen.

Das Traumreisen scheint jeder zu können – es ist lediglich etwas, was nicht als eine nützliche Methode in unsere Kultur integriert worden ist.

Wie bei einem chemischen Experiment sollte man auch bei einer Traumreise zunächst den Versuch machen, alle Phänomene sorgfältig beobachten und festhalten und dann nach dem Ende des Experimentes die Beobachtungen betrachten.

Die Wahrnehmungen bei einer Traumreise sind meisten Bilder, die durch einige Worte ergänzt werden, aber es können auch Geräusche, Geschmäcker, Gerüche, Tastempfindungen, Körpergefühle und ähnliches auftreten.

Wenn man mit mehreren Personen gleichzeitig dieselbe Traumreise macht, sind alle Traumreisenden in derselben Vision, d.h. wenn man z.B. innerlich einen Birnbaum sieht, an dem neben den Birnen auch drei Kürbisse hängen, kommt es oft vor, daß ein

263

anderer dasselbe sieht und es ausspricht bevor man selber etwas gesagt hat. Die Traumreisenden sind telepathisch „gekoppelt".

Wenn man Übung hat, kann man bei Traumreisen auch die Augen offenlassen, unauffällig Traumreisen in der U-Bahn auf dem Heimweg von der Arbeit durchführen, sie parallel dazu aufschreiben usw. Traumreisen können zu einem ganz normalen, alltäglichen Hilfsmittel in vielen Situationen werden. So kann man sie z.B. auch dazu benutzen, um verlorene Gegenstände wiederzufinden – auf einer Traumreise tritt ständig Telepathie auf.

Da die Telepathie sozusagen eines der Sinnesorgane des Traumbewußtsein ist, kann man mithilfe von Traumreisen auch Kontakt zu Gottheiten aufnehmen – und von ihnen Dinge erfahren, die man vorher nicht gewußt hat.

Traumreise zu Hel

„Hel, ich würde Dich gerne besser kennenlernen."

„Das ist schön."

„Oh – diese Antwort habe ich ja noch nie erhalten ... warum?"

„Weil es Dir gut tun wird – und das tut mir gut."

„Hm ... das sind ja ziemlich ungewöhnliche Antworten ..."

„Hältst Du uns für grundsätzlich getrennt?"

„Nein, ... aber es überrascht mich doch trotzdem ..."

Sie lächelt ...

„Ehm ... normalerweise frage ich an dieser Stelle die Gottheit, ob sie mir etwas sagen oder zeigen mag ... aber irgendwie klingt das bei Dir unpassend ..."

„Bist Du ein bißchen beklommen?"

„Hm, ja ... da kommt mir so viel Freundlichkeit und Wärme von Dir entgegen ... das verwirrt mich ein bißchen ..."

„Dich verwirrt Wärme und Freundlichkeit?"

„Hm ... wenn Du das so fragst, klingt das ein bißchen so, als ob da bei mir etwas gestört wäre ... Und wir sprechen über mich statt über Dich ... eigentlich wollte ich doch etwas über Dich erfahren ..."

„Und was hast Du über mich erfahren?"

„Das Du ganz warm und freundlich bist ..."

„Und ist das neu?"

„Ja."

„Dann könntest Du ja zufrieden mit dem Verlauf Deiner Traumreise sein ..."

„Ja ... das ist nur schon wieder so ganz anderes als das, was ich erwartet habe ..."

Sie lächelt ...

„Hm, kannst Du mir noch etwas dazu sagen?“

„Wozu?“

„Zu dieser Wärme und Freundlichkeit ... und ja, zu dieser Weichheit, die ich spüren kann, die Du ausstrahlst.“

„Ich bin die Wiederzeugungs-Geliebte und die Wiedergeburts-Mutter und die Wiederstillens-Amme ... das hast Du ja schon erkannt ... wie kannst Du da andere Qualitäten von mir erwarten?“

„Hm ... wenn Du das so sagst, kann das ja auch nur so sein ... nur sind die klassischen Hel-Bilder eher Schreckensbilder ...“

„Weil die Menschen den Tod fürchten und nicht genau hinschauen, was der Tod eigentlich ist.“

„Was ist er denn?“

„Eine Verwandlung – nach der Zeugung wird die Eichel zur Eiche und beim Tod wird die Eiche wieder zur Eichel – aber das ändert nicht viel an der Eichel ... sie ist ein bißchen reicher geworden.“

„Die Eichel ist die Seele, nicht wahr ...das ist ein Bild, das ich auch selber gerne benutze ...“

„Wäre es nicht eine gute Frage, wenn Du wissen wolltest, wie man von der Angst vor dem Tod zu einem Vertrauen in den Tod gelangt?“

„Öh ... ja ... ehm ... Du wirfst gerade die ganze Regeln über den Haufen, die ich bisher kennengelernt habe: Ich muß gute Fragen stellen, um von euch Göttern gute Antworten zu erhalten ... und nun schlägst Du mir gute Fragen vor ...“

„Fürsorglich, nicht wahr?“

Hel lächelt ein bißchen verschmitzt-fürsorglich ...

„So allmählich bin ich ein bißchen verwirrt ... aber ja, ich möchte gerne wissen, wie ich dahin komme, daß ich in dem Tod vertrauen kann.“

„Das ist nichts anderes als Vertrauen in Deine Seele.“

„Weil ich mich nach meinem Tod wieder auf meine Seele reduziere – sozusagen von der Eiche wieder zur Eichel werde?“

„Ja. Dann bist Du ganz Du selber ... strahlend ... ohne Einschränkungen ...“

„Klingt gut ...“

„Aber leider auch ohne Ausdrucksmöglichkeiten ... oder zumindestens nur mit stark eingeschränkten Ausdrucksmöglichkeiten ...“

„Und deshalb inkarniere ich mich erneut?“

„Ja, deshalb ... Du willst erleben ... Dich und die Welt ...“

„Hm, mit der Totengöttin über den Tod zu reden, ist wirklich sehr informativ ... naja, 'informativ' klingt viel zu sachlich für solch ein Thema ... Kannst Du noch mehr zu dem Vertrauen in den Tod sagen?“

„Vertraust Du mir?“

„Ehm ... ja ... ja, das tue ich ... Du überrumpelst mich jeder zweiten Frage, die Du *stellst, und mit jedem zweiten Satz, den Du sagst ... "*

„Schön nicht wahr? Du siehst das Entwicklungspotential in Deiner Weltsicht ... "

„Ehm, ja ... so kann man das auch sehen ... ja, das ist wohl so zutreffend ... Du bist fürsorglich, nicht wahr? Ich muß garnicht schreien und weinen, damit ich etwas erhalte, sondern Du siehst, was ich brauche und gibst es mir, bevor ich überhaupt in den Mangel komme und dann zu weinen oder zu schreien beginne. "

„Ja – willst Du auf diese Weise leben? "

„Im Schlaraffenland? "

„Ja, genau da. "

„Ehm, ja ... doch, das würde ich gerne ... Dazu ist vermutlich ein Schritt von meiner Seite aus nötig? "

„Eichel sein. "

„Eichel sein? "

„Ja. "

„Also ich selber sein? "

„Ja. Wenn Du ganz Du bist, bist Du in der Fülle, weil Du dann strahlst. "

„Klingt einfach ... gibt es auch eine einfache Methode, das umzusetzen? "

„Da sein, aufrichtig sein, mutig sein ... und es hilft, ab und zu ein bißchen frech zu sein ... "

„Frech? "

„Ja, das macht es einfacher, über Hindernisse in Dir selber hinwegzukommen ... "

„Wenn ich vor etwas Angst habe oder fürchte, daß mein nächster Schritt zu Scherben führt? "

„Ja. "

„Magst Du mir noch etwas zu den Mythen der Germanen über Dich sagen? "

„Die Angst vor mir ist erst recht spät entstanden – da ist Hel von der Göttin im Hügelgrab zur Schreckensgestalt geworden, die den Tod bringt. "

„Ja, da ist wohl das Vertrauen verloren gegangen ... war das nach der Absetzung des Tyr durch Thor und Odin um 500 n.Chr.? Da ist ja die ganze nordgermanische Religion umgebaut worden. "

„Ja, das hat vielen Menschen ihren Halt genommen – zumindestens teilweise. Aber es hat auch schon vorher Ansätze zu einem Mißtrauen dem Tod gegenüber und daher auch zu einer Todes-Schreckensgestalt gegeben – das findet sich u.a. bei Loki. "

„Hm – und das Christentum hat dann diese Ansätze genutzt, um aus diesen Bildern in der germanischen Religion die Vision von Hölle, Tod und Teufel und von des Teufels Großmutter zu schaffen? "

„Ja, Zerstörung von innen her – Ausnutzen der inneren Widersprüche eines Systems ... das ist die eleganteste und energiesparendste Methode, etwas zu zerstören ... "

„Ja, klingt plausibel ... irgendwie weiß ich garnicht mehr so recht etwas zu fragen, weil Deine Antworten so derart einleuchtend sind ... "

266

„Na, ein zufriedener Harry ist doch auch nichts Schlechtes, oder?"

Sie hat schon wieder dieses spitzbübische und zugleich warme Lächeln ... So etwas habe ich noch bei keiner Gottheit gesehen ... und bei Hel am allerwenigsten erwartet ...

„Warum bist Du so, wie Du bist, Hel?"

„Weil ich die Geborgenheit bin und weil ich euch liebe."

„Oh ... oh ... Du bist die Muttergöttin ... ja ... aber woher kommt Dein Humor ... oder wie soll ich das nennen – eben dies Spitzbübische, Neckende, das mir freundliche Stupser gibt ... dieses Wissen und diese Weisheit von Dir, die über mich lächeln, aber ganz warmherzig und freundlich ... und die ... ja, wie soll ich sagen ... die mit mir spielen ... Das ist eine Qualität, die ich so noch nie gesehen habe ... Wissen, Weisheit, Autorität, aber vollkommen weich, warm, freundlich ... und spielerisch-spitzbübisch ... auf eine freundliche Weise Spaß haben wollen ..."

„Eine gute Mutter, nicht wahr?"

„Ehm ... ja, das wäre wirklich eine gute Mutter ... ich meine, Du wärst, nein – Du bist eine gute Mutter ... wie schaffst Du es nur, mich dauernd zu verwirren?"

„Du erkennst Neues ..."

„Ich verirre mich selber und Du hilfst mir dabei? Damit ich Dinge anderes sehen kann? Das machst Du wirklich gut ..."

„Eine weise Mutter, nicht wahr?"

„Also bald wird mir entweder schwindelig oder ich bekomme einen Lachanfall ..."
Sie lächelt ...

„Deine Form von Geborgenheit habe ich vorher noch nirgendwo gesehen ... doch, ein bißchen bei der Goldschmiedin, bei der ich gelernt habe ... das tut gut, das entspannt, das gibt Vertrauen, einfach zu spielen, zu leben ..."

„Genau das ist es, was die Todesgöttin will – daß ihr lebt ..."

„Ehm ... so habe ich das auch noch nicht gesehen ..."

„Wenn ihr gut lebt, habt ihr eine reiche Ernte, wenn ihr wieder von der Eiche zur Eichel werdet ... das ist dann eine Freude für euch, eine Bereicherung, ein noch stärkeres Strahlen ... und das ist dann auch eine Freude für mich ..."

„Was ist daran Deine Freude?"

„Euch gedeihen zu sehen – das ist die Freude der Mutter."

„Hm, wieso bist Du eigentlich unsere Mutter? Ich meine jetzt nicht das Motiv der Wiedergeburts-Mutter, sondern Deine Verbundenheit mit uns?"

„Ist die Erde mit dem Wald, der auf ihr wächst, verbunden?"

„Ja ... das ist sie. Und Du bist der Boden, auf dem wir wachsen? Wer bist Du?"

„Eure Mutter."

„Hm, das sagt alles, aber es ist nichts, was ich jetzt in wohlgeordnete Sätze fassen könnte ..."

„Brauchst Du solche Sätze?"

„Naja, eigentlich nicht ... in der Essenz nicht ... da muß ich es nur erleben ... wie z.B. in der Schwitzhütte.“

„Da fehlte bei Dir noch der Schalk, der Humor, das Spiel, der Spaß, das Lachen, der Scherz, die Erotik, das Vergnügen ...“

„Ehm ... ja ... das ist eine Seite, die hat da gefehlt ... ja ... aber das habe ich noch nie bemerkt ... ja, das sollte in der Schwitzhütte eigentlich auch dabei sein.“

„Innig und ernst und tief – das kannst Du. Aber was ist mit dem Spiel, dem Spaß, der Lust?“

„Heieiei ... wohin führst Du mich? ... Und dieses Gespräch?“

„Zum Wesentlichen?“

„Bald kann ich nur noch lachen und tanzen, wenn Du so weitermachst – Du jonglierst mit meinem Verstand und dem wird langsam schwindelig ... aber er lacht auch über das, was Du machst ... Bist Du ein Heyoka?“

„Ein Narr, der die Ernsten mit den Scheuklappen wachrüttelt? Ja, das bin ich auch – kannst Du Dir eine Mutter vorstellen, die niemals lacht und die keinen Spaß hat?“

„Naja, vorstellen kann ich mir das schon, aber schön ist das nicht ...“

„Und ich bin die Mutter.“

„Puh ... ich werde gerade durchgeschüttelt ...“

„Das nennt man Tod ... und auch Tod der Dinge, die erstarrt sind.“

„Du bist die Auflockerung?“

„Nein, ich weiche Dämme auf ... und Masken ... und Krücken ... und Irrtümer ... und ähnliches ...“

„Du weichst sie auf?“

„Ja, wegnehmen oder zerbrechen wäre nicht sehr freundlich ... aufweichen führt dazu, daß ihr mehr von dem seht, was da ist und weniger das, was ihr euch vorstellt ...“

„Und dann kann ich mich selber wiederfinden?“

„Ja, dann hast Du den Mut, Spaß zu haben ...“

„Hm, das heißt dann bei mir, daß ich nicht so sehr nach Beständigkeit strebe und nach Ewigkeit suche?“

„Ja, das heißt es auch ... das ist bei Dir wichtig ...“

„Gibt es etwas, was Du uns raten kannst, damit wir damit weiterkommen? Mit dem 'Aufweichen', meine ich?“

„Besucht mich.“

„Ehm ... ja, das ist wieder der einfache Weg ... den sehe ich nicht immer gleich ... Ich denke oft, daß ich alles selber machen muß.“

„Du tust ja auch viel ... und das ist ja auch gut. Aber Du mußt nicht alles selber machen und Du brauchst Dich für die wesentliche Dinge auch nicht anzustrengen ... da ist Loslassen meist besser als Festhalten ...“

„Also Mut zum Fließen statt Kraft zum Festkrampfen ...“

„*Drück es freundlicher aus, wenn Du über Dich sprichst ... das, was Du tust, tust Du, weil Du keinen anderen Weg sehen kannst ... und es ist gut, das zu tun, was einem richtig erscheint.*"

„*Ja, das kann ich sehen.*"

„*Und das, was Du brauchst, ist Erkenntnis, das Entdecken von neuen Türen, das Erkennen von Krücken und Masken, derer Du Dir garnicht bewußt bist ...*"

„*Was ist denn im Augenblick die Maske, deren Auflösen mir am meisten helfen würde?*"

„*Spaß haben.*"

„*Spaß haben?*"

„*Ja.*"

„*Und wie geht das?*"

„*Nicht machen – zulassen.*"

„*Ehem ... ...?*"

„*Du stehst Dir selber im Weg.*"

„*Hm ...*"

„*Du hast Vorstellungen, wie es sein sollte ... und Deine Vorstellungen sind vom Mangel geprägt, nicht von der Fülle ...*"

„*Das kann dann ja wohl nicht funktionieren und führt zum Mangel und nicht zur Fülle ...*"

„*Ja.*"

„*Bist Du die Fülle?*"

„*Ja, ich bin auch die Fülle ... und die Fülle ist auch ich ... aber die Fülle ist nicht nur in mir ... sie ist überall ...*"

„*Und wie kann ich meine Augen, meine Hände und mein Herz für diese Fülle öffnen?*"

„*Du brauchst sie nur zu sehen.*"

„*Hm, wie geht das?*"

„*Hinschauen.*"

„*Hm.*"

„*Sehen, was da ist ... und vor allem sehen, was Du tun möchtest ...*"

„*Hm ... Selbsterkenntnis?*"

„*Nicht so erhaben ... Spaß haben ... Möglichkeiten sich zu freuen sehen und sie ergreifen ... einfach das genießen, was gerade da ist ... spontan sein ... tanzen ...*"

„*Ja, so in etwa kann ich sehen, was Du meinst ... gibt es da etwas, was für mich paßt, um in diese Haltung zu kommen?*"

„*Schau Dir die Fülle an ... und glaube, was Du siehst.*"

„*Hm, dieser Zustand ist wohl von großer Bedeutung, oder? Ich kann die Fülle sehen, aber ich habe mich nicht wirklich auf sie eingelassen ...*"

„*Weil Du nicht eigenständig bist.*"

„Hm ...“

„Du siehst Dich als Teil Deiner Begegnungen – und nicht als einen eigenständigen Menschen, der durch seine Begegnungen bereichert wird.“

„Hm ... ja, ich will die Freude der Gemeinsamkeit ... und ich meide den Schmerz der Trennung ...“

„Und dadurch machst Du es der Fülle schwer, in Deinem Leben zu sein.“

„Hm ... naja ... das klingt logisch ... aber nicht so ganz einfach umzusetzen ...“

„Funktioniert Deine bisherige Haltung?“

„In manchen Bereichen ganz gut, ja – aber in anderen Bereichen auch ziemlich schlecht ... die Suche nach Beständigkeit in der Begegnung mit Menschen scheint schon ein größeres Hindernis zu sein ...“

„Liebe Deine Beständigkeit.“

„Was? Ist das jetzt nicht das Gegenteil von dem, was Du gerade gesagt hast?“

„Wo ist Deine Beständigkeit?“

„In mir.“

„Liebe Dich.“

„Äh ... ja .. einschließlich meiner Beständigkeit und Treue?“

„Sind sie Teil von Dir?“

„Ja ... und dann?“

„Tanze.“

„Hm ... so sein wie ich bin, und das Leben so nehmen, wie es ist?“

„Du hast die Fülle übersehen, die auf Dich wartet ...“

„Äh ... also so sein, wie ich bin, und die Fülle zulassen?“

„Das klingt noch recht nüchtern ...“

„Hm ... mich leben und die Fülle einladen?“

„Fühlt sich das besser an?“

„Ja.“

„Ist es schon gut so?“

„Hm ... mich lieben und in der Fülle baden?“

„Ah, Du wirst allmählich mutiger!“

„Du bringst mich hier dazu, Dinge zu sagen, die ich so noch nicht einmal gedacht habe ... und ich kann sie jetzt sogar fühlen ... zumindestens ein bißchen ...“

Sie lächelt ...

„Das ist das Geschenk des Todes.“

„Was?“

„Dein Leben ist begrenzt ... und in der Fülle des Lebens zu baden, ist das Beste, was Du mit Deinem Leben machen kannst.“

„Ehm ... ja ... das ist wohl so ... was könnte man dagegen schon einwenden ...“

„Begeisterung?“

„Begeisterung? Du meinst, ich klinge noch immer ziemlich nüchtern?“

„Ja ... bist Du mit Deinem Erleben in dem, was Du da gerade sagst?"

„Nein, noch nicht ganz ..."

„Warum?"

„Ich glaube, ich habe Hemmungen, weil das ziemlich neu ist ... also, ich habe ähnliches ja schon mal gedacht, aber im Gespräch mit Dir fühlt sich das anders an ... lebendiger, direkter, realer ... so als könnte ich raus gehen und als ob es vor meiner Tür auf mich warten würde ..."

„Tut es das?"

„Hm ... ja ... wahrscheinlich tut es das ..."

„Und – wirst Du gleich rausgehen?"

„Puh ... Du bringst mich auf Deine freundliche, weiche Art dazu, Dinge zu sehen, die ich sonst nicht sehe ..."

„Was ist das?"

„Wenn ich mich auf die Fülle einlasse, habe ich das Gefühl, mir selber untreu zu werden ..."

Hel wartet und läßt mir Zeit ...

„So als wäre ich nur ich selber, wenn ich beständig bin und mich nicht ändere, meine Absichten und Ziele nicht ändere ... und vor allem nicht meine Gefühle für andere Menschen ..."

„Ein bißchen steif?"

„Hm ... ja ... ein bißchen steif ..."

„Das ist eine empfindliche Stelle, nicht wahr?"

„Ja ... und Du hast offenbar die Gabe, mich mit Wärme und Freundlichkeit behutsam dorthin zu führen ... machen wir hier eigentlich Therapie? Das sollte doch eine Traumreise zur Hel werden?"

„Warum fragst Du?"

„Naja, weil ich diese Traumreise für ein Buch über Dich mache und schreibe."

„Und – erfährst Du etwas Neues über mich?"

„Ja."

„Aber Du fühlst Dich damit nicht ganz wohl?"

„Nunja, es ist schon ziemlich privat ..."

„Ist es das, warum Du Dich unwohl fühlst?"

„Nein – ich denke, ich sollte sachlicher sein, Fakten aus den Mythen sammeln ... und so ..."

„Und was machst Du gerade?"

„Dich kennenlernen ... und erkenne, welch eine Bereicherung das ist ..."

„Paßt das in eine Traumreise über mich? Und paßt das in Dein Buch?"

„Hm ... ja .. das paßt ... eigentlich sogar ziemlich gut ... es ist nur ein bißchen ungewöhnlich ..."

„Das ist Neues eigentlich immer ..."

„Nunja, ich wollte ja auch gerne etwas Neues hören ... das bereits Bekannte nochmal aufzuschreiben, hat ja nicht so sehr viel Sinn ...“

„Waren wir eben bei einer empfindlichen Stelle von Dir angekommen?“

„Ja ... Was war das? ...“

„Deine Beständigkeit, Die Du nicht loslassen willst?“

„Hm ... Du hast glaube ich gesagt, daß ich mir ja treu sein kann ... daß das eine Eigenschaft von mir ist ...“

„Ja ... die hast Du ...“

„Und die Fülle?“

„Wie ist die Fülle?“

„Wie die Fülle ist? Nunja, wohl nicht fest ... und ganz gewiß nicht hart ... sie ist fließend ... hm, willst Du mir damit sagen, daß ich zwar etwas wollen kann und Eigenschaften haben kann, aber daß ich beweglich bleiben muß?“

„Du sprichst von 'müssen'?“

„Also gut ... ja, das ist wohl kein so guter Aspekt meiner Beständigkeit ... der Saturn ist in meinem Horoskop schon ziemlich prägend ...“

„Selbstliebe?“

„Was ist damit? ... Ach ja ... freundlich mit mir sein ... Ich glaube 'in der Fülle baden' war schon eine ganz gute Formulierung ...“

„Die Welt ist mehr als Deine Vorstellung über sie.“

„Dann ist wohl auch die Fülle größer als das, was ich sehen kann?“

„Ja.“

Sie lächelt und läßt mir Zeit ...

„Also Fließen, Vertrauen ... Herz, Augen und Hände offenhalten ...“

„Vertrauen und Fließen sind gut ... das andere klingt schon wieder nach einer bewußten Absicht, nach einem Verhaltens-Konzept ...“

„Ja, dazu neige ich ein bißchen ...“

„Ein bißchen?“

„Naja, ein bißchen mehr ... ... Die Weichheit ist wichtig, nicht wahr?“

„Ja, sie gibt der Fülle die Möglichkeit, zu Dir zu kommen.“

„Hm ... das hat ja auch schon Laotse gesagt ...“

„Und viele andere ...“

„Ja ... hm ... Die Aussage, daß sich alle Kulturen und Weisen darin einig sind, daß das einzige Beständige der Wandel ist, ist dann wohl ein bißchen zu pessimistisch formuliert, nicht wahr?“

„Die Fülle braucht den Wandel, um sich zu entfalten.“

„Hm, das klingt ganz anders ...“

„Was hast Du da gerade gedacht? Sprich es ruhig aus ...“

„Ich habe gedacht, daß das ja nicht heißt, daß sich ständig alles wandeln muß und daß es nichts Beständiges geben kann.“

„Nein, das heißt es nicht.“

„Es kann das beständig sein, was es aus sich heraus beständig ist?“

„Wenn Du in der Fülle bist, ist das beständig, was lange Zeit die größte Fülle gibt …“

„Wenn ich auf die Fülle schaue, ist die Fülle da … und wenn eine Quelle der Fülle lange Zeit sprudelt, ist sie auch lange Zeit da …“

„Brauchst Du eine versiegte Quelle in Deinem Leben?“

„Hm … nein, eigentlich nicht … Du hast eine so überzeugende Art und Weise, Dinge zu beschrieben …“

Sie lächelt warmherzig …

„Du bist die Göttin des Todes und Du bist zugleich die Göttin der Fülle?“

„Ich bin die Mutter und daher bin ich auch die Göttin der Seelen … und das nennt ihr die Göttin des Todes.“

„So klingt das vollkommen anders.“

„Und ihr habt auch aus der Seelenmutter die Walküren gemacht, die nicht mehr im Jenseits die Seelenvögel gebären, sondern die im Diesseits den Tod bringen – ihr habt den Zeitpunkt des Ereignisses in die Mitte gerückt und habt vergessen, was zu diesem Zeitpunkt eigentlich geschieht.“

„Wir sehen die Totengöttin als die Todesverursacherin und nicht mehr als die Fülle … nicht mehr als die Geborgenheit … nicht mehr als den Boden, auf dem unsere Seelen wachsen … Hoppla, was habe ich da gesagt? Bist Du der Nährboden unserer Seelen?“

„Die Erde, in der eure Eicheln zu Eichen heranwachsen? Das könnte man so sagen.“

„Hm, dann besteht ein Zusammenhang zwischen unseren Seelen und Dir?“

„Ich bin die, die euch im Jenseits wiedergebiert.“

„Ist das bildlich zu verstehen?“

„Alle Mythen sind Bilder.“

„Hm … und was ist der Zusammenhang?“

„Was meinst Du?“

„Nunja, wenn keine Welt da wäre, in der wir uns inkarnieren können, also in der und durch die wir von Eicheln zu Eichen werden können, gäbe es kein Leben.“

„Was bin ich dann?“

„Unser Nährboden … das, woraus wir unsere Eichen formen – unsere Psyche, unseren Leib …“

„Dann bin ich eure Psyche, euer Leib?“

„Ehm … so habe ich das ja noch nicht gesehen … aber so könnte man das sagen … ja, das klingt richtig … aber dann bin ich ja fest mit Dir verbunden … dann ist die Geborgenheit in Dir sozusagen in meiner Konstitution angelegt … wenn meine Psyche und mein Leib aus Deiner Substanz bestehen … dann sorgst Du für mich, weil

273

ich ja ein Teil von Dir bin ... "

Sie lächelt ...

„So habe ich das noch nicht gesehen ... "

„Fließen? "

„Fließen? ... Ja, dann sieht auch das Fließen anderes aus ... dann ist das eigentlich ein Wachsen ... ein Genießen ... hm, Genießen? ... Da ist ja auch noch meine Seele, die das ist, was Deine Substanz gestaltet und zu meiner Psyche und zu meinem Leib macht ... und die die Eichel ist, die dadurch, daß sie zur Eiche wird, sich selber erlebt ... "

„Lehn Dich an bei mir ... lehn Dich an meine Brust ... "

Ich lehne mich an sie an ... da fällt Anstrengung von mir ab ... das Gefühl, die Welt aufrecht halten zu müssen ... meine Welt aufrecht halten zu müssen ... meine Beziehungen, meine Freundschaften aufrecht halten zu müssen ... meine Mutter bei mir behalten zu müssen ... Das habe ich noch nie miteinander in Verbindung gebracht – weil ich als kleines Kind ein Jahr von meinen Eltern getrennt gewesen bin, habe ich das Gefühl bekommen, daß ich meine Eltern bei mir halten muß – anstatt daß meine Eltern für mich sorgen und ich bei ihnen sicher bin ... und daß sie da sind ... Ist das der Punkt, Hel? Bin ich deshalb so auf Beständigkeit aus? "

„Ja, deshalb strebst Du danach. Du hast Angst, daß alles zusammenbricht, wenn Du es nicht zusammenhältst. "

„Ja, zwanzig Jahre Gesprächsleiter in einer Bioladen-Kooperative ... und als Kind bin ich möglichst nicht quer durch ein Zimmer gegangen, weil ich gefürchtet habe, daß dann der Fußboden einbrechen könnte ... "

„Ja, das liegt daran ... "

„Was tun, Hel? "

„Genießen, daß Du an mir lehnst? "

„Ja, das klingt gut ... "

Ich spüre Hel hinter mir ... das gibt Halt ...

„Bist Du immer da? "

„Bist Du immer in der Welt? "

„Ja, und Du läßt mich auch nicht in das Weltalls hinaus 'fallen'. "

„Kannst Du das spüren? "

Ich spüre dem nach ... diese intensive, unauflösliche Mutterverbundenheit ist mir ist neu ... mein Leib ist Substanz von ihrem Leib ... das trifft für mich und meine leibliche Mutter zu und auch für mich und Mutter Erde ...

„Und die Fülle, Hel? "

„Wo ist die Fülle? "

„Du bist die Fülle ... und ich bin aus dieser Fülle heraus entstanden ... dann habe ich die Fülle in mir. "

Hel lächelt ...

„Wo stehst Du, Harry?"

„Ich sehe die Fülle und ich spüre sie ... und ich kann spüren, wie es wäre, mich dieser Fülle anzuvertrauen."

„So wie Du Dich der Fülle anvertraut hast, als Du mit einem Entschluß darauf vertraut hast, daß 'die da oben' dafür sorgen werden, daß Du genug zu essen hast, auch wenn Du nur noch das tust, was Du tun willst?"

„Ja, so ähnlich ... eigentlich genau so, nur in einem anderen Lebensbereich ..."

„Du sprichst wieder technisch ..."

„Ich sehe, daß ich mich in die Arme des Lebens werfen könnte ... und daß immer genug da ist ... Freunde, Geliebte, Herzensbegegnungen ... und daß ich dafür nicht festhalten muß, sondern daß ich das Leben einfach fließen lassen kann ... Festhalten ist wohl eine Angstreaktion ... oder?"

„Ja ... meistens ist es das."

„Fehlt da noch etwas, daß ich auch in diesem Bereich vertrauen kann, Hel?"

„Was meinst Du?"

„Hm ... ich habe das Gefühl, daß ich das nicht wollen kann ... daß das reif werden muß ... und daß das dann ganz plötzlich kommen wird ... dieser Entschluß, dieser Sprung ... dieses Vertrauen ... Gibt es da gerade noch etwas, was ich tun kann?"

„Tun kann?"

„Ah ... ich sehe ... ich brauche nichts zu tun .. ich kann einfach zulassen, fließen lassen ..."

Hel lächelt wieder ...

„Du kannst jederzeit zu mir kommen ..."

„Ja ... danke, Hel! ... Ich bin mir nicht sicher ... ist es jetzt gut für heute?"

„Was meinst Du?"

„Es ist nicht fertig ... also, nicht ganz fertig ... aber ich glaube, es ist erst einmal gut ... Vielen Dank, Hel!"

„Bitte, lieber Harry."

„Oh, so hat mich noch niemand von euch Göttern genannt ..."

Hel lächelt ...

„Danke!"

Ich kehre zurück.

„Ho!"

VI   Hel heute

Vor 1000 Jahren war Hel für die Germanen eine Realität – die Jenseitsgöttin, die Wolfsreiterin, die Zweifarbige, der Schrecken im Hügelgrab …

Heute ist sie nur noch Menschen bekannt, die sich aus den verschiedensten Gründen für die germanische Religion interessieren – und auch ihnen ist Hel meistens nur als die Schreckensgestalt aus Snorri Sturlusons Edda bekannt.

Um Hel besser kennenzulernen, ist es in einem ersten Schritt hilfreich, sich die gesamte Überlieferung anzusehen und auch die Mythen der anderen germanischen Jenseitsgöttinnen. Doch auch nach einem solchen Studium ist die Kenntnis der Hel noch vorwiegend akademisch.

Ein zweiter Schritt, der zu einem sehr viel persönlicheren Kontakt führt, sind Meditationen über Hel, Traumreisen zu ihr, Anrufungen und Invokationen, die zu einem konkreten Erleben der Hel führen.

Der dritte Schritt kann entstehen, wenn man Hel bereits kennengelernt hat. Dann versucht man nicht mehr, zu erfassen, wer Hel ist, sondern bittet sie um Rat und Hilfe oder irgendeine andere Form der Unterstützung, wenn man in einer Situation ist, in der man eine solche Unterstützung brauchen kann. Dann ist Hel nicht mehr eine Göttin, die man kennenlernen will, sondern eine Göttin, die das eigene Leben bereichert, indem sie dort Rat und Hilfe gibt, wo man es gerade braucht.

Wenn man an diesen Punkt gelangt ist, geht man seinen eigenen Weg und wird von Hel (und anderen Gottheiten) darin unterstützt, die eigene Wahrheit auszudrücken.

Es gibt viele Dinge, bei der es hilfreich sein kann, Hel um Unterstützung zu bitten. Am offensichtlichsten ist Hel die beste Ratgeberin, wenn man sich vor dem Tod fürchtet.

Auch wenn man mit einem Verstorbenen sprechen will, kann Hel eine große Hilfe sein. Letztlich gehören die gesamten Familienaufstellungen in den Bereich der Hel – früher hat man das einmal irreführenderweise „Totenkult" genannt.

Auch bei Fragen nach der eigenen Seele kann Hel eine Hilfe sein, da das Jenseits und der Seelen-Bereich dasselbe sind – nur aus einer anderen Perspektive her betrachtet.

Im weiteren Sinne gehört auch die Suche nach Vertrauen und Geborgenheit sowie die Schwitzhütten-Rituale in den Bereich der Hel – und aufgrund der Wiederzeugungs- und Wiedergeburts-Symbolik auch das Tantra-Yoga.

Es gibt viele Themen, bei denen man Hel um Rat und Hilfe bitten kann …

Verzeichnis der Themen

(die Zahl ist die Nummer des Bandes, in dem sich das Thema findet)

Goi 34
Gold 55
Goldalter 55
Goldemar 7
golden 46
Goldhelm 66
Goldhörner von
Gallehus 57
Göll 31
Golnir 5
Göndul 31
Gorr 34
Görsemi 29
Götter 36
Götterdämmerung 55
Götterkampf 55
Göttermet 69
Götter-Tiere 44
Gottesurteil 64
Gurgelbiß 55
Grab 49
Grani 6
grau 46
Grendel 5
Grendels Mutter 35
Greppur 34
Grer 32
Grid 28
Grid 35
Grim 5
Grim 39
Grima 35
Grimhild 31
Grimling 5
Grimnir 5
Grim Struppig-Wange
79
Grip 35
Gripir 34
Grissa 35
Groa 28
Grottintanna 35

Grotunagard 52
grün 46
Gryla 35
Gudr 31
Gudrun 31
Gudmund 5
Gullnir 5
Gullveig 29
Guma 35
Gundelrebe 45
Gunn 31
Gunnlöd 28
Gunnthinga 31
Gürtel 60
Gusir 6
Gygr 35
Gylfaginning 77
Gyllir 5
Gyllir 34
Gyma 20
Gymir 5
Haarband 60
Haare 63
Habicht 40
Hafle 34
Hafli 5
Hafthi 39
Hagen 16
Hahn 40
Hala 35
Halfdan 39
Halfdan Brana-
Ziehsohn 79
Halfdan Eisteinson 79
Hamdir 39
Hamingja 50
Hammer 66
Hand 63
Handschuhe 60
Hanf 45
Hannar 32
Hantel-Symbol 55

Har 32
Hära 35
Hardbeen 6
Hardgreip 35
Hardgreipir 34
Hardverkr 34
Harek Eisenkopf 6
Harfe 57
Harz 45
Hase 44
Hasel 45
Hastingi 34
Hati 5
Hati 43
Hattatal 77
Haudr 20
Haugspori 32
Haym 34
Hecht 44
Hedin 39
Hedin und Högni 79
Hefring 35
Heid 35
Heiddraupnir 5
Heide 49
Heidrek 39
Heidungi 6
Heilige Hochzeit =>
Wiederzeugung 55
Heiliger Hain =
Weltenbaum 52
Heilung 64
Heilziest 45
Heimdall 8
Heimir 39
Heinir 34
Heith 35
Heithdraupnir 5
Hel 26
Helblindi 20
Helgi 39
Helgi Thorisson 79

Hel-Haut 49
Helidi 27
Hellebarde 66
Helreginn 5
Helm 66
Hengikefta 35
Hengiköpt 6
Hengjankapta 35
Hepti 32
Herbst 54
Herbsttagundnacht-
gleiche 54
Herche 20
Herdentiere 42
Herdentierfell 42
Herfjötur 31
Hergrim Halbtroll 5
Hergunnur 35
Heri 32
Herja 31
Herkir 6
Herkja 35
Hermodr 37
Hertha 28
Hervor => Heidrek
Hervor und Heidrek
=> Heidrek
Herz 63
Hexe 58
Hianka 31
Hidde 34
Hild 31
Hildolf 5
Hildolf 20
Himingläva 35
Himmel 52
Himmelsrichtungs-
Mandala 54
Himmelsträger-
Zwerge 32
Hirsch 42
Hjaltrimul 31

Keiler 42
Kenningar 75
Kerbel 45
Kessel 57
Keule 66
Kiebitz 40
Kili 32
Kisi 34
Kiste 57
Kjallandi 6
Kjallandi 35
Klaufi 34
Klee 45
Kleima 35
Knochen 67
Knoten 64
Kobolde 36
Kol der Bucklige 39
Kolfrosta 28
Kolga 35
Kopf 63
Kormoran 40
Korn 45
Körperteile 65
Köttr 34
Kraftgütel => Gürtel
Krähe 40
Kraka 31
Kranich 40
Kräuter 45
Kreppvör 35
Kriegerin 62
Kreuzblume 45
Kreuzkraut 45
Krönung 64
Kröte 44
Kuckuck 40
Kuril 6
Kult 55
Kundalini 64
Kwasir 20
Kyrmir 6

Lachanfall 64
Lachen 55
Lachs 44
Landgeister 36
Lauch 45
Laufey 26
Laurin 7
Laus 40
Leber 63
Leib 63
Leidi 34
Leifi 6
Leifnir 6
Leikn 35
Leimrute 66
Leiter 49
Leirvör 35
Leopard 43
Lerche 40
Lidskialf 20
Liebestrank 70
Liebeszauber 64
Lif 39
Lifthrasir 39
Litr 6
Litr 32
Ljod 29
Ljota 35
Lodin 6
Lodinfingra 35
Lodur 16
Lofar 7
Lofn 29
Lofnheid 35
Logi 34
Loki 16
Loni 32
Lopthoena 28
Lori 35
Loricus 6
Löwe 43
Löwenmäulchen 45

Luchs 43
Lutr 34
Lyngheid 35
Magni 19
Malseron 34
Mana 35
Managarm 43
Mannus 20
Mardalla 27
Marder 43
Margerdr 35
Margerthur 35
Mangold 45
Mantel 67
Mantel der Nanna 67
Marnar 29
Märzviole 45
Maske => Helm
Maus 44
Meer 49
Meer der Zeit 55
Meer-Menschen 36
Mehlbeere 45
Mehltau 45
Meili 9
Meise 40
Menglöd 22
Menja 28
Menschenopfer 64
Messer 66
Midgard 52
Midgardschlange 41
Midi 6
Midjungr 34
Midwitnir 6
Mimir 6
Mist 31
Mistel 45
Mistkäfer 40
Mittelpfeiler =>
Yggdrasil
Mittsommer 54

Miötwitnir 32
Mjoll 34
Modgudr 29
Modgudr 31
Modi 19
Modrädnir 32
Modsognir 7
Mögthrasir 6
Moin 32
Mökkurkjalfi 6
Molda 35
Mona 20
Mond 48
Mondul 32
Moosfrau von
Saalfeld 32
Moosleute von
Arntschgereute 32
Mörn 35
Möwe 40
Mühle 66
Mundilfari 6
Munin 40
Munnharpa 35
Münze 67
Muspel 6
Muspelheim =>
Feuer 52
Myrkrida 35
Myrkvid 49
Nabbi 32
Nacktheit 60
Nadel 55
Nägel 55
Naglfar 49
Nain 32
Nali 32
Namensgebung 64
Nanna 21
Nauma (Hel) 35
Nar 32
Narfi 6

Nari Loki-Sohn 19
Nati 6
Naudir 36
Nebel 64
Nefia 35
Nehalennia 29
Neri 30
Neris Schwester 30
Nerthus 28
Nepr 20
Nessel 45
Netz 67
Neuentstehung aus
den Knochen 55
neun Heimdall-
Mütter 35
neun Schwestern 35
Niblung 7
Niblung 39
Nicor 34
Nid 64
Nidi 32
Nidr 28
Nidud 16
Nieswurz 45
Niflheim => Eis 52
Niping 32
Nirdir 10
Niola 48
Njola 48
Njörd 10
Njörun 29
Nölvi 10
Norden 54
Nordosten 54
Nordri 32
Nordwesten 54
Nori 32
Nornen 30
Norr 34
Norr 48
Nott 48

Nyi 32
Nyr 32
Nyrad 32
Oddrun 31
Odin 13/14
Odr 20
Ofoti 5
Öflugbarda 35
Öflugbardi 6
Ogautan 39
Ogladnir 6
Ogn 35
Ohr 63
Oin 7
Olius 32
Ölwaldi 5
Omen 71
Onarr 48
Öndudr 6
Onn 32
Opfer 64
Orakel 71
Oregano 45
Ori 32
Örnir 6
Ortnit 34
Ösgrui 5
Öskrudr 34
Ostara 29
Osten 54
Otr 32
Otter 44
Otunfaxe 39
Penis 55
Perchta 28
persönliches Glück 64
Pfeil 66
Pferd 42
Pferdezwillinge 12
Pflug 67
Phol 9
Polygamie 55

Priester 60
Priesterin 58
Prolog (Edda) 77
Prophezeiung 71
Pukis 36
Rabe 40
Rad 67
Radgrid 31
Radvör 35
Ragnar Lodenhose 39
Ragnarök 55
Ran 27
Randalin 31
Randgnid 31
Randgrid 31
Rangbeinn 5
Rasereitrank 70
Raswid 32
Rätsel 76
Raud 34
Raugnir 34
Raum 6
Reck 32
Regenbogenbrücke
49
Regin 7
Reginleif 31
Reiher 40
Rentier 42
Riesen auf der West-
Insel 6
Riesen-Baumeister 6
Riesen von
Feldkirchen 34
Riesen von
Lichtenberg 35
Rifingalfa 35
Rifingöflu 35
Rigingöflu 35
Rind 42
Rindr 20
Ring 57

Ringkampf 55
Rist 31
Robbe 44
Rögnir 7
Rose 45
Röskva 37
rot 46
rota 31
Rotkehlchen 40
Rücken 63
Rud 35
Rudent 6
Rudi 34
Runa 35
Runen 72
Runenkästchen von
Auzon => Kiste
Runenstein 64
Runenstein von Ardre
64
Rußland-Riese 6
Rütze 35
Rygi 35
Saemdill 6
Saga 28
Sährimnir 42
Säkarsmuli 6
Salbei 45
Salfangr 6
Sam 34
Sämingr 39
Sanngrid 31
Sati 51
Säule => Weltenbaum
52
Saxnot 20
Sceaf 20
Schachtelhalm 45
Schädelschale 63
Schadenszauber 64
Schaf 42
Schafgarbe 45

283

Schaumkraut 45
Schierling 45
Schild 66
Schlafdorn 55
Schlangen 41
Schlangenauge 63
Schlangengrube 49
Schlangenzunge 63
Schleifstein =>
Wetzstein
Schmetterling 40
Schmied 4
Schmied 55
Schnecke 44
Schneeweiß-
Goldschöne 28
Schuh 63
Schutzgeist =>
Fylgja/Hamingja
Schutzzauber 64
Schwalbe 40
Schwan 40
Schwanenkleider der
Walküren 40
Schweden-Riese 6
Schwein 42
Schwert 66
Schwitzhütte 64
sechsköpfiger Riese 6
Seehund 44
Seekuh 44
Seelenvogel 40
Seelenvogel 50
Segen 68
Seher 60
Seherin 58
Seidelbast 45
Seidr 64
Sel 6
seltsamer dritter
Bruder 55
Sense 67

Siar 32
Sichel => Sense
sieben Schwestern 28
Siegfried 38
Sieglind 31
Siegstein 67
Sif 24
Sigdrifa 31
Sigurd 38
Sigi 39
Sigrlami 39
Sigrun 31
Sigyn 28
silbern 46
Simul 31
Sinmara 28
Sindri 32
Sinthgunt 29
Sivör 35
Sjuld 31
Skadi 20
Skafid 32
Skalden 61
Skaldatal 77
Skaldenlieder 78
Skaldinnen 61
Skalli 34
Skalmöld 31
Skadskaparmal 77
Skärir 5
Skeggiöld 31
Skidbladnir 49
Skimsli 5
Skirnir 37
Skirkjar 35
Skirwir 32
Skjalf 29
Skjalv 34
Skjellinefja 29
Skjöldr 39
Skögul 31
Sköll 43

Skorpion 40
Skrati 34
Skrymir 5
Skrimnir 5
Skuld 30
Slagfid 39
Sleggja 35
Snae 34
Snotra 29
Solbiart 5
Sohn der Freya 19
Sohn des Freyr 19
Solblindi 5
Sölfn 29
Sommer 54
Somr 5
Sonne 48
Sonnengöttin 48
Sonnenhymne 64
sonstige Magie 64
Sörli 39
Spatz 40
Specht 40
Speer 66
Sperber 40
sprechende Tiere 41
Sprichworte 74
Spindel 55
Spinnerin 55
Spiritus familiaris 36
Sprettingr 5
Stab 67
Starkad 6
Starkad 39
Stärketrank 70
Statue 57
Stein 64
Steine und Edelsteine
64
Steinigung 55
Stern 48
Sternbild 48

Sternbild 55
Stigandi 5
Storch 40
Storkvid 34
Stoverkr 34
Strahlen-Breitsame
45
Strudel 49
Struthan 34
Stumi 5
stumm 63
Süden 54
Südosten 54
Sudri 32
Südwesten 54
Surtur 6
Suttung 6
Svada 5
Svadi 5
Svaf 7
Svarangr 5
Svasudr 6
Svatr 6
Sveid 31
Sveipinfalda 35
Svidi 6
Svip 5
Svipul 31
Sivivör 31
Swaf 20
Swanhild 31
Swanwit 31
Swawa 31
Swior 32
Swipdag 20
Syn 29
Syr 29
Tafl 57
Tal 52
Tamfana 29
Tarn-Kappe 67
Tarn-Umhang 67

FSC
www.fsc.org
MIX
Papier aus ver-
antwortungsvollen
Quellen
Paper from
responsible sources
FSC® C105338